今日马克思主义研究丛书

中国化马克思主义技术进步思想研究

程文——著

天津出版传媒集团
天津人民出版社

图书在版编目（CIP）数据

中国化马克思主义技术进步思想研究 / 程文著. -- 天津：天津人民出版社, 2024.1
（今日马克思主义研究丛书）
ISBN 978-7-201-20089-7

Ⅰ. ①中… Ⅱ. ①程… Ⅲ. ①马克思主义—科学技术—理论研究—中国 Ⅳ. ①A811.693

中国国家版本馆 CIP 数据核字(2024)第 035834 号

中国化马克思主义技术进步思想研究
ZHONGGUOHUA MAKESIZHUYI JISHU JINBU SIXIANG YANJIU

出　　版　天津人民出版社
出 版 人　刘锦泉
地　　址　天津市和平区西康路35号康岳大厦
邮政编码　300051
邮购电话　（022）23332469
电子信箱　reader@tjrmcbs.com

责任编辑　武建臣
封面设计　明轩文化·李晶晶

印　　刷　天津新华印务有限公司
经　　销　新华书店
开　　本　710毫米×1000毫米　1/16
印　　张　17.75
插　　页　2
字　　数　225千字
版次印次　2024年1月第1版　2024年1月第1次印刷
定　　价　89.00元

目　录

绪　论

一、研究背景与意义

（一）研究背景

在现代社会中，技术进步已成为无孔不入、神通广大的力量，影响着生产发展、社会结构和上层建筑等各个方面，同时也深刻影响着人类社会的现在和未来。国与国之间的竞争越来越体现在技术力量上。从目前世界范围来看，一场新的科技革命和产业革命正日新月异地向前推进——信息技术正在加速突破、生命科学领域正在孕育新的变革、先进制造技术正在向智能化服务化绿色化转型、能源技术领域正在引发全球性变革、空间和海洋技术正在拓展人类生存发展新疆域，各种新发现、新发明大量涌现、层出不穷，科技成果的应用速度越来越快、应用范围越来越广。同时，技术的进步在带给人类高度物质文明的同时，也给人类带来了全球性的严重的生态危机。可以说，关注人类的现在和未来，就不可能不关注技术的进步情况。

党的十八大以来，以习近平同志为核心的党中央提出了“建设世界科技强国”的号召，这是党中央在新的历史起点上作出的重大战略抉择。这一重大决策与实现中华民族伟大复兴中国梦的目标高度契合，符合建设社会主义现代化强国的理论逻辑和历史逻辑，体现了党中央对国家发展和民族未来的历史宣示，体现了强大的道路自信和时代担当。

对中国这样一个发展中国家来说，要实现由发展中大国向发展中强国的转变，科技实力是最重要的衡量指标。中国要在近现代的国际竞争中取得优势，就不能不加强自身的技术进步，并在技术进步中取得优势。党的十八大以来，中国的技术进步取得了巨大成就，在超级计算机、国产芯片、载人航天和探月工程、北斗导航、载人深潜、深地探测、国产航母、大型先进压水堆和高温气冷堆核电、天然气水合物勘查开发、纳米催化、金属纳米结构材料等领域都取得了重大突破和成就。此外，中国的技术进步也面临着重大的挑战和危机。中国技术与世界先进水平还存在较大差距，在创新和核心技术方面还非常不足，例如，近年来美国开始对中国企业中兴通讯进行出口限制和制裁，导致中兴缴纳十几亿美元的巨额罚款并遭受重创；2019 年 5 月中旬，美国商务部工业和安全局(BIS)宣布将中国最强通信公司华为加入该部门实体名单(entity list)，并对华为进行全方位封锁和制裁，使得长期依赖美国芯片和高技术的华为公司开始面临巨大的生存危机和挑战。习近平提出了要实现中华民族伟大复兴的中国梦，要想实现自己的强国梦想，我们必须具有强大的技术实力和创新能力。中国作为一个在现代技术中的后发国家，就必须更为重视技术的进步，这就意味着必须坚持正确的技术进步方向，并以更快的速度推进技术的进步。本书主要是基于两个方面的情况引发的思考。一方面是中国如何在世界科技的发展中，更好地实现由追赶向并跑、领跑转变的问题；另一方面是在追求技术进步的过程中，中国如何更好地引领技术进步的方向从而全方位实现技术进步的问题。

1.中国如何在世界科技的发展中，更好地实现由追赶向并跑、领跑转变

中国经过四十多年的改革开放，生产力整体水平得到了极大的提升，从

技术进步的角度来看,已经从过去的跟跑进入跟跑、并跑、领跑并行的新阶段,并且有望实现"弯道超车",从后发优势转向先发优势。在这样一个转折期和窗口期,加快推动我国技术进步既面临着挑战,同时又面临着巨大的发展机遇。

技术进步的历史源远流长,自人类社会形成开始,技术便开始了持续不断的进步历程,并不断地将人类的文明向前推进。技术所创造的奇迹不仅改变了自然和社会,而且也改变了人本身,不断地延长着人的肢体、感官以至大脑。正如马克思所说,技术构成了人类的本质力量,人类的发展和社会的进步都离不开技术的进步。17 世纪是技术进步的分水岭,在这以前,技术进步只是一种人类建立在自身劳动和社会实践过程中的经验积累基础上的对劳动工具和劳动方式的改进和完善,其速度是十分缓慢的。17 世纪之后,人们开始在技术的设计和开发人工物的过程中进行系统的合作, 并有意识地将科学成果和科学方法应用于技术中。蒸汽机的发明使人类开始进入第一次技术革命时期,技术进步的速度大大加快。技术的迅速扩展也刺激科学的发展,科学的发展又导致新的技术出现,19 世纪末 20 世纪初,基于麦克斯韦的电力学理论,电子通信出现,人类迎来了电气化时代,完成了第二次技术革命。20 世纪四五十年代,第三次技术革命开始兴起,随着电子计算机的发明和使用,人类从技术时代逐渐进入了"信息时代",这一时期,技术的理论和实践发生了重要变化,技术日益成为科学关注的焦点,以便适应社会的需要和期待。①

科技革命迅猛发展,对全球经济、政治、文化及人类社会生活,乃至人类自身能力等各个方面都产生了巨大而深刻的影响, 并形成了以高技术为支撑的核技术、航天技术、海洋技术、生物技术、微电子技术、软件技术、新材料

---

① A. A. Harms et al. ,*Engineering in Time*,Imperial College Press,2004,p.141.

技术、人工智能技术、3D 打印技术、量子技术，等等。同时，技术具有了以下更为鲜明的特征：科学与技术进行整合，技术科学方法出现；新的技术人工物大量涌现；技术人工物的分化加剧，新技术的出现导致旧有技术的淘汰，技术的新陈代谢加快；技术系统日益复杂，自然保护和资源保护等被日益重视，技术正在成为"全球适应的进化系统"，传统技术是建立在物质的、几何的和经济考虑的基础上的，而当代技术则"牵涉到心理学的、社会学的、意识形态的以及哲学的和人类学的考虑"，于是技术变得"跟更宽广的世界相联系"[①]。第三次科技革命，使得技术进步大幅提高，国际竞争变为主要以经济、科技和军事实力为核心的综合国力的竞争，而技术是现代经济和军事实力增强的绝对基础。

从中国技术的发展进程来看，明朝之前，在传统的技术领域中，中国无疑是处于领先地位的。但由于明清以来，中国科技与世界科技潮流相分离，错失了第一、二次工业革命的宝贵时机，使得自己技术进步的进程大大落后于时代，以至于在新中国成立之时，中国的现代科技几乎处于空白状态。新中国成立后，在党的领导下，中国的技术开始起步并获得迅速发展，经过七十多年的努力，如今中国科技发展水平有了大幅提升，"一些重要领域跻身世界先进行列，某些领域正由'跟跑者'向'并行者''领跑者'转变"[②]。也就是说，中国的技术正以加速度获得进步和提升。同时，世界科技形势同样在发生急剧的变化，世界范围内高新技术正在迅猛发展，全球科技创新进入空前活跃期，人工智能、脑科学、基因编辑、新材料等前沿领域获得重大突破和进展，基础研究成果被转化为现实生产力的周期大幅缩短，这一切无不昭示着新一轮科技革命和产业革命正在孕育兴起。科技创新的重大突破和快速应用将重塑全球经济体系和产业结构，使产业和经济竞争的赛场发生转换，新

---

① A. A. Harms et al., *Engineering in Time*, Imperial College Press, 2004, pp.141, 171.

② 《新华网评：做更多科技领域的"领跑者"》，新华网，2016 年 6 月 1 日。

的技术革命为我们实现"变道超车"提供了历史机遇。正如英国媒体预言，虽然中国无缘参加前三次工业革命，但中国显然不会缺席正在来临的第四次工业革命的浪潮。

科学的发展及前期的技术进步成就奠定了技术进一步发展的坚实基础，历史给中国的技术进步带来了机遇。同时，中国的技术进步也因为与发达国家两百多年的发展差距而任务艰巨，更因为美国等西方国家基于"修昔底德陷阱"和"中国危险论"的错误思想而对中国技术进步事业的横加阻挠而愈加艰难。中国如何做到不再重蹈历史上与工业革命失之交臂的覆辙，推动技术进步以超常速度发展，实现技术进步的"变道超车"，是摆在中国人面前的一个重大命题。

2.中国如何更好地引领技术进步的方向

人类越来越意识到技术进步的"非对称性问题"的存在，即一方面技术进步在开发自然资源、生产产品或提供服务等领域，其在水平、成果数量和实施规模上都占绝对优势；另一方面技术进步在保护生态、创造优美环境、维护人类健康领域的水平、成果数量和实施规模上都处于绝对劣势的地位。[①]不仅如此，人们还清楚地意识到，技术自身就是一把双刃剑，技术在解决人类自身生存和发展的某些问题的同时，也常常制造出某些对人类生存和发展不利的问题。自 20 世纪 60 年代以来，环境污染和生态破坏问题就备受世界关注。受到第一、二次工业革命成果的鼓励，技术进步的速度大大提高了，在技术的投入和产出之间，人们对资源和环境问题的忽视，导致世界上不少国家都发生了明显的、远比过去严重的生态问题和环境事件。比如，1930 年比利时马斯河谷工业区的空气污染灾难，1948 年美国宾夕法尼亚州多诺拉镇的大气污染灾害，1952 年、1956 年、1957 年和 1962 年伦敦的"烟雾事件"，

① 朱风青：《技术的进化与进步》，中国环境出版社，2014 年，第 4 页。

1956年日本九州的水俣病(食用甲基汞污染的鱼)事件,1955—1975年濑户内海的赤潮,以及多处发生的酸雨、光化学烟雾、温室效应问题,等等,这些事件都是由于工业的大量排放物造成的，其中有的还在短期内导致几十人死亡、成千人中毒。

为了引起世界各国对生态和环境问题的重视,1972年6月在瑞典斯德哥尔摩召开了联合国人类环境会议，由英国经济学家沃德和美国微生物学家杜博斯执笔完成了会议的背景资料——《只有一个地球——对一个小小行星的关怀和维护》，发人深省地指出人类的生活正面临历史的转折点,发展造成的对生态和环境的破坏，使人类生活其中的生物圈和人类后天所创造的技术圈，两者处于潜在的深刻矛盾之中，将深刻影响人类的生活和未来。在这份文件拟定后将近半个世纪的今天,随着技术进步速度的加快,环境污染和生态破坏问题更是呈现恶化的趋势,凤凰网“6月5日世界环境日”栏目列出了到目前为止已经威胁人类生存并已被人类认识到的全球十大环境问题:全球气候变暖、臭氧层破坏、物种加速灭绝生物多样性减少、酸雨蔓延、森林资源锐减、土地荒漠化、大气污染、水体污染造成淡水资源危机、固体废弃物污染及有毒化学品污染等方面。[1]事实上,部分技术创新活动具有不确定性,它们可能为社会带来潜在的负外部性影响,譬如核能应用的安全风险、转基因研究与应用的伦理争议、人工智能机器人开发的社会劳动力替代恐慌、大数据普及的隐私泄露等。这些不能不引起人类反思:技术进步的根本目的是什么？技术专家们在探索科技创新以推进技术进步时,其研发成果最终应该达成什么样的标准、符合什么样的准则？人们在谋求推进技术时,希望技术能创造什么样的未来场景？

就中国来说,作为一个发展中大国,什么样的技术进步是我们向强国之

① 《全球环境十大问题》,凤凰网,http://finance.ifeng.com/topic/news/65huanjing/1.shtml.

路奋进时所需要的？如何引导技术进步活动向国家、民族、文明所期望的发展道路演进？乃至如何为世界技术进步的未来提供中国智慧和启示？这些问题的解决都与中国化马克思主义技术进步思想相关。目前，中国除了面对世界技术局势的压力之外，还面临自身各个方面的许多问题。比如，生态环境方面的问题。

有研究显示，首先，水污染是十分突出的问题，2012 年的水质监测显示，黄河、辽河、松花江、淮河流域等均有轻度污染，海河流域中度污染。湖泊水环境质量也不容乐观。地下水环境污染情况更为严重，2012 年，全国地下水水质监测中，水质达到合格级的才占 42.7%，较差级的占 40.5%，极差级的占 16.8%。特别是与老百姓生活关系密切的河沟、河汉，其污染比较普遍并且逐渐蔓延。其次，空气污染严重，尤其是城市空气环境质量堪忧。烟煤型污染和严重的沙尘暴近年来得到了一定的控制，但全国酸雨污染程度依然较重。另外，城市雾霾现象严重影响人民健康和生活品质。再次，中国土壤环境状况也甚为堪忧，部分地区土壤污染较重，耕地土壤环境质量堪忧，工矿业废弃地土壤环境问题突出。由土壤污染引发的农产品质量安全问题和群体性事件逐年增多，成为影响群众身体健康和社会稳定的重要因素。最后，随着城市产业向农村转移，农村环境形势依然严峻，农村垃圾场周边、农田、菜地和企业周边土壤污染较重，饮用水源和地表水受到不同程度污染，很多农村地区已几乎找不到未被污染的河流。还有就是生态系统退化问题比较突出，土地沙漠化严重，水土流失面积达 290 多万平方千米，几乎占国土面积的 30%，全国 80%以上草原存在不同程度的退化，草原超载现象仍很普遍。自然湿地萎缩，河流生态功能退化，生物多样性呈现下降趋势。[①]虽然西方国家在发展的过程中也走过一段环境污染后又治理的弯路，但可以明确的是，当下

① 夏光：《中国生态环境风险及应对策略》，China Economist，No. 4，2015，p.5.

的中国已没有那样的条件和时机,像西方国家一样走先污染后治理的老路。

除了生态环境问题,还有技术进步的推进所造成的能源资源的短缺问题,以及如何规避技术进步带来的风险问题。技术的进步离不开能源资源的消耗,对于部分不可再生的能源和资源来说,持续消耗将导致其最终枯竭而无以为继,反过来能源资源的枯竭显然会对技术的进步造成影响。此外,还有在利用技术进步实现技术人工制品的丰富、追求经济增长的过程中产生的过度消费问题。由美国麻省理工学院梅多斯教授执笔的《增长的极限——罗马俱乐部关于人类困境的研究报告》曾得出结论:如果维持现有的人口增长率和资源消耗速度不变,那么由于世界粮食短缺,或者资源枯竭,或者污染严重,世界人口和工业生产能力将会发生非常突然和无法控制的崩溃,在2100年之前,增长就会终止。[①]罗马俱乐部的第二个报告则得出结论:"在地球上的人类生活中,人类第一次被要求进行自我克制不去做自己有能力做的事情;人类被要求不要在经济上和技术上继续推进,或者至少将其引导到不同于从前的方向上去。"[②]"技术因素是影响环境质量最积极最活跃的可变因素。它既是污染排放的引起者,又是防治污染的创新者。它具有双重性,它决定了环境质量变化状况及趋势。"生态环境中出现的问题,绝大多数都与工业化的进程有关,与技术因素相连,同时,生态环境问题的解决,从根本上来说,必须通过对技术进步的导向和控制来完成。1981年,美国世界观察研究所所长、农学家布朗在《建设一个持续发展的社会》中提出,传统的发展被认为有增长的极限,在经济上和技术上要有不同于从前的方向。另外,技术的进步总是会带来一定的风险。这些风险,有的是在技术应用中可以通过一

① [美]D. 梅多斯:《增长的极限——罗马俱乐部关于人类困境的研究报告》,于树生译,商务印书馆,1984年,第6页。

② [美]梅萨罗维克、[德]佩斯特尔:《人类处于转折点——给罗马俱乐部的第二个报告》,梅艳译,生活·读书·新知三联书店,1987年,第6页。

定的技术手段进行规避,而有些风险则可能威胁人类的未来且更为复杂。

20 世纪后半叶,随着技术进步的进程,技术在驱动社会进步的同时也产生了许多负面的影响[①],比如,基因科学与技术工程的伦理危机[②]、核能应用的社会风险[③]、通信技术的隐私风险[④]、病毒研究的安全隐患[⑤]、工业化发展的环境负外部性[⑥]、新兴技术的治理手段缺失[⑦]等。有报道,包括斯蒂芬·威廉·霍金、埃隆·马斯克、史蒂夫·沃兹尼亚克及德米斯·哈撒比斯等在内的一千多名科学家和人工智能领域的专家曾签署公开信,对可能出现的人工智能军备竞赛予以预警,并敦促联合国发布针对"攻击性自动化武器"的禁令。公开信称:"人工智能技术已经发展到这样一种地步:尽管不合法,自动化武器的使用将会在几年内而不是几十年内成为现实。这将带来极大的风险,自动化武器已经被称为继火药和核武器之后的武器的第三次革命。"报道还称,霍金和马斯克此前都曾警告说,人工智能是人类最大的威胁,而且完全人工智能的发展将导致人类的终结。[⑧]人工智能的迅猛发展,比如,阿尔法机器人的超强自学能力,机器人索菲亚表现出来的一定的自主意识……人工智能是否会威胁人类的未来?当技术发展到人工智能时代,而且正以一日千里的速度向前推

① Jonas H., *The Imperative of Responsibility: In Search of an Ethics for the Technological Age*, University of Chicago Press, 1984, p.6.

② Grove White R., Macnaghten P., & Wynne B., *Wising up: The Public and New Technologies*, Centre for the Study of Environmental Change, Lancaster University, 2000, p.6.

③ Groueff S., Lapp R. E., *Manhatton Project: the Untold Story of the Making of the Atomic Bomb*, Little Brown, 1967, p.6.

④ Eden G., Jirotka M., & Stahl B., *Responsible Research and Innovation: Critical Reflection into the Potential Social Consequences of ICT*, In Research Challenges in Information Science (RCIS), IEEE, 2013, pp.1–12.

⑤ Kaiser D., Moreno J., Dual–use Research: Self–censorship is not Enough, *Nature*, 2012, pp.345–347.

⑥ Fischer C., Parry I. W., & Pizer W. A., Instrument Choice for Environmental Protection When Technological Innovation is Endogenous, *Journal of Environmental Economics and Management*, 2003, pp.523–545.

⑦ Hajer M., Policy Without Polity? Policy Analysis and the Institutional Void, *Policy Sciences*, 2003, pp.175–195.

⑧ 刘园园:《霍金等千名专家敦促禁止"杀人机器人"等未来武器》,《科技日报》,2015 年 8 月 3 日。

进的时候,人类该怎样来引导和控制技术的进步?中国作为一个社会主义大国,正在向强国迈进。实现历史机遇的关键就在于技术进步要具有超常规的速度。同时,作为一个负责任的大国,我们不但要考虑自身的发展,更要关注世界的发展,因为世界的发展和中国的发展紧密相连,“倡导构建人类命运共同体”并不是一句中国面向世界的宣传口号,人类命运共同体的构建关系人类的共同未来,而人类的未来与技术的进步紧密相连。为此,中国该怎样来引导和控制技术进步的进程和方向?

当下,技术发展已进入建制化、社会化的“大科学”时代,现代技术已经逐渐成为受社会有意支持和推动的活动,技术的发展已经不仅仅局限于科学技术人员的参与,而成为由更广泛行为主体推动的重要社会活动,其中国家和政府作为现代技术发展的顶层设计,在促进技术的进步中,越来越发挥着重要作用。中国化马克思主义技术进步思想是中国在技术进步方面占主导地位的思想。一个国家占主导地位的技术进步思想,是该国技术进步的路径指南,对该国技术进步的各个方面通常具有决定作用。中国是一个以马克思主义为指导思想的国家,面对世界技术进步的新态势,中国共产党历代领导集体都十分重视科技进步和创新,制定了相应的方针和政策,并在指导中国技术进步的实践中,形成了中国化马克思主义的技术进步思想。因此,笔者意在通过对中国化马克思主义技术进步思想进行系统的梳理,明确中国化马克思主义技术进步思想的主要内容、特征、作用和价值意义,以期为以上两个问题寻求解答。

(二)研究意义

技术的进步离不开正确的思想指引。技术进步思想一方面调整着科学技术研究的方向、速度和规模等,引导和统一人们的思想和行动,使国家的技术事业沿着正确的方向发展;另一方面技术进步思想是制定技术进步政策、规划、措施的指导思想和理论基础，并以此为中介，影响和支配国家技术进步的实际进程。中国化马克思主义技术进步思想是决定中国技术进步的关键因素。对中国化马克思主义技术进步思想进行系统回顾和研究，是当代中国技术进步思想及政策领域的基础性工作，无论在理论上还是在实践上都有着重要意义。

研究中国化马克思主义技术进步思想的理论意义，主要有三个方面：

第一，有助于拓展中国化马克思主义技术思想的研究视角。技术进步问题无疑是属于技术领域的问题，但又并非纯技术领域的问题，还涉及政治、经济、文化、管理等方面。学术界对中国化马克思主义技术思想的关注和研究由来已久，而且从各个方面取得了不少的成果，这些成果有的体现为著作的形式，更多的则是以学术论文的形式体现出来。但是专门从技术进步视角方面进行深入探讨的研究成果很少，且往往是略有论及，研究较为粗浅。因此，对中国化马克思主义技术进步思想进行研究，能够进一步拓展中国化马克思主义技术思想的研究视角，丰富中国化马克思主义技术思想的研究成果。

第二，有助于丰富中国化马克思主义技术进步思想的研究。虽然技术进步是一个备受关注的课题，而且有关技术进步的思想在中国化马克思主义技术思想中也得到了不同程度的零星体现，但是系统性地对中国化马克思主义技术进步思想进行研究的成果所见不多。因此，系统性地对中国化马克思主义技术进步思想进行研究，是对研究成果的一种丰富。

第三，有助于深化对中国特色技术进步理论的理解。当前学术界对有关技术进步各个方面的理论都展开了广泛的探讨和研究，但更多的是联系经济学意义上的技术进步概念而展开的，理论视野具有一定的局限性。技术进步应该是一个从更为宏观的层面上探讨技术推进的课题。加强对中国化马克思主义技术进步思想的研究，有助于我们深化对中国特色技术进步理论的理解。

研究中国化马克思主义技术进步思想的实践意义，可以从人类推进技术进步的视角及中国推进技术进步的视角两个层面进行分析。

第一,为人类推进技术进步的活动提供中国化的智慧和方案。中国化的马克思主义技术进步思想是以马克思主义的立场、观点和方法为基础,在马克思主义技术进步思想的指导下,结合中国传统文化中的技术进步思想,并参照西方国家技术进步的科学理论，在指导中国实际的技术进步活动中进行的经验总结和理论提升。中国化马克思主义技术进步思想已经在指导中国的技术进步中发挥了积极作用,使得中国的现代技术从零开始,完成了单纯追赶世界技术的历程，由单纯的追赶，到现在的部分技术领域开始向并跑、领跑转变,中国化马克思主义技术进步思想展示了它不同于世界其他技术进步思想的独特与创新之处。技术是人类的创造物,但在进步的历程中也体现出了许多并不完全受人类随心所欲控制的一面,技术越进步、技术系统越复杂,则出现不受人类控制的可能性便会越高。人们越来越认识到技术是一把双刃剑,它既可以产生巨大的正面效应,也能够带来严重的负面影响。当今时代,世界科技的迅猛发展,信息网络技术、克隆技术、原子弹技术、人工智能技术等,既能够给人类的生产、生活及生命健康等方面带来福祉,同时也可能带来系列性的负面效应,甚至危及人类自身。如何去开发和运用这些技术,推进技术进步朝人类福祉的方面发展,是中国化马克思主义技术进步思想一直以来深为关注的问题。研究中国化马克思主义技术进步思想,将有助于世界获得引领技术进步的启示。

第二,为我国建设世界科技强国提供思想和理论指导。新时代的中国,经历了初创的艰难和改革开放的发展时期，目前正朝着世界科技强国和中华民族伟大复兴的目标迈进。我国是社会主义国家,坚持走中国特色社会主义道路。与西方资本主义国家实现现代化的道路有所不同,在我国的现代化进程中,技术进步发挥着重要作用。因而,我国作为在现代化进程中的后发国家,要想从落后走向并行、领跑,必须找好自己发展的目标和方向。建设世界科技强国,必须建设强大的自主创新能力,民族复兴所需要的强大经济、强大国防、高度文明和良好生态环境,无不需要科技力量的增强、自主创新能力的提升才能实现。如何发挥社会主义社会的制度优势,提升我国的自主创新能力,实现经济增长方式的转变及实现人与自然之间的协调、可持续发展?这些都是要由中国化马克思主义技术进步思想进行回答的问题。理念是行动的先导,中国化马克思主义的技术进步思想从各个层面决定了中国技术进步事业的前瞻布局。研究中国化马克思主义技术进步思想,对中国在推进技术进步中的顶层设计思想进行分析和解读,对明确我国中国特色技术进步之路具有重要的指导意义。不仅有助于我们深刻认识和实践新形势下中共中央、国务院做出的建设创新型国家的重大战略决策,进一步把握其内容体系,而且对于推进我国当前的创新型国家建设和实现中华民族伟大复兴的中国梦具有重要指导意义。

二、研究现状

随着时代的发展,技术进步的重要性日益提升,各国学者们对技术进步的关注也与日俱增,从各个角度对技术进步进行研究的有关成果颇丰。相比较而言,国内外更关注把技术进步与其他相关领域作为研究对象进行研究,其中蕴含着研究者们丰富的技术进步思想,而直接以技术进步思想为主题的研究成果并不十分多见。

(一)国外关于技术进步的研究

由于中国古代对技术的显然的轻视及在现代技术起步上的落后,使得中国的学者和思想家们对技术进步的关注和研究相比西方显得较为有限。技术进步是英国最早在工业革命中领先的原因，也是使美国、德国、日本在经济上崛起并最终超过英国的原因。对技术进步的重视使西方国家在近现代率先实现现代化。因此，对技术进步进行持续关注的也首先是西方国家的思想家们，西方学者对技术进步的研究和有关思想给了我国学者很多的有益启示。

西方最早关于技术进步的思想蕴含在他们对技术的思考中。早期对技术进行思考的是西方的哲学家，如亚里士多德、弗兰西斯·培根、黑格尔等，他们谈论了一些对技术的认知。西方的哲学家们对技术进行较为系统的哲学思考大概是从19世纪开始，标志性的作品有1877年德国的卡普出版的《技术哲学纲要》，1912年俄国的恩格梅尔出版的《技术哲学通论》，以及1927年德国的德绍尔出版的《技术哲学》等。但哲学家们比较注重与技术本身相关的理性知识，而不太重视实践和技术活动，对技术进步的关注也通常是从理性知识的角度。比如，拉普曾从新技术人工物的实现角度分析过推进技术进步所需要的多个层次的物理条件和社会条件，包括：①物质世界的结构：逻辑、自然定律；②智力资源：科学知识和技术知识及能力的状况；③物质资源：原材料、能源、机械、人力；④社会条件：市场机制、政治和法律约束。①

由于技术进步对社会经济的重要影响，西方的经济学家们更为重视推进技术进步的实践活动。从西方的视角出发，对技术进步的理论研究大多数是基于经济学的角度，而且以这种视角进行的研究在古典经济学时期就开始了。古典经济学时期的主要代表人物亚当·斯密（Adam Smith）认为，财富的增长取决于劳动生产率和劳动数量这两个因素，而劳动生产率的提高靠分

① ［联邦德国］F.拉普：《技术哲学导论》，刘武等译，辽宁科学技术出版社，1986年，第40页。

工，分工有助于某些机械的发明，进而提高劳动生产率。可见，学者们对技术进步的认知首先是立足其促进经济增长的重要作用。

20 世纪 50 年代以前，西方经济学家就对技术进步影响经济增长做了大量研究，不过当时的研究停留在定性分析的阶段，具有时代的局限性。在西方的现代技术进步思想中，熊彼得(Schumpeter,1883—1950)的思想影响最为广泛，同时对我国学者的技术进步思想也有十分深远的影响。熊彼得在论述技术进步对经济增长的影响和作用时，提出了技术进步的五种形式：①引进新产品；②引用新技术，采用一种新的生产方法；③开辟新的市场(以前不曾进入)；④获得原材料的新的供应来源；⑤实现任何一种工业的新的组织。从这里可以看出，熊彼得将所有生产要素的新组合都概括为技术进步，不过在论述中，熊彼得更为强调五种形式中的前两者，即新产品与新技术。相应地，熊彼得十分重视企业家在技术进步中的主体作用，认为企业家的职能不仅仅是赚取钱财，更重要的是通过创新来促进技术进步，“通过利用一种新发明，或更一般地利用一种生产新商品或用新方法生产老商品的没有试用过的可能性，通过开辟原料供应的新来源或产品新销路，通过重组产业等来改革生产模式或使它革命化”[①]。从这里也可以看出，熊彼得通过技术进步的内在因素来分析技术进步的问题，回避了资本主义生产关系对技术进步的影响和作用。深入分析熊彼得的技术进步思想，不难发现熊彼得十分注重生产技术的革新，认为技术的革新可以通过技术创新或技术扩散的形式来实现，即除了技术创新之外，技术的进步还可以通过技术扩散来实现。20 世纪中期之后，西方经济学家进一步把技术进步对经济增长影响的研究提升到更为细致深入的定量研究阶段。

另外，学者们在研究中对技术进步作用于社会经济生活的规律性和表

---

① ［美］约瑟夫·熊彼特：《资本主义、社会主义和民主主义》，顾准译，商务印书馆，1979 年，第 164 页。

现形式有了更深刻的理解。1960年,美国的发展经济学先驱罗斯托在《经济成长阶段》一书中,基于技术进步将经济成长划分为六个阶段:①传统社会阶段:技术进步十分缓慢甚至停滞,社会生产以传统的农业为主;②由"传统社会"向"起飞阶段"发展的过渡阶段:要通过提高农业和开采业的劳动生产率,在经济上实现足够的资本积累,另外政治方面要建立中央集权的民主国家;③起飞阶段:通过技术进步带动生产方式的变革,突破经济停滞状态,实现经济飞速发展;④成熟阶段:现代技术成果被各部门有效应用,各种工业品大量涌现,生产力大幅度增长;⑤高消费阶段:投资对经济增长的红利减弱,必须靠拉动需求刺激消费带动经济增长,此时廉价且耐用的生活消费品的生产,如汽车等,对拉动经济增长起重要作用;⑥对生活质量的追求阶段:人们的物质需求基本得到满足,技术进步必须更多地注重提高人们的生活质量。罗斯托对社会经济成长阶段的分析建立在经济部门对先进技术的采用和传播上,因此各个阶段也主要由从有关基本生活需求的工业部门至服务业、城市建筑等不同经济部门来主导。①

20世纪60年代,越来越多的学者开始更加重视对技术创新的研究,其中包括美国国家科学基金会(National Science Foundation of U.S.A.,NSF),研究成果主要涉及技术创新的过程及影响因素分析等。

20世纪80年代初期,学者们把技术进步对于经济发展的影响内生化来进行研究,创立了技术进步的内生增长理论模型,对世界各国技术进步和经济增长的研究提供了较为具体的研究参照系统。20世纪90年代之后,经济学家们着手对技术进步进行实证研究,把研发活动、技术进步等指标引入生产函数来进行实证检验及预期。自此,在经济发展研究领域,技术进步一直是经济发展理论演进的脉络,深刻反映了技术进步与经济发展的密切关系。

---

① 徐永禄、褚与根等:《评析西方科学技术进步理论对我国的借鉴作用》,《上海社会科学院学术季刊》,1999年第2期。

由于制度的不同等诸多因素的差异，国外对技术研究的切入点和研究视角与我国也有较大不同。由于生产力和生产关系的矛盾运动是社会发展的动力，生产方式和生产关系及其变革无疑对技术进步有着重要影响。但在西方经济理论中，无论是熊彼特提出的创新理论，还是后来的新古典增长模型和内生增长理论，都较为注重研究技术进步对经济增长的作用，在生产方式和生产关系对技术进步的影响方面却避而不谈。

(二)国内关于技术进步的研究

国内学界关于技术进步的研究起步较晚，综合起来，研究成果主要涉及技术进步的涵义、技术进步对经济社会发展的影响、技术进步的途径、技术进步的动力和影响因素、技术进步的未来方向等方面，反映了学者们对技术进步规律的探索和认知。这些研究成果，在某种意义上能够为中国化马克思主义技术进步思想的形成和发展提供有价值和意义的参考，同时也为我们能够更深层次地理解中国化马克思主义技术进步思想提供辅助。

1.技术进步的含义

技术进步的含义一直是专家学者们关注的对象。从字面上来看，技术进步由“技术”和“进步”两个词构成，由于“技术”本身是一个界定起来非常有难度的复杂概念，且“进步”更是一个涉及事实和价值两个方面的复杂概念(汪堂家，2010)，这为技术进步概念的界定带来了双重的难度。所以，学界对技术进步概念的界定多种多样，涉及范围非常宽泛。

从对技术的不同理解出发，学者们对技术进步概念便有多种不同的界定。从“技术”来看，学界存在着从物质工具、工艺技巧至技术知识等多个方面和层次的解释，蒋一苇(1958)从技术主要是生产工具和劳动手段的角度出发，肯定技术进步是通过完善工具和操作技能及作业方法获得的控制自然能力的提升。[①]沈龙祥(1996)认为,技术有较硬技术和软科学之分,提出技术进步有广义和狭义之说,广义的技术进步指的是较硬技术的总和,包含以软科学研究为重要手段的决策科学化,以及各类技术的发展和进步;狭义的一般专指技术的发展和进步。[②]

有学者侧重于从"进步"所体现的价值取向,更强调技术进步的合目的性。从经济学角度对技术十分泛化的理解上,史清琪(1985)等在借鉴苏联以及日本的技术进步衡量指标的基础上,提出了年技术进步速度、技术进步对总产值(净产值或国民收入)增长速度的贡献、技术水平、全部劳动效率、劳动—资金产值率、原材料(包括燃料、动力的节约额)、生产性固定资产(原值)的节约额等七项技术进步衡量指标。[③]薛营、王林辉(2011)关注的是如何从经济学视角界定技术进步，认为如何有效分离经济增长过程中与物质资本和人力资本相融合的技术进步更是前沿研究的难点。[④]侯为民(2015)从经济学角度认可技术进步指以同样的投入可以生产更多的产出，或者用较少的一种或多种投入量得到同量的产出，并认为技术进步还包含产品质量的改进、全新产品的产生等内容。并且侯为民从生产过程的角度,认为技术进步的本质是对生产过程中劳动要素投入的节约，同时强调技术进步主要体现为生产过程中技术的创新和改进，而实现的资本的节约只不过是技术进步的外在表现。[⑤]

更多的学者注重从技术进步的事实和价值两个方面出发，对技术进步的含义进行了探讨。比如,吴虹、刘则渊(2004)从哲学的角度明确提出了技术进步既体现出满足人类日益增长的需要的目的性，又体现出技术自身进

---

① 蒋一苇:《技术进步和我国社会主义建设》,人民出版社，1958 年。

② 沈龙祥:《科学技术进步思》,《科学学与科学技术管理》,1996 年第 2 期。

③ 史清琪、秦宝庭、陈警:《技术进步与经济增长》,科学技术与文献出版社,1985 年。

④ 薛营、王林辉:《技术进步研究的发展趋势与前沿领域述评》,《社会科学辑刊》,2011 年第 6 期。

⑤ 侯为民:《技术进步、制度变革与经济增长》,经济科学出版社,2015 年。

化的内在的必然性，提出技术的进步是合乎人的主体目的性与技术自身进化内在必然性的辩证统一。[①]朱凤青(2014)将技术进步与技术进化进行了全方位多角度的比较,以此为基础,提出了要自觉培养对人工世界多样性的正确评价,并构建以经济效率、生态和人性的价值取向在发展过程中协调与统一的整体性技术进步观。[②]武文风(2016)通过研究马克思的技术进步思想,认为技术进步是人类改造主客观世界的知识、能力、物质手段不断更新的过程。技术进步过程不仅是一个客观的技术发展问题,还是社会生产关系的表现。[③]

可见,学者们普遍认为,技术进步不仅仅指在改造和控制自然过程中的方法、生产工具和操作技能方面的改造和革新,而且还必须在更好地满足人类的社会物质和精神需要方面得到提升。技术进步必须是合乎技术自身进化的内在必然的规律性和满足人类日益增长需求的目的性的统一。

2.技术进步对经济、社会发展的影响

在国内，学者们很早就意识到了技术进步对经济发展的影响。比如，1954年清河就对苏联学者兹沃雷金的著作《技术进步在社会主义发展中的作用》进行翻译出版,该著作总结了苏联战前战后各方面的技术进步情况,并对技术进步与社会主义竞赛、科学与生产的联系作了论述。[④]

1958年蒋一苇出版的《技术进步和我国社会主义建设》一书提出,“在任何时代,任何社会制度下,技术的进步都必须体现出一定的经济目的性,也就是说要产生一定的经济效果”,从我国社会主义建设出发探讨了技术进步与社会发展的关系,技术进步的基本途径、经济意义等,重点强调了技术与

---

① 吴虹、刘则渊:《论技术进步的合目的性与合规律性的辩证统一》,《自然辩证法研究》,2004年第9期。

② 朱凤青:《技术的进化与进步》,中国环境出版社, 2014年。

③ 武文风:《马克思技术进步理论研究》,经济管理出版社,2016年。

④ [苏联]沃兹雷金:《技术进步在社会主义发展中的作用》,清河译,时代出版社,1954年。

政治和经济的相互关系。[①]

从20世纪80年代开始，社会各界都更明显地意识到经济发展与技术进步的关系十分密切,技术进步对国民经济增长具有重要作用。随着改革开放的展开,中国集中追求经济进步的成效凸显,技术进步对经济的影响问题开始受到广泛的重视和研究。国家经委调研室(1986)立足科学技术飞跃发展对经济有着越来越重大影响的时代特点,汇编了《技术进步手册》,收集整理了党的十一届三中全会以来，中央和国务院制定的有关科技进步的战略方针、政策和措施。1988年翻译出版了苏联学者尼·阿·洛赫马涅柯的著作《技术进步与社会主义生产关系》，主要从经济关系和社会生产关系角度论述了技术进步。[②]林苞、雷家骕(2016)通过研究认为,产业创新是经济发展的重要因素,技术进步在国民经济发展过程中起着中心作用。[③]李京文(1998)探讨了科技进步与中国的现代化。[④]

技术进步与社会经济的关系方面的研究,除了相关著作之外,论文成果更为丰富。贾敬敦、袁学国等(2013)以发展现代农业、建设新农村为出发点，对中国农村科技进步的状况进行了分析，力图构建农村科技进步评价的指标体系,并着重研究了中国农业科技的投入、产出、成果转化及经济社会效益等反映中国技术进步一般结构的四个方面。[⑤]肖文(2017)指出,“十三五”规划明确提出要大力实施创新驱动战略，把科技进步和创新作为加快转变经济发展方式的重要支撑，意味着唯有技术进步才能真正推动经济增长既有“数量”又有“质量”。[⑥]技术进步对经济的发展越来越重要。有分析表明,在

---

① 蒋一苇:《技术进步和我国社会主义建设》,人民出版社,1958年。

② [苏联]尼·阿·洛赫马涅柯:《技术进步与社会主义生产关系》,王茂根译,辽宁人民出版社,1988年。

③ 林苞、雷家骕:《科学、技术与产业创新》,清华大学出版社,2016年。

④ 李京文:《科技进步与中国现代化》,中国物资出版社,1998年。

⑤ 贾敬敦、袁学国:《中国农村科技进步评价研究》,中国农业出版社,2013年。

⑥ 肖文:《科技进步与中国经济发展方式转变》,人民出版社,2017年。

20 世纪初时劳动生产率的提高主要靠增加人力和设备，技术进步的作用仅占 5%~20%。而 20 世纪末时世界劳动生产率的提高主要靠技术进步，比重约占 60%~80%。

学者们从整体上研究了技术进步对社会发展的影响。在现代社会中，技术已经广泛渗透进了社会生产力的各个要素之中，并产生了深刻影响。秦书生（2016）通过研究指出，技术进步引起劳动资料、劳动对象、劳动者素质及组织与管理等方面的变革。[①]史清琪等学者（2005）通过研究提出，孔德、马克思和涂尔干等人认为，科技发展与社会进步所产生的人类理性会增进人们对于社会的理解，完善社会控制与社会秩序，进而促进正义、道德进步、人的幸福和社会满意，而孟德斯鸠、韦伯和齐美尔则提出过技术进步带来的潜在威胁，比如技术进步带来的劳动分工，一方面提升效率，实现社会进步；另一方面也可能引发失业等问题，并威胁社会稳定。[②]

3.技术进步的路径

技术进步目标总是要通过一定的路径才能得以实现。无论是从理论研究中来看，还是从我国技术进步的实际进程来看，技术引进和自主创新，都是我国技术进步的关键环节，也是我国实现技术进步的两条最主要的途径。有学者在此基础上还提出“技术扩散”（侯为民，2015）、“模仿创新”（余泳泽，2016）等途径。对此，学者们进行了非常深入的研究，形成了丰富的理论成果，对认识我国技术进步的实现方式有着重要启发。另外，在实际的技术进程中，每一阶段技术进步的路径该如何选择，是一个存在着较大争议的问题（余泳泽，2016）。

模仿和技术引进是实现技术进步的有效途径。蒋一苇在《技术进步和我国社会主义建设》中，就技术进步有关的几个方面的主要问题，对我国目前

① 秦书生：《马克思恩格斯科学技术思想及其中国化研究》，东北大学出版社，2016 年。

② Layder D., *Understanding Social Theory*, Sage, 2005.

经济政策与技术政策进行了论述，其中有“以学习苏联为中心，掌握世界已有的先进技术”“结合我国具体条件采用先进技术”“在掌握新技术的基础上鼓励群众性的技术创造”“推广国内外已有的先进技术经验”“开展科学研究工作，为技术进一步发展创造条件”，[①]反映了我国刚开始推动技术进步时，结合当时的政治经济现实条件对技术引进和技术创新所做的思考。何保山等（1996）通过观察和搜集中国20世纪80年代的历史事实和资料，运用案例实证，从宏观上分析了中国技术转移和技术进步的实际状况和进程、实现情况，以及其中的政府和企业的角色和作用以及相关的政策因素。[②]王永生（1999）通过分析日本技术进步的历程及其组织经验来为我国技术进步实践提供借鉴。[③]李光泗、沈坤荣（2013）针对我国核心技术创新能力相对低下等问题，提出应不断优化技术进步路径，关注技术进步的持续性、累积效应，最终实现技术引进向自主创新转型。[④]余泳泽（2016）通过对技术进步路径选择的背景以及改革开放以来中国技术进步的现实，分析了技术进步路径选择的演进机制，对技术进步路径选择方面的研究相对较为系统和深入。[⑤]

技术引进是发展中国家推进技术进步的重要途径。技术引进是指一个国家或地区的企业、研究单位、机构通过一定方式从其他国家、地区的企业、研究单位、机构获得先进适用技术的行为，[⑥]一般特指引进国外的技术。技术引进可以分为知识、经验和技艺的纯技术引进，也被称为软件技术引进，以及物化在设备上的技术引进，也被称为硬件技术引进。1962年，美国经济史学家格申克龙（Alexander Gerschenkron）便提出，落后国家可以引进、学习和

---

① 蒋一苇：《技术进步和我国社会主义建设》，人民出版社，1958年。

② 何保山、顾纪瑞、闫英龙：《中国技术转移和技术进步》，经济管理出版社，1996年。

③ 王永生：《技术进步及其组织——日本的经验与中国的实践》，中国发展出版社，1999年。

④ 李光泗、沈坤荣：《技术能力、技术进步路径与创新绩效研究》，《科研管理》，2013年第3期。

⑤ 余泳泽：《创新驱动战略下中国技术进步的路径选择研究》，经济管理出版社，2016年。

⑥ 余泳泽：《创新驱动战略下中国技术进步的路径选择研究》，经济管理出版社，2016年，第79页。

利用发达国家的先进技术、管理经验等缩小与先进国家的经济差距，因而具有某种技术的后发优势。这种优势表现为后发国家引进先进国家的技术和设备可以节约科研费用和时间，快速培养本国人才，从而在一个较高的起点上推进工业化进程。

王永生(1999)通过研究认为，虽然技术进步可以通过自身的研究开发(包括基础研究、应用研究与技术开发)活动，获得所需要的技术知识，或者通过技术引进活动，获得对自己有用的知识来实现，但实际上没有技术引进的单纯的封闭式研究开发的效率是较低的，特别是对于自主研发能力偏低的发展中国家更是这样。而且，从收益率的比较来看，技术引进的收益率非常之高，经济效果明显优于自主的研究开发。这说明，充分利用世界上已有的先进的或实用的技术，通过引进并加以研究开发，将其消化、吸收成为自身完全掌握的技术部分，可以节省大量人力物力的研发资源及时间，达到事半功倍的效果。但是很多研究也表明，技术引进对后发国家的技术进步的提升是有条件的，后发国家对先进技术的引进必须与本国的技术条件相适宜。

阿伯拉莫维茨(Abramovitz)(1989)认为，要想使引进的技术能够真正有利于后发国家的技术进步，后发国家需要有良好的基础设施和技术存活的条件，必须具有适配先进技术的新体制、新政策和新组织。如果引进的技术与本国的技术要素和环境不相匹配，技术的消化吸收会难以实现，无助于技术取得进步。比如，如果引进技术的使用与后发国家的工人技能存在较大的"适配度"问题，后发国家往往就无法充分吸收先进国家的技术，导致技术引进的失败。所以后发国家对发达国家的技术引进，常常只能从自己的技术水平和条件出发，从低层次的技术开始引进，随着自身技术能力的提升再引进更高层次的技术。

可见，技术引进必须有适配引进技术的相关条件，必须经常伴随着相应的研究开发活动，来对引进的技术进行可能的消化和吸收，把它变成自身能掌握的东西，如果没有一定的基础和相应的研究开发配套，就无法对所引进的技术进行消化、吸收。所以，没有一定的研究开发基础，想要单纯地通过技术引进来推动技术进步也是非常困难的。[①]

自主创新作为技术进步的另一种主要途径，是发展中国家实现技术赶超战略的关键。余泳泽认为，自主创新是指通过拥有自主知识产权独特的核心技术及在此基础上实现新产品的价值的过程。[②]与持有技术引进为主以及在此基础上模仿性创新的观点不同，不少专家学者都认为，随着中国与发达国家技术差距的缩小，技术引进对我国技术进步的推动作用只会越来越小。因为能够被引进的技术往往是技术出口国的成熟技术，而关键核心技术往往是保密的，基本上不能够引进。因此，我国要实现技术和经济上的赶超，必须加强自主创新能力的建设，通过自主创新研发核心技术，在某些关键领域占领制高点。2003年，中国社会经济系统分析研究会理事长孔德涌就在一次国家科技发展规划专家学者讨论会上提出：如果我们没有自主开发，在引进技术的时候，往往会处于被动的地位。可见，要改变我国技术的落后状态，推进技术进步，实现对发达国家的赶超，不但要靠更为理性的技术引进和模仿创新，更要加强自主创新。

在技术进步上持自主创新观点的专家学者们认为，技术引进有利于发展中国家缩小与发达国家的技术差距，但仅仅依靠技术引进，只能在一定限度内缩短与发达国家的技术差距，当超过某个限度时，技术的后发优势就会完全丧失，技术进步就会陷入停滞。而且，仅通过对先进国家的现有技术进行引进、模仿和改进，而不注重改善和提高自身的技术创新能力，就会使后发国家与先进国家的技术之间，保持长期的技术差距。在现实中，有些发展

① 王永生：《技术进步及其组织——日本的经验与中国的实践》，中国发展出版社，1999年。

② 余泳泽：《创新驱动战略下中国技术进步的路径选择研究》，经济管理出版社，2016年，第80页。

中国家秉持技术引进战略,技术发展与发达国家的差距甚至有扩大的趋势。彭秀丽、刘茂松(2009)也持相似观点,认为中国如果过于依赖对其他国家的技术引进,而不能有效提升自主创新能力,将使中国陷入一个短期受益、长期受损,产业结构和技术密集化进程放慢的状态,导致我国经济不能保持持续快速的增长。中国只有进入率先创新的新技术阶段,实现从主要依靠技术模仿转变到主要依靠技术自主创新的阶段,才能实现技术赶超的目的。肖文(2017)指出,"十三五"规划明确提出要大力实施创新驱动战略,依靠技术进步和创新推动经济增长方式从粗放型向集约型转变,使技术进步真正推动经济增长既有"数量"又有"质量"。同时,技术进步不能单纯地依靠国外技术引进之后"二次创新",而是要真正实现自主创新。①

技术进步必须通过一定的过程得以实现,技术创新和改进是技术进步过程的核心。新技术如何从旧有技术中产生,或者说发明的"逻辑",同样也已得到了大量研究,林苞、雷家骕通过研究,指出技术变化包括对已有技术的改进、组合及通过新原理引入进行技术创新等多类活动。②

侯为民(2015)认为,技术进步的实现过程是从局部到整个社会的过程,由科学发明推动的技术创新是一个起点,是整个社会技术进步的前提,而技术扩散是中国社会技术进步的条件。技术进步的过程包括基础研究、应用研究、研究开发、开发成果的商品化和技术创新成果的扩散等五个方面。从社会再生产角度来看,技术进步应包括技术创新成果的扩散,是技术创新和技术扩散的统一。③

刘满强(1994)论述了技术进步系统运行的总过程由研究开发过程、技术创新过程、创新扩散过程、产业结构变动过程和宏观调控过程等子过程组

---

① 肖文:《科技进步与中国经济发展方式转变》,人民出版社,2017年。

② 林苞、雷家骕:《科学、技术与产业创新》,清华大学出版社,2016年。

③ 侯为民:《技术进步、制度变革与经济增长》,经济科学出版社,2015年,第87页。

成。[①]这一过程是以研究开发实现技术创新为技术进步的途径来构建的，另外，通过对技术进行引进、消化和吸收也是实现技术进步的途径。宏观调控过程实际上是实施的保证技术进步系统有序运行的管理功能，相较于其他子过程，这一过程可以被归结到环境因素中。

可见，学者们对技术进步的发生过程和作用机制虽然各有看法，但普遍认可技术进步是体现在整个社会生产过程中的，由技术自身的创新和改进，产生经济作用和社会效益的过程和结果。技术进步可以在技术自身的发展进程中体现为技术自身的创新和改进，也可以在社会生产过程中通过技术产生的作用体现为社会经济效益或其他效益的提升。

为此，余泳泽（2016）通过对技术进步路径选择的背景及改革开放以来中国技术进步的现实，分析了技术进步路径选择的演进机制，提出中国应该将“技术引进”与“自主创新”相结合，发挥二者之间的互补性，依据产业特点，对传统产业升级采用“渐进式”的技术进步路径，对新兴产业发展采用“一步到位式”技术进步路径，依据不同区域的技术水平和条件，灵活选择技术引进或自主创新的技术进步途径，并逐步实现从模仿性创新驱动经济增长向自主创新驱动经济增长转变，以实现作为后发国家的技术赶超。[②]

4.技术进步的动力和影响因素

进入21世纪后，学者们开始较多关注促进技术进步的动力和机制，并更多地从经济学及社会发展的视角对技术进步进行研究。

科学对技术进步的推动。虽然引进高技术和进行技术创新都可以推动一个国家的技术进步，但技术引进也是建立在其他国家或地区的技术创新上的，就整个技术体系来说，技术创新是技术进步的基础和起点。从技术创新的角度来看，存在两种发展出新技术的方式，一种是“技术性”的，另一种

---

① 刘满强：《试论技术进步系统》，《数量经济技术经济研究》，1994年第10期。

② 余泳泽：《创新驱动战略下中国技术进步的路径选择研究》，经济管理出版社，2016年。

是“科学性”的。因此，技术创新可以区分为“基于技术的”与“基于科学的”。“科学性”的技术发展模式则是科学参与到技术中来的情况，总是涉及新的现象的发现，通过基于科学的创新，新发现的现象被引入技术知识的体系之中。从 19 世纪下半叶以来，许多重要的技术创新常常是基于科学突破而产生。另外，技术创新还有可能是基于已有技术而产生新的认知，由此实现创新。如果没有新的认知行为，显然技术难以实现创新，但“技术性”的技术发展模式并不涉及新的自然现象的发现，而是对已有技术知识（也包括科学原理）的“利用”。武文风（2016）认为，马克思将技术划分为物性技术和智力技术两种形态，两种技术形态的结合状态决定了这一时期的技术水平，而智力技术与物性技术两者相互渗透、相互促进则使技术形成由低级形态向高级形态的进步趋势。李京文（1998）对技术进步的一般特点进行了归纳：技术进步具有不确定性；现代经济中的技术进步，越来越依附于科学知识的进步；研究与开发活动的复杂性增加；相当数量的技术进步成果产生于“干中学”和“用中学”；技术进步是积累性的活动；技术进步具有不可逆性；在国家、厂家之间，技术创新能力、投入产出效率、行为与战略规则之间的不平衡与多样性永远存在。①

社会需求对技术进步的拉动。发明技术是为了满足人们的需求。为了实现美好幸福生活，人们发明建造了房屋以遮风避雨获得安居；发明了车船以方便交通；发明了电灯为生活提供照明；发明了电话、手机等以供远程交流；人类甚至发明了原子弹……人类社会总是充满着各种各样的需求，因为需求的推动，人类不断地寻找着在物质世界进行创造的可能。当然，这个需求并非仅仅指人类用来对付自然环境和维持基本生存需要的各类物品。美国著名心理学家马斯洛（Abraham H. Maslow，1908—1970）提出了关于人的生

---

① 李京文：《科技进步与中国现代化》，中国物资出版社，1998 年。

理、安全、社会交往、尊重及自我实现等五个层次需求的著名理论,并指出,当人的其中任何一种需求没有得到满足时,所导致的“匮乏”或“缺失”都会引起人们产生改进或发明技术的目的和活动。[①]为了满足需求,产生了有目的的技术活动,这些技术活动有的达成了其目的,创造出了理想中的新技术;有的却因条件不具备而暂时不能完全实现或因为不切实际而得不到满足。但是有目的的技术活动总是会使人积累技术经验,得到对客观物质世界的更多认知,因而在技术方面有所获得。比如,古代炼丹术士想要炼制“仙丹”的不切实际愿望,使得他们在炼制过程中熟悉了很多矿物质的特性,以至于无意中发明了火药、硫酸等技术。另外,人类社会的需求并非总是不变的,而是在一个创造性的满足需求并创造出新的需求的过程中。需求是一种主、客体之间的关系,常常是学习、认识过程的结果,具有“被创造性”。比如,今天人们对生物技术领域的巨大关注和需求,就是因为生物科学的巨大进展,人们对生物科学的认知而形成的。工业文明以来,人们的各类需求更是越来越多地依赖科学知识的刺激。对技术创新的需求往往通过科学来指明。社会需求的变化能引起人们对“技术缺失”的感知,为技术改进和技术发明的探索指出方向,使人们获得动力着手进行改进技术和发明技术的活动。

沈龙祥(1996)认为,技术进步体现的是和技术相关的各个方面的集约,包括决策行为、技术自身、技术队伍、投入强度、成果、政策、环境、经济和社会,等等。技术进步的保障,涉及体制改革、政策法规、管理、科技人才、咨询和决策、评价、科学技术普及和学术交流、各种信息的传递和媒介作用等各个方面的大环境。[②]

归纳起来,技术进步的影响因素主要可以分为制度和环境两大类。

黄琪轩(2009)通过关注国际政治的变迁如何促进重大技术的变迁,提

① 朱凤青:《技术的进化与进步》,中国环境出版社,2014 年,第 23~24 页。

② 沈龙祥:《科学技术进步思》,《科学学与科学技术管理》,1996 年第 2 期。

出技术进步背后，大国政治始终是一项不容忽视的因素。[①]政府在确定发展中国家的技术发展方向及形成企业的技术努力方面都有很大的影响。企业的技术努力并不是由要素价格造成的选择结果，而是在方向与强度上都受到政策及相关制度（如创新系统）的影响。在政策设计上，需要考虑现有技术进步方式能否保证长期的经济增长。如果某些方面对于长期的经济增长来说是重要的，则在政策设计中就需要反映这些差异所对应的机制性、政策性要求。刘满强（1994）对技术进步进行了较为系统的分析和论述，指出技术进步是现代经济增长的主动因，这是已为经济理论研究和实证分析证实的基本事实，并提出技术进步系统的主要环境因素有：①经济体制模式、经济发展模式与经济发展状况；②政治、社会、人口、文化、教育条件；③资源条件，包括劳动力、资金及自然资源条件；④国际环境等。[②]郑友敬（1996）认为，要提升我国经济的竞争力，实现经济增长从"投入"增长大于"产出"增长的粗放型转变到从"投入"增长小于"产出"增长的效益型上来，必须认识并贯彻科技是经济发展的第一要素，人才是科技发展的第一要素，政策是人尽其才、人才辈出的第一要素。[③]邱崇明（1997）分析了我国技术进步的障碍，提出加快技术进步的政策：必须改革企业制度，鼓励科研人员走向市场，以构建技术进步动力机制；同时须规范企业竞争行为，建立知识产权评估中介机构，培育大企业集团，筹建风险基金。[④]南联盟学者B.博什科维奇（1999）认为，"技术进步指科学和技术的发展，而科学与技术的发展则意味着人类发展与进步"，并提出，技术进步意味着劳动的更好组织，而技术进步与更好的组织共同运用才可能提高劳动生产率。[⑤]

---

① 黄琪轩：《大国政治与技术进步》，《国际论坛》，2009年第5期。

② 刘满强：《试论技术进步系统》，《数量经济技术经济研究》，1994年第10期。

③ 郑友敬：《中国跨世纪的技术进步战略》，《数量经济技术经济研究》，1996年第5期。

④ 邱崇明：《关于加快我国技术进步的思考》，《厦门大学学报》（哲社版），1997年第1期。

⑤ ［南联盟］B.博什科维奇：《技术进步的局限性》，《国外社会科学》，1999年第5期。

一个国家和地区技术进步的状况还受外在政府科技政策导向的影响。国家出台的财政投入、税收激励、金融支持、引进技术消化吸收等相关技术政策，对一个国家的技术进步和经济发展有着巨大的推动作用。自主创新行为兼具高收益性和高风险性，根据对创新行为的研究，可以发现自主创新并不总是能成功，反而失败的可能性非常高，面临着较高的沉没成本的风险，但如果自主创新获得成功则能带来较大的经济效益和社会效益。因此，自主创新需要国家力量的支持和推动，尤其是一些基础技术创新，由于其本身具有较少的盈利性质，而对技术的未来发展至关重要，更需要国家政策的扶持和推动。

技术进步离不开良好环境的支持。技术进步的环境又可以被称为技术生态环境，指包括科研投入情况、教育水平、产业结构状况、市场的需求状况、产学研合作环境及鼓励创新的社会氛围等。[①]技术进步总是与社会经济文化及技术自身的发展状况密切相关。科研投入是进行研发活动的基础，科研投入的增加可以有效聚集研发资源，有利于技术的改革和创新；人才是技术进步的主体，是推进技术进步的关键要素，教育水平的提高有助于劳动者素质和研发人员素质的提升，为技术进步培养所需要的人才；产业结构分为传统的劳动密集型产业和资本、技术密集型产业，经济的持续发展需要产业结构的转化和升级，产业结构的转化和升级离不开技术进步的支持，因而影响技术创新的方向、速度和规模；市场的需求无疑是技术进步的内在动力，良好的市场竞争环境会有效促进企业改进技术、降低成本以保持和提升竞争优势；产学研合作的良好环境能使市场和教育、研发机构保持良好的信息沟通和顺畅的对接合作机制，有效配置资源，使市场的需求及时反映到研发环节并得到及时的受理，研发机构的创新性成果有效地被市场采用并转化

① 余泳泽：《创新驱动战略下中国技术进步的路径选择研究》，经济管理出版社，2016年。

为新的先进技术产品；技术进步的关键在于创新，技术创新是技术进步的源泉，社会鼓励创新和宽容创新失败的氛围能够有效培育和激励人们的创新精神，使社会保持旺盛的创新活力，从而为技术进步提供源源不断的良好创意。

技术环境对技术的进步非常重要，如果一个地区不具备适应的技术环境，则会使技术的研发或研发成果的产业化和市场化遭遇困难，影响该地区的技术应用和产业升级，导致该地区的技术不能持续快速进步。相反，如果一个地区科研要素、创新环境等技术生态环境具有较大优势，则会有助于其产业建立良好的竞争优势。同样，技术生态环境也会影响技术的引进、消化吸收能力。新技术的引进还需要得到良好的消化和吸收，才能转变为技术引进国自己的技术，提升其技术水平。一个国家（或地区）的技术环境决定了它们进行技术创新的水平和吸收新技术的能力，一定程度的专业技术和物质资源是对引进技术进行良好的消化和吸收的条件和保证。技术环境和技术进步方式匹配度较高有助于技术进步的持续和稳定。高水平的技术环境应该和高层次的技术进步方式相匹配，以自主创新为主；而低水平的技术环境应该和低层次的技术进步方式相匹配，以技术引进为主。因此，注重提升技术环境，选择能和区域经济和产业基础相匹配的技术进步方式，对我国实现技术赶超和产业升级十分重要。

5.技术进步的未来方向

近年来，学者们面对以大数据、人工智能、互联网技术为代表的信息技术创新，以及生物、高新材料和宇空深海技术对社会的巨大冲击，开始对技术进步的未来方向及未来应对进行思考。尹向飞、段文斌（2017）从经济学视角研究认为，多年来中国技术进步保持高速增长，劳动力技术进步为主要推动力，但“人口效率红利效应”正在逐步消失，资本技术进步缓慢，提出如何长久而有效地促进资本技术进步，应是中国今后改革的着力点。[①]黄涛(2017)思考了未来技术进步与共享的问题。[②]刘瑞(2018)对于如何应对当今技术进步对生产力带来的新变化，以及如何调整现有的生产关系与其相适应,认为实践经验还不丰富,关于技术革命的理论深入研究依然任重道远。[③]方敏、李梁(2018)提出进入新时代的经济增长正处于高速增长阶段转向高质量发展阶段,正处在转变发展方式、优化经济结构、转换增长动力的攻关期。如何更好地推动技术进步,是新时代和发展新阶段保持经济持续健康发展的重要理论和实践命题。[④]另外,还有不少国内外的学者开始集中思考如何进一步完善科技伦理,以保证未来技术进步的科学方向。

(三)关于中国化马克思主义技术进步思想的研究现状

我国对中国化马克思主义技术进步思想的关注和研究，几乎是进入20世纪90年代才逐渐开始进行的。虽然很少有明确以“技术进步”思想为题对我国主要领导人的技术思想进行的研究,但以“科技思想”“技术思想”“科技创新思想”等为主题的不少。因此,相关的研究成果实际上还是非常丰富的。在这些研究成果中,形式上主要是科研论文,部分是学位论文,专著相对比较少。目前,直接以马克思主义技术进步思想为研究对象或涉及技术进步思想的专著,比较有代表性的有雷石山的《马克思科技创新思想研究》(2017),张晓红的《马克思技术实践思想研究》(2013),王伯鲁的《马克思技术思想纲要》(2009),乔瑞金的《马克思技术哲学纲要》(2002),武文风的《马克思技术进步理论研究》(2016),秦书生的《马克思恩格斯科学技术思想及其中国化

---

① 尹向飞、段文斌:《中国技术进步的源泉与演化——基于要素分解视角》,《科学学研究》,2017年第7期。

② 黄涛:《技术进步与共享》,《中国统计》,2017年第3期。

③ 刘瑞:《科技进步会产生什么样的新问题》,《人民论坛》,2018年第3期。

④ 方敏、李梁:《推动中国特色社会主义新时代的技术进步》,《改革与战略》,2018第1期。

研究》(2016),曾敏的《毛泽东科技思想研究》(2011),李志红、马俊峰编著的《毛泽东科技思想》(2004),李声禄、曾敏、李江合著的《毛泽东科学技术思想简论》(1993),潘琦主编的《邓小平科学技术思想研究》(1992),许先春、林振义合著的《江泽民科技思想研究》(2002)等。

从内容上来看,对中国化马克思主义技术进步思想进行整体性、系统性梳理的并不太多，绝大部分是对单个主要领导人的技术思想或其技术思想的某一方面进行的较为独立的研究，这些成果中都包含着较为丰富的技术进步思想。

总的来看，对党的主要领导人的技术进步思想进行综合研究的成果近年来有所增多。有对党的三代国家主要领导人技术思想进行比较研究的,比如,高峻(2002)对毛泽东、邓小平、江泽民等党的三代国家主要领导人关于我国科技发展的地位、立足点、动力、路径、支撑力量等方面的思想进行了研究和比较,李桂花、肖爱民(2009)对毛泽东、邓小平、江泽民等党的三代国家主要领导人关于科技发展的地位、科技发展的方针、科技人才的思想的一致性进行了研究。另外,薛建明的博士学位论文《中国共产党科技思想及其实践研究》(2007)梳理了中国共产党自成立以来至 2002 年的科技思想,对毛泽东、邓小平、江泽民等党的三代国家主要领导人的科技思想进行了比较研究,并对党关于科技发展的取向、理念、路径及科技的价值旨归等思想的历史启示与现实考量进行了研究。刘建城的博士论文《新时期党的科学技术思想演进研究》则对邓小平、江泽民、胡锦涛等党的三位国家主要领导人的科技思想进行了梳理和研究，并对新时期中国共产党的科技思想的主体内容的演进与对未来科技发展的启示进行了分析。彭坤、秦书生(2011)对包括马克思、恩格斯,以及毛泽东、邓小平、江泽民和胡锦涛四位党的主要领导人的自主创新思想,从萌芽、雏形、完善和成熟四个阶段的历史演进进行了分析。

目前，对包括习近平在内的党的五位主要领导人的技术进步思想进行整体梳理和系统分析研究的成果为数甚少，专著有秦书生的《马克思恩格斯科学技术思想及其中国化研究》(2016)，以马克思、恩格斯的科学技术思想为基石，对毛泽东、邓小平、江泽民、胡锦涛及习近平五位党的主要领导人的科学技术思想的产生的时代背景、主要内容及基本特征进行了梳理，并从历史逻辑和理论逻辑两方面尝试对马克思主义科学技术思想中国化的逻辑进行分析。另有部分文章在探讨与科技有关的问题时，对中国化马克思主义技术进步思想也有一定程度的涉及。比如，高岸起在《进步观》(2018)中，从各个角度论述了进步观，其中包括从生产力和生产关系的角度，也对马克思、恩格斯、列宁、斯大林，以及中国几代主要领导人毛泽东、邓小平、江泽民、胡锦涛与习近平的进步观进行了论述和梳理，其中，有少量篇幅涉及科学技术与进步的问题。

(四)研究中存在的问题与不足

中国化马克思主义技术进步思想，是党的五位主要领导人迄今为止，关于技术进步的本质和发展规律及技术进步与其他科学及社会现象的关系的观点和认知的总称，散见于党的五位主要领导人在各个时期的著作、文章、讲话和指示中。对中国化马克思主义技术进步思想进行系统梳理和研究，必须以党的五位主要领导人的技术进步思想为基础。

中国化马克思主义技术进步思想博大精深，与之相关的研究取得了一些可喜的成果，但也存在一定不足，主要有以下三个方面：

一是从目前的资料来看，关于中国化马克思主义技术进步思想的研究还是初步的，对单个主要领导人的技术进步思想研究比较多，将中国化马克思主义技术进步思想作为一个整体进行研究的成果比较少，绝大多数的内容重复比较多，缺乏系统性与全面性，且研究成果中以小论文居多，专著很少。

二是对各位主要领导人的科技思想的研究居多，聚焦于技术进步思想的研究很少，从而导致中国化马克思主义技术进步思想的理论和现实价值没有得到充分的展现。

三是对中国化马克思主义技术进步思想的系统性梳理不够，不利于我们深刻理解中国化马克思主义技术进步思想中的理论和现实逻辑。以上不足为我们对中国化马克思主义技术进步思想进行进一步的深入研究留下了很大的空间。

三、技术进步及相关概念辨析

(一)科学与技术的关系

科学与技术既紧密联系,又各自独立,存在本质的区别。正确分析和理解科学与技术的区别及联系,是技术研究得以发展成为独立学科的前提条件。

科学与技术两者是不同本质的知识体系和活动体系，两者间的差异是结构性的、总体性的。科学的目的在于认识物质世界,解决“是什么”“为什么”的问题,它的成果是科学理论知识;技术的目的在于改造物质世界,解决“怎么做”的问题,它的成果通常是新的技术人工物的产生。

从技术的发展历史来看,技术与科学有一个从分离到融合的过程。前科学时期,因为工匠的技术传统与学术传统的分离,技术大多停留在简单的经验描述之上,没有形成技术规则的知识体系。随着技术的发展、革新和转移,古代技术逐渐向近代技术转变。随后,科学与技术开始逐渐融合,15 至 19 世纪中叶,融合虽然开始,但技术进步的主要动力还是来自生产与实践;19 世纪中叶之后，特别是 20 世纪以来，人们开始有意识地通过科学发现和对科学规律的掌握研发先进技术，科学领域的重要发现成为高技术研发的前提和基础，同时，技术进步对科学发现和社会发展产生的强大推动力，也使得人们认识到技术具有自己的独立范畴和规律。

许多学者对科学与技术的具体关系进行过研究和探讨。林苞提出，作为知识，科学与技术可被视为两个独立的体系，尽管彼此有联系，但有不同的演化机制；作为活动或“实践”，科学可被视为“探索性”活动，技术可被视为“利用性”活动。就第二层含义而言，如果没有科学的探索，技术活动对知识的“利用”就会到达极限。故而科学的创新非常重要。对科学的创新的强调，不只是因为它构成了不同于过去得到较多研究的技术的创新，由此产生出许多新的待研究的问题，还因为长期以来，基于科学的创新扩大了基于技术的创新所能利用的“基础”，对产业创新的长期演变有十分重要的意义。[①]科学研究有可能产生两种结果：一种产出可以被称为纯知识，它有助于扩大人类对自然现象的理解，如爱因斯坦的质能方程；另一种产出则体现为新技术或新产品，如晶体管的发明。晶体管技术既是一个科学发现，又是一个技术发明，并且加速了半导体业的产生，这一类科学研究，是基于科学的创新的起源。

传统的观点一度将技术理解为应用科学或科学的应用。以万尼亚·布什的《科学：无止境的前沿》为代表，许多学者认为，科学是基础研究，而技术是科学原理的应用。[②]很显然，不能将技术简单概括为科学知识的应用，历史上，人类曾经在缺乏科学知识的情况下发展出极为精湛的技术，即使在现代，也有许多重要技术并不是科学原理的应用，有些技术在相关科学原理被揭示之前已经存在，有些技术则在相关科学原理被揭示之后很久才出现。而且，现代科学的研究范围已扩大至普通情况下无法发现的现象，只有借助技术

① 林苞、雷家骕：《科学、技术与产业创新》，清华大学出版社，2016 年，第 146 页。

② ［美］V.布什等：《科学：没有止境的前沿》，范岱年、解道华等译，商务印书馆，2004 年。

才能发现现象的范围。比如，现代科学的发展如果不依赖技术上的新进展，将无法探索自然。[1]伽利略观察到的月球表面是无法用肉眼看到的，需要依靠望远镜等仪器。想要观察量子的运动或基因的结构，更需要借助复杂的技术。

古代的科学与技术的发展并没有太多联系，但现代技术已经完全不同于古代技术，现代技术极少是完全基于自身演化，也就是由已有技术的改进、组合、调整、变形而形成的新技术。大部分现代技术的创新或发展都是以某些科学理论为基础的，依赖新的科学知识。这些新的科学知识，有些对已知科学知识而言是“新”的，有些是先前的技术中未曾应用过的。技术在发明的过程中依赖新的科学发现，科学发现与技术发明已经合二为一。现代技术是由经过科学训练的人开发的，且在开发的过程中采用了类似于科学研究的程序。

显然科学和技术虽然具有本质上的不同，但是现代技术的快速进步与科学发展有着密切的关系。马克思在《哲学的贫困》中指出，当手工劳动不能满足市场扩大的需求时，人们便感到需要机器，进而想到“应用 18 世纪时即已充分发展的机械学”[2]。马克思阐述了科学对技术进步的理论基础作用，表明技术创新的过程往往离不开已有科学创新成果的指导。现代以来，尽管技术是独立演化的，但“技术改进者”几乎都是受到科学影响的人。[3]而现代技术发展需要利用的现象，也已经超出普遍情况下能够观察到的范围，即如果不在科学的指导下，就无法观察与利用现象。现代的许多重要的技术创新，既是科学发现，也是技术成就。[4]我们很难将类似青霉素的发现、晶体管的发

① [美]D.E.司托克斯:《基础科学与技术创新：巴斯德象限》，周春彦、谷春立译，科学出版社，1999 年。

② 《马克思恩格斯文集》(第一卷)，人民出版社，2009 年，第 627 页。

③ Multhauf, The Scientist and the “Improver” of Technology, *Technology and Culture*, 1959(Winter).

④ 林苞、雷家骕:《基于科学的创新：对青霉素与晶体管的案例的重新分析》，《科学学研究》，2013 年第 10 期。

明这样的事件绝对地归为科学或技术。事实上,一旦科学有了新的发现,如果发现的过程有很大程度的"技术化"特征,那么就会在科学技术两个领域同时引起不同程度的发展。因此,在现代社会,科学成为技术的重要来源,技术也成为科学的重要来源。"科学的技术化"与"技术的科学化"体现出科学与技术深度融合的趋势。此外,作为一种趋势,科学与技术的融合主要体现在研究的前沿上,在远离前沿的地方,科学研究并不一定需要依赖技术的进步,技术的进步也并不一定要依赖科学的发展。

科学创新与技术创新的边界。由于现代社会中科学与技术日益融合的密切关系,科学创新与技术创新的边界也日益模糊,以至于人们在谈到技术方面的创新时,总是会说"科技创新"。这种情况在中国尤其突出。肖显静(2013)提出,在国外,科学与技术是有着明确的区别的,但是在中国,一方面由于文化的根源,一方面由于近代中国基于富国强兵、救亡图存的考虑,新中国成立后,西方国家极力想将新生的共和国消灭在摇篮中,国家民族的生存遭遇着巨大的威胁,为此,科学技术研究就是为军事国防服务,科学和技术研究都是为了技术性的目的,因而在我国科学与技术的界限是很模糊的。[①]肖文也提出,"从目前学界已有的实证与理论研究来看,对于创新、研发、技术进步等经济概念并没有明确区分,甚至在处理具体的实证问题时,往往将之等同"[②]。陈昌曙也认为,虽然科学与技术是在质上不同的知识体系和活动体系,但科学、技术与经济的关系是由社会构建的,在经济场域中,所有的科学研究都具有技术的指向性。邹承鲁(Tsou C.L.)指出,在我国"科技"一词主要指的是技术,而很少指科学;在一些场合中,政府领导提到"科技",几乎一成不变地意指这个词的后半部分;即使在提到基础研究的不多场合中,指的

① 肖显静:《从科技进步到社会发展》,科学出版社,2013年,第216页。

② 肖文:《科技进步与中国经济发展方式转变》,人民出版社,2017年,第4页。

也是基础性的技术科学。[①]这种长期以来对技术与科学不进行明确区分的后果是,在一味追求技术进步的过程中,忽略了基础科学的研究和建设,基础科学作为技术创新的基础和源泉,其弱势严重影响了我国自主创新能力建设。

(二)技术进步的含义

关于技术进步的含义,学者们从技术本身、技术的经济价值及社会价值出发,从各个角度对其概念含义进行了界定。“技术进步”是由“技术”与“进步”两个词所构成的,对技术进步概念的界定是建立在对技术的本质和范围的确定及对进步的价值指向的理解上。明确“技术”与“进步”这两个词的含义是探讨“技术进步”概念的基础。

“技术”一词的含义决定着技术进步的范畴和内容。从古希腊到近代和现代,技术概念从原来的生产实践过程中的技能含义,扩展到工具、机器、设备和技术知识。[②]明确技术的含义还必须联系技术的目的。马克思也将“人对自然的能动关系,人的生活的直接生产过程”作为技术定义的基本前提。由此可见,技术反映的是人类理性的实践能力。

综合种种关于技术的理解, 可以提出能更好地揭示当代技术本质特征的广义的定义:技术是人类为了满足自身的需要,达到改造客观物质世界的目的,而从事社会实践活动的,由实体技术、实践技术和知识技术构成的具有内在联系的动态系统,它本质上是一种人对自然和社会的能动关系。在技术中人的方面主要体现为知识、技能, 自然方面主要体现为技术活动的结果,即技术人工物。因而技术进步就体现为人与自然关系的改进,包含人和自然两方面的进步。这就决定了技术进步的内容,即是知识、技能、技术人工物以及由其组成的相关系统的进步。

---

① Tsou C.L., Science and Scientists in China, *Science*, 1998, p.280.

② 吴国林、程文:《技术进步的哲学审视》,《科学技术哲学研究》,2018 年第 1 期。

与技术进步相关的另一个概念是“进步”。进步(progress)观念是在人类历史文明的演化过程中经历了曲折的历史演化过程而形成的，具有复杂的内涵。探寻“进步”观念的起源和发展可知，“进步”观念是遵从于人类理性选择的方向的。[①]传统的进步观念是以线性的时间观为基础，意味着“已经、正在并将继续朝有利的方向前进”[②]。即进步意味着现在比过去好或未来比现在好。因此，通常情况下，“进步”既体现为结果，也体现为过程，既是一种事实存在，也是一种价值选择。因而技术进步应该包括两方面的内容：一是作为事实基础的存在，即技术进步的表现形式，其中包括技术知识的增加、技能的提升、技术人工物的数量和种类的增长，以及由知识、技能和技术人工物构成的技术系统效能的提升；二是基于其表现形式的价值选择，即技术进步的伦理取向。技术进步不仅包含“事实因素”，更包含“价值因素”，“进步要以增进人的自由、尊严与幸福为目标”[③]，应该能“确保人类幸福的改善以及保证地球上人类和其他物种健康的生存条件”[④]。马尔库塞也说过，“进步”并不是一个中立的术语，它是有特定前进目标的，这些目标是根据改善人类处境的种种可能性来确定的。[⑤]可见进步是指符合时代要求，对社会发展起促进作用，因此技术进步的衡量标准中必然包含着人的价值判断，体现了社会对技术的整合、重塑及选择。因而技术进步除了体现在技术人工物结构功能某一方面的效率和有效性的增强之外，还应体现人类的一般价值维度。技术进步思想的价值取向，正是这种价值维度的体现。比如卢卡奇认为，技术和

---

① 吴国林、程文：《技术进步的哲学审视》，《科学技术哲学研究》，2018 年第 1 期。

② A. C. Crombie, Styles of Scientific Thinking in the European Tradition, *Duckworth*, 1994, p.1776.

③ 汪堂家：《对“进步”概念的哲学重审——兼评建构主义的“进步”观念》，《复旦学报》(社会科学版)，2010 年第 1 期。

④ 朱凤青：《技术的进化与进步》，中国环境出版社，2014 年，第 137 页。

⑤ [美]赫伯特·马尔库塞：《单向度的人——发达工业社会意识形态研究》，刘继译，上海译文出版社，2008 年，第 4 页。

生产力的发展就等同于技术进步。[①]这一定义反映了技术进步的重要内涵，但不够全面。

技术进步的事实和价值取向反映技术进步是技术合规律性和合目的性的统一。技术的合规律性是技术的合目的性的基础，技术的合目的性是技术合规律性的方向，且技术的合目的性常常内化在技术的合规律性中。因此，技术进步可以在生产过程中得到体现，比如生产工具、生产方法、生产材料及组织方式改进，变革原有的生产工艺使某个生产过程更加科学合理，从而实现社会生产力的提高；技术进步也可以在技术产品中得到体现，通过对新技术的运用，生产出新的更符合需求的产品，或生产出品质更高的产品，或者是在单位时间生产的产品数量更多。另外，人类始终保持着一种谋求发展、自觉追求自由与解放的价值取向，而马克思主义的宗旨，就是为实现人类的自由与社会的进步，为谋求全人类的解放而奋斗。人类解放的目标，在技术上就是要解决如何合理地、善意地开发和使用技术，在技术进步过程中，逐步扩大技术的功能或正效应，减轻技术风险与负效应，追求更多的自由、幸福、尊严与发展，使经济效率、生态和人性的价值取向在发展过程中协调一致，从而有助于人类处境的整体改善。

从生产力发展的基本规律来讲，技术进步必然是一个逐步累积的、由量变到质变的过程。由技术与科学的关系可知，技术变化有两类不同的来源：一类是已有的知识与技术，其中，已有的技术可以通过改进、整合、调整以适应新的环境与问题，因而产生出新的技术，这就是技术本身的演化，可以称之为技术的改进。第二类的来源是新的科学知识，当新的科学知识表现为原理性的认识，如电磁学理论、牛顿力学或是分析问题的工具（如数学理论），在特定技术进步到一定程度时，原理性的知识发挥作用，使得技术的发展发

① 管锦绣：《马克思技术哲学研究》，湖北人民出版社，2014年，第9页。

生本质上的飞跃，形成技术的创新；或者一些新的科学知识本身实际上就体现为新技术。

(三)技术进步与技术引进、技术扩散、技术创新

技术进步可以简单概括为利用技术提高生产率的一切活动，包括技术所涵盖的各种形式的知识积累与改进。考察技术进步的历史进程，在开放的经济中，技术进步主要有技术引进、技术扩散、技术创新三个途径。技术引进是技术模仿的前提，技术模仿是指企业仿制生产创新者的产品，是创新传播的一种重要形式，有些技术模仿中还包含着渐进的创新、对原设计的不断改进。技术扩散是指创新的成果被其他企业通过合法手段采用的过程。技术创新的潜在效应一般通过技术扩散逐渐得以发挥。

1.技术引进

技术引进是指从别国取得本国需要的先进技术和设备的经济活动，来为本国科学技术水平提高和经济发展服务。其内容包括：购买专有技术和专利使用权；进口先进设备；通过国际技术贸易的方式，引进技术知识；通过国际技术合作或援助等方式引进技术。

技术引进是使落后国家的技术得到迅速提升的捷径。日本就是典型的通过及时引进先进技术迅速提升本国技术水平的例子，引进的技术为其提高自主研发技术能力打下了基础，很快迈进了工业发达国家行列。科学技术的发展具有不平衡性，先进技术国家与落后技术国家之间往往存在着明显的技术差距，这种技术差距，也是形成发达国家和发展中国家竞争力差距的主要因素。每一项新技术的产生，通常都要投入较大量的人力和资金，经过一系列研究开发试制直至投入使用等程序和阶段，通常后期还需要不断的改进与完善。通过技术引进，可以直接从发达国家获得比较成熟的技术，有效节省在研究开发过程中耗费的人力、资金及时间，从而快速有效地推动技

术进步的进程。

2.技术扩散

技术扩散是在现有的技术基础上,用先进的技术改造落后的技术,用先进的工艺和设备,代替落后的工艺和设备,以改变落后的生产技术,从而提高产品的质量,促进产品的更新换代,增加品种,节约能源资源,提高经济效益。对一个国家来说,技术扩散是在区域技术发展不平衡的情况下,先进技术向落后技术区域流动的过程,能够提升一个国家整体的技术水平。一个国家的技术进步程度,主要由物质资料生产部门的平均技术水平决定。技术扩散有利于把国内外已经采用的先进技术进行推广应用,缩小落后地区、部门、企业同先进地区、部门、企业的差距,从而提升国家的整体生产技术水平。

3.技术创新

技术创新,就其定义来说,体现为技术的变化及其应用。创新是技术进步的题中应有之义。创新概念最初是由美国经济学家熊彼得在研究经济发展理论时提出的。按照熊彼得的定义,创新是指把一种从来没有过的关于生产要素的"新组合"引入生产体系。熊彼得的创新理论强调的是生产技术的革新和生产方法的变革在经济发展中的核心作用。从本质上来说,技术创新是一种通过技术变革培育新的经济增长点,有效促进经济增长的方式,虽然包含了技术上的"新",但其核心是要创造新的经济价值或商业利益。

1969 年,美国国家科学基金会(NSF)发布的《成功的工业创新》研究报告中首次明确界定了创新的内在含义:"创新是技术变革的集合。"20 世纪 70 年代,NSF 对创新的内涵重新进行了界定,认为"技术创新是将新的或改进的产品、过程或服务引入市场"。

有学者指出,创新本质上是现实的人有目的并能创造出具有一定积极价值的新颖性成果的实践活动,这种新颖性既包括原始性的重大创新,如各类重大技术发明,也包括在原有成果基础上的渐进性创新,如机器设备在原有基础上的改进;也包括对现有技术成果的创造性应用,其成果通常表现为新工艺的产生、新产品的创造、新服务的提供等。[①]无疑,技术创新是实现技术进步的极其重要的途径,从技术发展史来看也确实如此。然而技术进步不仅仅是建立在技术创新的基础上的,其含义显然要更为广泛。一方面,技术进步通常指技术的发展及其应用所取得的成果,技术创新虽然也具有这种含义,但更侧重于指发展与应用技术方面的创造性行为。另一方面,就技术本身而言,技术创新要求所取得的成果具有一定的新颖性,而技术进步则并不强调这一点,即便没有技术创新,通过对技术引进来推动技术发展也属于技术进步的范畴。

四、研究方法、研究思路及创新之处

(一)研究方法

本书主要采用了以下四种研究方法。

第一,文献研究法。本书的相关研究是建立在对马克思、恩格斯及党的五位主要领导人关于技术进步的讲话和论述的基础上的。领导人的讲话和论述是研究其技术进步思想的主要依据。笔者通过大量阅读及分析文献中党的五位主要领导人有关技术进步的论述和国内外其他学者的研究成果,积累了相关知识,为建立论文的研究思路、解决问题提供了重要的启示和帮助。

第二,辩证唯物主义和历史唯物主义方法。辩证唯物主义和历史唯物主义是我们认识世界和改造世界的根本方法。本书沿着马克思、恩格斯和列宁

① 雷石山:《马克思科技创新思想研究》,中国政法大学出版社,2017年。

技术进步思想发展的历史进程,回顾梳理了毛泽东、邓小平、江泽民、胡锦涛和习近平在不同历史阶段对马克思主义技术进步思想所作出的理论贡献与创新,以中国化马克思主义技术进步思想的历史演进为基础,探讨中国化马克思主义技术进步思想形成发展过程中的逻辑进路。

第三,比较研究法。在研究中国化马克思主义技术进步思想的过程中,比较研究法的运用是由研究的具体情况所决定的,是不可或缺的一种研究方法。比如,为了分析中国化马克思主义技术进步思想的理论渊源,需要将中国化马克思主义技术进步思想与之受到影响的其他思想进行比较;为了研究中国化马克思主义技术进步思想的形成发展轨迹,就必须对中国在推进技术进步的过程中,将国家主要领导人的技术进步思想进行比较,以发现其中的异同点,梳理它们之间继承和发展的关系。

第四,理论与实践相结合法。研究理论是为了更好地指导实践。技术进步不仅是个理论问题,更是个实践问题。研究中国化马克思主义技术进步思想,一方面有着理论创新的目的,但更重要的是为了充分发挥中国化马克思主义技术进步思想对于推动中国技术进步的实践意义。因此,在研究中应当紧紧结合我国构建中国特色社会主义,实现中华民族伟大复兴的宏伟目标以及构建人类命运共同体的伟大倡议,这不仅是中国化马克思主义技术进步思想的价值所在,也是其更进一步的丰富和发展的动力之源。

(二)研究思路

本书以“中国化马克思主义技术进步思想”为研究对象,系统考察党的五位主要领导人有关技术进步思想的发展历程。从中国化马克思主义技术进步思想与马克思、恩格斯及列宁技术进步思想的关系,中国化马克思主义技术进步思想的主要内容、主要特征,及中国化马克思主义技术进步思想的理论意义、实践意义和当代启示等方面,对中国化马克思主义技术进步思想进行较为全面的梳理与分析,以此为基础,进一步提出中国未来推进技术进步的方向和思路。

(三)研究的重点与创新之处

本书的研究重点:第一,通过对历届中国共产党主要领导人有关技术进步思想的论述进行分析,从继承与创新、坚持与发展的角度,厘清中国化马克思主义技术进步思想的发展演进脉络,研究中国化马克思主义技术进步思想的发展进程。第二,论证中国化马克思主义技术进步思想来源于中国技术进步事业的实践,并将进一步指导实践,对当前中国在技术方面的赶超与世界技术进步都具有重要的理论指导意义与实践价值。

目前,以中国化马克思主义技术进步思想为主题进行针对性的系统性研究的理论成果并不多,本书与已有的研究成果相比,主要有以下三点创新:第一,研究视角上的创新。本书将从推进技术进步的视角来审视中国化马克思主义技术思想的形成发展过程。对中国化马克思主义技术进步思想的理论来源、实践基础、时代背景、形成历程、主要内容及特征、意义、启示等进行较为系统、全面的梳理和总结,区别于以往单独从科技创新等视角进行研究的成果,本书是对我国技术进步各个方面的相关指导思想的系统研究,目前学术界仍缺少这样的研究成果。第二,研究内容上的创新。本书的写作初衷是希望从技术进步规律的角度对中国化马克思主义技术进步思想做一些总体性的初步探索。不仅从技术进步的功能、技术进步的途径、技术进步的主体、技术进步的保障条件等反映技术进步规律的几个主要方面,对中国化马克思主义技术进步思想进行深入分析;而且将中国化马克思主义技术进步思想作为一个整体来把握,体现宏观性和整体性,反映中国化马克思主义技术进步思想的发展脉络。通过研究,我们认识到中国化马克思主义技术进步思想不仅体现了有关技术进步的各个层面,还涉及中国经济社会发展的各个方面，构成一个逻辑清晰、体系完整、内容宏大的理论及实践体系。第三，研究方法上的创新。本书紧密围绕当时及当前中国技术进步的具体事例对中国化马克思主义技术进步思想进行阐述，并不只是单纯注重对党的主要领导人的理论思想的解读。结合实例进行研究论证将更有利于理解中国化马克思主义技术进步思想理论与实践的辩证统一。

第一章 中国化马克思主义技术进步思想的理论渊源

中国化马克思主义是马克思主义的基本原理、基本原则、基本精神与中国社会历史实践的问题有机融合,而表征为具有中国作风、中国气派、中国民族文化形式的马克思主义的思想体系。中国化马克思主义技术进步思想是指马克思主义基本原理和中国技术进步的实践结合，以马克思主义的基本原理为指导,进行中国技术进步事业的推进工作,并将在技术进步实践过程中的经验进行总结和提炼,用以进一步指导技术进步的相关思想。其主要体现为包括毛泽东、邓小平、江泽民、胡锦涛和习近平等五位党的主要领导人在内的技术进步思想，是五位党的主要领导人关于技术进步的本质和规律,以及技术进步与其他科学及社会现象的关系的认知与观点的总称。

中国化马克思主义技术进步思想主要是马克思主义技术思想的基本原理、基本原则、基本精神与中国技术进步问题相融合的历史过程中的理论产物，是在不同的时代背景下进行社会主义的建设与推动技术进步实践当中形成并发展的,以马克思主义基本原理、基本原则和基本精神为指导,立足中国技术进步的实际情况和基本国情，结合中国传统文化中的技术进步思想，并借鉴西方科技发展史中的符合历史发展规律的优秀技术进步思想成分,在指导中国技术进步的实践中形成并发展的理论成果。马克思主义的技术进步思想、中国传统文化中的技术进步精神,以及西方一些具有科学性的有关技术进步的思想，给中国化的马克思主义技术进步思想的形成提供了丰厚坚实的理论基础。

一、马克思主义经典作家的技术进步思想

马克思主义的理论是具有科学性、革命性及长久生命力的普遍真理，是党的指导思想，也是我们进行社会主义建设的行动指南。在马克思、恩格斯、列宁的经典文献中，蕴藏着关于技术进步的丰富思想，构成了马克思主义的技术进步思想。

（一）马克思、恩格斯的技术进步思想

在马克思、恩格斯的经典著作中，虽然由于当时科学技术正处在由分立走向融合的时间段，并且在科技方面还没有很完善的理论，难以明确提出“技术”或“技术进步”这样的概念，但是他们在论述科学，或某项具体的工具、机器产业，或者在关注它们的发展时，体现了丰富的有关技术进步的思想。

1.技术进步的功能

马克思主义经典作家历来重视技术进步对国家发展、社会变革的历史作用。18世纪中期，科技逐渐成为社会发展的重要动力，世界范围内相继开展了多次工业革命及产业革命，对人类的历史进程起到极大的改变与推进。第一次工业革命的发生及其对资本主义生产力的巨大促进，是马克思主义技术进步思想形成与发展的重要背景。第一次工业革命以后，小部分人发展了科技对社会发展及人类进步的重要作用的认识，其中最具代表的是马克思和恩格斯。生活于19世纪的马克思、恩格斯，不仅看到了科学推进人类探索自然的认识世界功能，而且通过第一次工业革命，洞悉了科学改变社会、

塑造人的生活方面的改造世界的功能,因而他们不仅将科学看作是“社会发展的一般精神成果”“人类理论的进步”,而且将科学看作是“应用于生产的科学”“一般社会生产力”。恩格斯在评价马克思这一观点时说:“在马克思看来,科学是一种在历史上起推动作用的、革命的力量。任何一门理论科学中的每一个新发现——它的实际应用也许还根本无法预见——都使马克思感到衷心喜悦,而当他看到那种对工业、对一般历史发展立即产生革命性影响的发现的时候,他的喜悦就非同寻常了。”[①]在马克思主义的历史唯物主义理论与政治经济学的分析之中,技术的进步是推动生产力发展和生产关系变革的物质力量的重要角色。

(1)技术进步推动社会生产力发展

马克思曾说,未来科技的发展会极大地影响社会生产力,如果在生产活动中能够有较多科技的运用,生产力水平会明显提高,反之则会降低。马克思、恩格斯都认为,科技对于历史进展起到了杠杠一样的推进作用,是最高意义的革命力量。马克思的《1844年经济学哲学手稿》与《资本论》及其他一些著作、手稿中,包含着非常丰富的技术进步思想,马克思早就明确指出,技术进步对生产力诸要素起决定作用。马克思指出,对机器进行巨大的改进,能够很大地提高生产力,改进这些机器和加强工人劳动时紧张的程度,能够大幅缩短工作的时间,提高工作效率,在很短的时间里能够完成和以前很长时间里完成的一样的工作量。[②]《共产党宣言》指出,纵观世界生产力的发展进程,可以认为资产阶级的出现让社会生产能力进入了全新的台阶,资产阶级让生产力水平得到了前所未有的提高,短短一百年的统治时间,其生产能力已经超过一切世代生产力的总和。这包括对自然环境的征服与利用,先进工具及机械设备的生产投入,农业及生产工艺中先进化学技术的应用,汽

---

① 《马克思恩格斯选集》(第三卷),人民出版社,1995年,第777页。

② 《马克思恩格斯全集》(第47卷),人民出版社,1979年,第381~382页。

车、轮船、通信技术等的发展,不仅改变了生产水平,也改变了世界。

虽然当时很多思想家看到了科技的发展能够推动生产力的发展，但是只有马克思对科技生产力的性质第一次做了全面细致的理论分析，最早明确了科技是生产力。马克思对生产力与科学的关系作出了明确的界定,马克思认为,价值转化为资本时,一方面资本的发展是以现有历史发展作为起点的,生产力以及科技的提升,促进了资本的发展;另一方面,资本的发展也为生产力及科技的进步提供了很好的基础环境。马克思对科技和生产力的推进脉络进行了考察,阐明了在机器生产过程中包含了科学、自然力、社会群体劳动的作用,说明了生产力的发展离不开科技的发展,科技的进步能够促进生产力的发展。[①]马克思曾在《政治经济学批判》里提出,可以用分工、协作及科技的力量三种主要的形式来促进生产力提高。[②]通过马克思的叙述可知,通过协作与分工虽然能提高劳动生产力,但在应用机器前生产过程的技术水平并未发生显著改变。而在应用机器或科学力量后情况就大不一样了,生产技术有了重大进步,生产方式也进行了重要变革。随着资本主义的向前发展,科学知识的应用,尤其是机器的发明、应用和改进成为发展生产力的主要形式。

马克思看到了技术进步对自然界的变革与支配之现实，指出技术进步的本质是人类对自然界的理论关系和实践关系。马克思认为,技术进步不再是生产劳动者把通过生产行为改变了形态的自然物作为自己与对象之间的中间环节,而是生产劳动者把生产行为看作一种自然的行为,把生产行为放在自然界与自身之中用一种更为高效合理的模式利用自然的力量，从而提高对自然的利用率,用人的力量去修建工程以便掌控和利用自然,在产业的历史当中这种必要性起决定的作用。在马克思看来,科学技术是人类对自然

---

① 《马克思恩格斯全集》(第44卷),人民出版社,2001年,第487~698页。

② 《马克思恩格斯全集》(第32卷),人民出版社,1998年,第288~289页。

力量利用的升华,人类通过科学技术可以更加高效的支配、控制及使用自然力量。在一定时期内,人们认为自己生活的改变要靠神对这个世界的恩赐,工业革命打破了神的奇迹思想。另外,马克思还解释只有真正地认识自然,了解自然的规律,才能够利用自然规律,获得掌控自然的能力。

《资本论》是马克思的重要著作之一,也是其革命思想的精华。《资本论》详细叙述了科学技术对资本主义发展的重要作用，肯定了工业革命及大型机械设备的问世对生产力提升的重要作用,并对劳动者的个人能力、生产的工艺技术,以及操作水平、生产结构、生产规模的因科技发展进步带来的改变做了介绍。马克思详细地描述了生产力因科技发展产生的变化,并且指出科技创造了生产力，这种生产力被马克思称为社会劳动生产力或者是劳动社会生产力。[①]马克思曾经对生产力的构成要素进行了深入的分析研究,并对相关概念作出界定。其中劳动的简单要素由劳动活动或者劳动行为、劳动参与者、劳动资料等组成。而科技对于生产力提升的本质是,对生产力的三大构成要素的升华与革命,具体表现在:

第一,科技进步对生产力诸要素的决定作用。科技进步与发展让劳动的自身发生了改变,劳动者通过掌握更为先进的生产技术,提高了自身的劳动素质和劳动能力。在生产力的各要素中,生产过程中的主体是劳动者,是生产力中能动的、起主导作用的要素，其他要素都要通过劳动者才能发挥作用。随着技术的进步,劳动者的劳动技能及劳动素质的水平与科技水平具有缜密的联系,科技发展水平在很大程度上决定了劳动者的基本劳动素质。在生产过程中,智力劳动者与体力劳动者有不同生产分工和定位。智力劳动者为资本的支配者。智力赋予其支配劳动的权利,如科学、自然力量、社会群众性劳动等都在机器体系中有直接的体现，与体系本身共同构成支配者的权

① 马克思:《资本论》(第一卷),人民出版社,1963 年,第 348 页。

利。劳动支配者为了创造更大的劳动价值及更好的生产能力，对生产力其他构成要素进行改革，如革新生产工具，优化完善生产流程和方法、提升劳动技能等。最终全面推进了生产力的发展。生产过程中的主体是劳动力，而劳动力也是生产的重要组成部分，直接参与生产活动。劳动力是指劳动者从事对应劳动活动时所具备的能力，是自然力之一。马克思认为，劳动归根到底是人和自然之间的物质转变。

首先，劳动是人类与自然界之间的转变过程。人类通过各类活动来调节、转变和控制自然之间的物质变化。劳动者的数量以及劳动能力受到人口增长和年龄的双重制约。劳动者的基本劳动素质不仅仅体现在体力劳动上，也包括诸如劳动技能熟练程度、劳动技术掌握能力、组织协调能力等。这和劳动者的受教育程度有直接关系。

其次，劳动资料是生产活动不可缺少的元素之一，劳动资料是生产活动水平的直接体现，代表着一定时期内人类劳动活动的最高水平。工具的出现让劳动效率有了突破性的进展，人类初次使用工具后，脱离了原始的生产水平进入了全新的时代。在第一次工业革命后，掌握更为先进生产设备的国家有了更高的生产能力，建立起经济发展领先优势。一直以来，马克思都特别重视先进的设备，以及先进设备对经济增长影响的程度，马克思认为，生产方式的革命，手工制造业是把劳动力作为出发点；对于大工业来说，劳动的手段是出发点。[①]马克思注意到精纺机的出现打破了传统人工纺织工艺的产量及质量的双重限制，大大提高了产业的生产能力，对其进行详细考察后指出，资本主义工业革命最好的写照是精纺产业的生产力升级。在马克思看来，精仿工艺升级的本质是对直接接触自然材料工具的革新与升级，从而全面提升了行业的生产力，让只能安装 6 个纱锭的纺织机被逐渐升级为可以

① 马克思：《资本论》（第一卷），人民出版社，1963 年，第 394 页。

承载1800个纱锭的大型精仿设备。最终生产工具的进步,让劳动对象实现拓展和高级化。劳动对象通常包括两种类型:一是未经加工的自然物,二是经过加工的人造物。由于技术的进步,人类能够利用的未经加工的自然物越来越多,各种自然中可被免费利用的要素,可以在技术的作用下,以不同的能量形式和能量效能融入生产过程中,发挥对应的作用,而上述要素在生产中最终的效能与利用的方法与技术水平有直接的关系。

另外,技术进步使得经过加工的人造物品类目日益繁多,结构日趋复杂,质量日益提高,功能日益强大。马克思还看到由于技术的进步,人们甚至可以创造新的材料、新的劳动对象,或者使原来的废料变废为宝,比如,化学技术进步的直接价值是,人类对自然物质利用的数量和范围逐步扩大,为资本的投资发展提供必要的材料基础。同时通过化学技术的进步提升生产过程中材料的应用技术,让生产中产生的废料重新投入生产,还能降低生产与材料的成本。[①]

第二,随着科技和生产工艺不断升级,生产力水平的提升速度明显加快。正如前文所述,科学技术的不断发展必将带动整个生产行业的发展。马克思详细考察了以蒸汽革命为代表的近代科技发展成果,见证了近代科技革命在欧洲大陆特别是在英国的巨大成就后指出,英国社会的日生产工作效率在70年内实现了2700%的巨大提升,[②]英国资产阶级统治历史不足百年,但它创造的生产价值,早已超过过去一切世代的总和。[③]马克思认为,科技促进生产力发展的本质是科技进步让产业结构得以优化和发展,最终提高了生产力。而新的生产力的获得不仅使人们的生产方式随之改变,也相继改变了自身的社会关系。马克思还看到了尚处在萌芽阶段的科学技术的巨

---

① 《马克思恩格斯全集》(第44卷),人民出版社,2001年,第698~699页。

② 《马克思恩格斯全集》(第4卷),人民出版社,1958年,第135页。

③ 《马克思恩格斯选集》(第一卷),人民出版社,2012年,第405页。

大价值，并预测可能带来的社会经济变革。在19世纪40年代末期，电学中的新发现和新发明还未进入实用阶段，马克思就开始关注这些技术，并认为蒸汽技术在一百年内让资产阶级的生产能力有了突破性的进展，但伴随科学技术的不断发展，特别是电力技术的问世，蒸汽技术将逐渐被历史的车轮遗弃，并且这件事情有不可预料的后果，因为政治的革命一定是紧跟在经济革命之后的，政治革命不过是经济革命的表现。[①]

马克思指出，技术进步可以让劳动效率得到优化和提高，生产力发展的本质是具有社会作用的有效劳动的升级，以及社会内部的劳动分工，其中自然科学的发展对生产力的提升有更大的影响。[②]技术的进步极大地满足了生产的需求，让生产效率有效提高，在工业革命时期，技术上的变革有效促进了科技的发展，科技成为促进生产力发展、提高劳动效率最重要的推动力，并促进社会不断向前发展。

（2）技术进步推动生产关系的变革

马克思认为，在人类历史的发展过程中，技术进步是一种革命性的力量，是生产关系变革的重要推动因素。一直以来，某个时期的科学技术水平是衡量该时期生产力水平的重要参数，科学技术水平与时代生产力有正相关的联系。技术水平的提高推动生产力不断向前发展，而生产力的发展又会引起社会变革。在《德意志意识形态》《哲学的贫困》《在〈人民报〉创刊纪念会上的演说》《资本论》等著作中，马克思都肯定了技术进步对生产关系的变革作用。在《资本论》手稿中，马克思指出，随着生产力革命的发生，生产关系革命也正在实现[③]，在这个论述当中，马克思使用"生产力""生产关系"术语，而且明确指出二者之间的内在联系，体现了马克思对技术进步与生产关系之

---

① ［德］保尔·拉法格等：《回忆马克思恩格斯》，马集译，人民出版社，1973年，第35页。

② 《马克思恩格斯全集》（第25卷），人民出版社，1974年，第97页。

③ 《马克思恩格斯全集》（第47卷），人民出版社，1979年，第473页。

内在联系认识的深化。马克思曾经提出机械发明可以引起生产方式的改变，由此引发生产关系的改变，进一步引发社会关系的改变，最终从根本上引发工人生活方式的改变。[①]马克思批判了青年黑格尔派关于人性的解放思想，在批判他们唯心主义观点的时候指出：如果没有蒸汽机及珍妮纺织机就无法消除奴隶制度；如果没有农业的改良也就无法消除农奴制。[②]马克思阐明了珍妮纺织机及蒸汽机的发明和运用，还有农业生产技术的提高，能够推动生产力的不断发展，以至于可以引发社会关系变革。马克思明确提出了技术进步是推动社会进步的革命力量。

马克思曾惊叹于科技力量对人类社会的影响，如火药、指南针、印刷术等具有里程碑意义的技术，更是彻底改变了人类社会。火枪让热兵器时代到来，使骑士阶层成为过去；指南针让人类对外探索和交流活动进入了全新的阶段；印刷术开启了人类新的文明传播方式。正如前文所述，科学技术的进步对历史发展有着重要作用。

马克思指出，科学技术的进步能够促进生产力的发展进步是历史的必然，存在必然性的因果关系。因为生产工具的革新，导致生产工具与旧的生产关系产生偏离。为了适应全新的生产工具，生产关系也会随之变革，从而形成了新的生产力，促进社会的发展。马克思指出，随着表现为技术革命的生产力革命的发生，生产关系的革命也会实现。[③]新的生产力及生产工艺的问世，让资本社会有了全新的生产方式，人类的生活方式和社会关系也随之发生改变。手工磨技术时代是封建社会统治时期，而蒸汽磨的出现，代表着人类进入了工业资本阶层的统治时期。从马克思、恩格斯的论述可以看出，技术进步对变革生产方式和生产关系有着重要的作用。

---

① 《马克思恩格斯全集》（第47卷），人民出版社，1979年，第381~382页。

② 《马克思恩格斯文集》（第一卷），人民出版社，2009年，第527页。

③ 《马克思恩格斯全集》（第47卷），人民出版社，1979年，第473页。

马克思阐明科技的进步能够促进人类历史的发展，革新科技的本质其实是升级人类的生产水平。马克思提出，18 世纪末期的工业革命，让人类社会的生产水平进入了全新的阶段，机械设备的使用让传统的手工生产流程转变为工业化、机械化的生产模式。恩格斯认为，人类对于自然界中水资源力量使用方法的不断升级，尤其是人类掌握蒸汽力量的使用方法后，人类社会的生产水平有了里程碑式的提高。恩格斯把生产分工、蒸汽革命、机械设备的应用看作 18 世纪中期推动人类社会进步发展的三大杠杆，认为小工业不断发展促进了资产阶级走向成熟，而大工业革命则使工人阶级队伍逐渐壮大。社会生产方式伴随科学技术的应用发展逐渐发生改变，也推动了革命方式的转变。

2.技术进步的动力

(1)社会需要是技术进步的重要动力

技术进步促进了生产力的不断进步，反之生产的发展又促进了技术的进步。马克思、恩格斯认为，技术进步的动力源于社会需要。马克思说："没有需要，就没有生产。"①

马克思的资本社会发展理论认为，资本社会生产能力及生产实践不断发展的核心动力是自然科学的发展和进步，自然科学带动了资本主义和工业革命的发展，科学技术发展的方向与目标是基于社会生产的实际需求。也正如恩格斯所说，人类社会在中世纪经历漫长的发展停滞时期，是科学的力量打破了人类发展的一切枷锁，进入飞速发展的春天。我们要把这个功劳归于社会生产。科技的发展源于人们在生产生活中的实际需求，源于人们对更高生产水平的向往，在生产过程中人们不满足现阶段的生产能力，希望通过技术的升级及进步实现生产力提升的诉求，这些最终决定了科技的发展方

① 《马克思恩格斯全集》(第 12 卷)，人民出版社，1972 年，第 742 页。

向,并推动科技向预定的目标不断进步。大工业时代来临让社会生产能力显著提高,现有的商品运输方式已经不能满足日渐膨胀的产品的庞大数量。当社会对交通运载能力的发展有了迫切的需求时,火车头应运而生。这里马克思以历史事实为依据,阐述了社会需求是技术进步的重要推动力量的思想。因此,在资本主义社会中,商品生产规模的扩大刺激了相关技术的发展和进步。资产阶级对利润获取的需求也促进了科技的进一步发展。

(2)科学发展是技术进步的主要动力

马克思注意到,电力能源的发现和使用,让人类社会在蒸汽时代后,又一次实现了里程碑式的进步。这使马克思对科技带动社会发展有了更为深刻的认知。劳动资料实现机器这种物质存在方式,让人们逐渐认识到人力的局限性,提高了对自然力量使用方法的探索力度,并意识到科学的研究对科技和生产的发展具有先导的作用。

马克思在《哲学的贫困》中表明,如果手工劳动无法满足市场的需求,那么人们就会需要机器,从而想到要应用18世纪就充分发展了的机械学。[①]马克思也表明了科学的发展是技术发展进步的重要的理论基础,说明了技术的创新无法离开科学成果的创新指导。恩格斯曾经对马克思的资本主义发展理论发表过个人观点,在恩格斯看来,马克思认为,科学是历史发展的重要动力,每一项全新科学理论的发现,都意味着有更加广阔的技术发展空间等待探索。这些都让恩格斯感到十分欣喜。

马克思认为,技术自诞生以来就一直处于进化发展之中。总的来说,在工业革命以前,提高产业技术的需要引导并促进科技的发展;电力技术的问世,让人类科技发展进入了全新的阶段,科学的发展不只是满足生产的需要,更是超越生产实际的需要,担负着引导生产和技术不断发展的领头作

① 《马克思恩格斯文集》(第一卷),人民出版社,2009年,第627页。

用,马克思在很早以前就看到了技术进步和科学发展的紧密联系,曾提出自然科学是一般社会生产力,并指出"生产力里面当然包括科学在内"[①],大工业将自然与自然科学融入生产的过程,一定会使生产率不断提高,这是很明显的[②],剖析了科学发展与技术进步之间的关系。马克思还指出,随着科学和技术的发展与融合,技术研发流程也得到了优化和升级,技术开发模式向着科学成果的规范化模式发展,主要体现在以下三个方面:

一是该时期技术的进步与科学的研究重点联系更为紧密。技术进步对各项科学研究成果有了更高的需求性。技术开发逐渐具有明确的开发目的和规范的开发流程。马克思指出,在机器大工业时代,生产过程从旧时期由工人的技能操作习惯形成的生产流程,逐渐向基于科学成果的技术实施方式转变,由科学本身决定具体的生产流程。而劳动则被贬低为生产过程的一个要素。工业设备的研发与制作首先要确定设备的预期功能,要围绕功能进行机械设计,这对工艺学提出了较高的要求,同时不同生产设备的制造离不开力学、热学、化学、电学等科学知识。一切的设备制造技术都是基于对应的科学研究成果。工业设备制造技术的本质,就是根据设备的不同结构和环节,采用不同的科学来实现不同的功能。总的来说,运用自然科学解决问题的原则,在各个方面都具有决定性的作用。

二是技术开发自觉地运用科学理论与研究方法。技术开发应建立在相应的科学技术进展上,以科学的研究成果为基础,结合现有技术和实际的技术需求,有计划地展开技术开发工作,让技术开发工作规范化、模式化,从而打破以往以探索为主要研发方式的技术进步模式。"他(乔赛亚·韦奇伍德。——引者注)把整个陶器制造过程归纳成科学原理,采用了新的艺术风

① 马克思:《政治经济学批判大纲(草稿)》(第三分册),人民出版社,1963年,第350页。

② 《马克思恩格斯全集》(第23卷),人民出版社,1972年,第424页。

格。"[①]新技术的产生需要和实物紧紧联系在一起,无法离开数据的计算、关系的描述及图形的绘制,化学、物理等科学给分析与解释技术的现象提供了理论支持。"蒸汽机和电报的创造应归因于物理学——这些发明完全是物理学的产物。"[②]特别是科学研究方法,直接影响着人们对技术对象属性与规律的分析思路,力学不断的发展,和不断地积累实际的经验,力学原理得以完全决定机器的形式,最终摆脱了那些传统工具的传统体型。[③]

三是要着重在科学实验里培育并提炼新的技术形态。科技的研究本质上是经过大量的科学实验,逐步印证对应的猜想,让设想变为现实的过程。许多自然现象的研究和分析无法通过人为直接观察,需要借助对应的仪器设备以及相关的实验环境。但是在科学的实验当中会出现很多新的构思和新的发现,这是促进技术发明的重要源泉。

3.技术进步过程中的异化及人的解放和自由全面发展

(1)技术进步过程中的异化现象及其消解

马克思是最早看到技术的负面效应及技术异化的思想家。马克思用"异化"来描述一种非常荒谬又无奈的困境:人创造出某物,某物却反过来与人对抗,甚至压迫、奴役人。马克思指出,科技是促进社会发展进步的重要革命力量,但是在资本主义社会中,由于资本的统治地位,科学、技术却首先是为资本服务的。因此,在资本主义社会中的科学技术,一方面推进社会生产力的发展,另一方面服从资本的旨意,形成对工人的剥削和压迫。马克思、恩格斯对技术的异化进行了非常详细的批判:一是劳动过程中机器对工人的压迫。首先,先进机器的使用会直接导致工人失业;其次,在机器工业中,机器是劳动的主角,"工人不再是生产过程的主要作用者"[④],工人的劳动力价值

① 《马克思恩格斯选集》(第一卷),人民出版社,2012年,第98页。

② 《马克思恩格斯全集》(第47卷),人民出版社,1979年,第599页。

③ 《马克思恩格斯全集》(第23卷),人民出版社,1972年,第420页。

④ 《马克思恩格斯全集》(第31卷),人民出版社,1998年,第100页。

在资本的秩序里快速下降,工人对资本家的依附性更强,使得人在劳动中的主体地位丧失,工人处在越来越不利的境地。二是科学技术在人与自然关系恶化中扮演的负面角色。随着现代科学技术的发展,人类对自然肆无忌惮的开发导致严重的环境问题、能源问题、气候问题和人口问题等,形成全球性灾难,甚至已威胁到整个人类的生存和发展。另外,环境问题在近两百年急剧恶化,是"机器的资本主义应用"的结果。在资本的逐利动机之下,自然被忽略、污染和抛弃是不可避免的。认识自然规律,但可能不按自然规律办事,这就是资本主义社会中发生的情况。

马克思指出,资本主义的私有制和生产方式是造成异化的根源,在资本主义社会,资本家唯利是图,想尽一切办法掠夺并瓜分世界的自然资源,制造了一个"过度破坏、过度浪费、过度侵略"的社会,反自然、反人类、反生态性使人类陷入了严重的生存危机。恩格斯指出,科学技术对自然的认识和改造利用都有一个"合理限度",这个"度"就是自然界的自我恢复、自我净化的能力,一旦超过这个度,自然界和人类都将受到不可估量的伤害。为此,马克思指出,人类在利用科学技术认识和改造自然的过程中,要约束自己的行为,控制自己的欲望,对自然界的利用要控制在合理的限度和范围内,在满足人类自身利益的同时也要考虑自然的合理性限度,既遵循科学尺度,又要符合价值尺度,进而达到人与自然和谐相处。这一过程的实现,则不能不建立在技术进步的基础上。也就是说,异化可以被消除和超越,但是要在技术进步的基础上实现科技的进步、社会生产力发展、生产力和生产关系的协调一致。

马克思指出,异化不是技术自身导致的,而是资本主义社会对技术的运用导致的。马克思认为,资本主义的社会矛盾与对抗并不是机器自身导致的,而是机器在资本主义社会中的不当运用导致的,工艺学领域已达到的真理水准只有在共产主义的关系之下才能够实现。[1]因此马克思指出，要解决异化就要从根本上改变资本主义对科技的利用方式，从资本主义制度之下把现代科技解放出来。异化的消除和人类的解放都是以生产力的高度发达为前提的，只有完全变革资本主义的生产方式，变革社会制度，以一种更加优越的社会制度取而代之，才能缓解人和自然之间的矛盾，使人和自然协调发展。因此，在马克思、恩格斯看来，只有废除资本主义私有制，实现共产主义社会，才能实现人的解放，实现人的本质复归。这一切的实现，首先要建立在生产力的高度发展之上，技术进步显然是最重要的基础条件。

(2)技术进步与人的解放和自由全面发展

综观马克思技术进步思想的基本观点，不难发现，马克思不只是对无产阶级被剥削感到同情，而且也对人的解放和自由全面的发展高度重视。

马克思、恩格斯论述了技术进步对人的解放有很大作用。所谓人类解放，就是将人类从束缚自身的各种枷锁中解救出来，就是人类自由与幸福程度不断增加的历史进程。人类的解放或自由离不开现实的自然、社会、思想观念等关系的承载与约束。就像恩格斯所说，自由不是幻想摆脱自然的规律，而是认识规律，并且有计划、有目的地利用自然规律为自己服务，人最初是从动物世界分离的，所以本质上人与动物都是不自由的；但人类的文化进步，每一步都是向自由的迈进。[2]自由与解放是自觉的认识、利用和支配必然性，科技是其必要的基础。一般而言，人们对必然性的认识愈深入，对必然性的支配也就愈多；同时，技术发明创造愈多、效率愈高，人们所得到的自由与解放程度也就愈高。

马克思、恩格斯认为，技术进步是推动人类解放的重要力量。马克思在《1844年经济学哲学手稿》里指出，自然科学在工业的发展进步中逐渐使人

---

① 《马克思恩格斯全集》(第27卷)，人民出版社，1972年，第575页。

② 《马克思恩格斯选集》(第三卷)，人民出版社，2012年，第491~492页。

的生活发生改变,给人的解放提供基础。[①]技术在人类生活的各个方面都产生着重大的影响,马克思曾在对费尔巴哈的观点进行批判时提出:要实现真正的人的解放就必须在现实世界使用现实手段才可以,例如,发明蒸汽机与珍妮机以后,新的生产方式产生才结束了奴隶制;农业的改良则使旧的农奴制无法继续;而且,如果人们在吃喝住穿等的基本生活方面都得不到满足时,是不可能有真正的自由,因而也根本不能获得解放的。[②]可见,马克思认为,技术是人类解放的现实基础,技术进步是人类解放的根本路径。社会发展史表明,人类的每一次解放都是在技术发明与改进的基础上取得的,都是在生产力的飞跃与社会体制的变革中实现的。如果看不到技术的巨大解放作用,就必然会无视人类解放与社会进步的成果。

在关注解放人的问题的同时,马克思也注重人的自由全面地发展。事实上,自由全面的发展是人的解放的逻辑发展,人的解放越彻底,人就越自由,也就能够实现全面的发展。马克思曾多次讲述人的自由全面发展,他在《哲学的贫困》中指出,尽管资本主义社会的自动化工厂劳动已经失去了专业性,但一旦一切专业化的发展停止,个人对普遍性的要求和全面发展的趋势就会开始显现。[③]

马克思指出,生产方式决定了人的本质,因而人的自由全面发展离不开科技的进步。“工业的历史和工业的已经生成的对象性的存在,是一本打开了的关于人的本质力量的书,是感性地摆在我们面前的人的心理学。”[④]马克思指出,人的本质根源于人的社会性,而人的社会性是在以劳动为基础的社会生产方式中形成的,生产劳动效率的提高离不开技术的进步,技术进步会改变人们的生产方式,从而改变人自己的一切社会关系,并带来人性的丰富

---

① 《马克思恩格斯全集》(第3卷),人民出版社,1995年,第307页。

② 《马克思恩格斯选集》(第一卷),人民出版社,2012年,第154页。

③ 《马克思恩格斯文集》(第一卷),人民出版社,2009年,第630页。

④ 《马克思恩格斯全集》(第3卷),人民出版社,2002年,第306页。

和发展。[1]马克思详细地讲述了人的全面发展和技术进步的问题,固定的资本发展成为机器体系后,提高了劳动生产率,进而使社会成员拥有了大量的自由支配的时间,科学技术的发展进步可以为人们节约劳动时间,使人们的劳动负担得到减轻,让人类可以从劳动的束缚里解放。尽管自由支配的时间仍然在资本主义的社会中给资产家生产剩余的劳动,然而在将来的社会里,可以自由掌控的时间会使人类成为自己的主人,人变得更加有自由、有幸福、有尊严和有发展,人的价值意义、价值理性会觉醒,并且人文精神也将回归,人的创造性也将得到最大限度发挥,不再局限于片面、被动的发展,进而扬弃人的异化,促进人的自由全面发展,在这个过程中,技术进步为每一个人的自由发展及社会自由全面的发展提供了物质基础,能够使人的自由发展得到真正的实现。

人类的历史表明,科学技术上的每一次重大突破都意味着一种更大自由的来临,虽然新的技术形态往往也会展现多种负效应或奴役性,但意识到新技术的困境,也就意味着争取更大自由的开始。人类解放的目标不是要放弃技术,而是要解决如何合理地、善意地开发和使用技术。在科技进步的过程中,人们将逐步扩大技术的功能或正效应,减轻技术风险与负效应,追求更多的自由、幸福、尊严与发展。

(二)列宁的技术进步思想

第一个社会主义国家苏联是列宁一手创立起来的,他是俄国十月革命的发起者,作为无产阶级革命家,列宁不断地让社会主义理论更加充实和完整。列宁有关技术进步思想的论述是列宁主义的重要组成部分。

列宁对技术进步非常重视。19 世纪 80 年代后,俄国民粹主义在经济上

① 《马克思恩格斯选集》(第一卷),人民出版社,2012 年,第 222 页。

主张否认俄国资本主义发展的可能性，想让俄国不经过资本主义发展而直接发展社会主义。列宁反对这个观点并写了《论所谓市场问题》，批判俄国民粹主义，认为手工劳动被机器所替代是荒谬的观点，指出当今时代是科学与技术的竞争，随着科技的发展，手工劳动无法提高劳动效率，所以机器制造将会在国民经济当中占据主导地位；列宁还指出，电气化生产已经势不可当，电气化生产同时也推动了农业、工业和运输业的全面发展，为国家和社会的建设提供了支持，为机器的生产提供了强大的技术支撑，只有这样才能为社会主义赢得最终的胜利提供必要条件[①]，体现了列宁对机器的发明与应用的进步作用的观点。列宁的接班人斯大林也提出过在技术方面，不能停止而应该不断精进，旧的及落后的技术必须及时废止，进而采用新的技术，社会主义农业的不断进步来源于科学技术的发展。

列宁肯定了技术进步对农业发展的作用。列宁直接批评了布尔加柯夫的土地肥力递减规律，指出仅仅通过增加劳动力、投入更多的资源来扩大规模换取效益，这种模式是不可行的，必须将提升科学技术作为前提条件，充分利用先进的机器及先进的发展制度，让畜牧业的生产更为科学化，使产品的运输效率得到提升。大规模增加土地的追加劳动和最佳资本，必须以技术为支撑，所以土地肥力递减规律并不普遍。针对当时德国经济的发展列宁指出，机器在农业中的作用是不可忽略的，条播机等机器可以让农业作业更加精确和完善，电气技术让农业发展迎来了崭新的春天，电力蒸汽动力的使用使得长距离的作业可以缩短，机器的运转更加有序，效率更佳，更高地提升了效率，从而做到耕地、挤奶、切饲料等一系列的工作能由机器完成，效率得到大幅度提升。[②]

列宁认为，技术进步对生产力发展和生产方式变革具有重要作用，且不

① 《列宁全集》(第38卷)，人民出版社，1986年，第69页。

② 《列宁全集》(第5卷)，人民出版社，1986年，第121页。

同的社会制度下技术进步对工人的影响不同。列宁在纪念马克思逝世25周年时写了一篇文章,该文章明确指出,随着科学技术的不断进步,资本主义社会小生产将会逐步灭绝,技术进步的成果应用在社会主义与资本主义两种不同的制度之下会有不同的效果,文章严厉地批评了美国工程师发明的新的管理制度,指出泰罗制虽然能够使得工作效率大幅度提升,但是工人的劳动强度也急剧上升,个人所得的利益却没有提升,在资本主义社会中,科学技术的发展进步使人们受到压榨,资本家赚取人们的血汗钱。由此,列宁指出,资本主义制度下的发明创造并不能够让社会更加稳定和谐,比如大批工人失业,贫困人口增加,资本主义制度的发展将会使劳动者处于被剥削的社会中;①而在社会主义制度下工人的劳动时间会大幅度减少,科学技术的提升为千家万户提供供暖和供电功能。

列宁非常重视对技术进步新成果的引进、学习和应用。十月革命胜利之后,列宁更加深刻认识到机器大工业在提高生产力和建成社会主义中所起的重要作用,强调“没有大工业是不能建成社会主义的”②。19世纪下半叶开始,随着电力代替蒸汽机成为重要的动力来源,列宁开始十分关注电力的应用问题,他认为,社会的物质基础可以创造出大的器械,而要想实现信息化和科技化农业生产,必须实现全国电气化工程。③列宁亲自问询无线电实验所的工作,认为俄国电气生产与苏维埃政府的综合体是共产主义,虽然俄国的经济实力比较强,但工业的基础很落后,要想实现俄国电气化生产,必须紧紧跟随科学技术的发展方向,充分利用资本主义国家的发展成果。为了解燃机的具体发展研发情况,列宁给人民委员会办公室主任写信,信中写道,他要求人民委员会办公厅一定要高度重视科学技术的发展。1921年9月,他

① 《列宁全集》(第23卷),人民出版社,1990年,第94页。

② 《列宁全集》(第43卷),人民出版社,1987年,第103页。

③ 《列宁全集》(第40卷),人民出版社,1986年,第156页。

在给布洛夫的信函中就明确指出,苏维埃共和国刚刚成立面临诸多困境,国内外形势波动较大,首先应该让经济得到恢复,让经济的发展服务于社会,而如果没有高科技产品,没有欧美的设备,就无法实现经济的发展,如果不能恢复国家的经济,就会被资本主义全面超越。总的来看,列宁有关引进资本主义国家技术和设备的论述体现了他对世界最新技术进步成果的重视和应用,旨在运用这些先进的新技术成果恢复国家经济,夯实社会主义的物质基础。列宁有关运用资本主义国家技术、设备的论述,是对马克思主义技术进步思想的创新和发展,对我国在落后状态下推动技术进步也具有宝贵的启示和意义。

列宁十分珍视并注重激发科技人才的工作热情。列宁非常重视和支持苏维埃共和国自身的科技创新活动。例如,泥炭委员会派工作人员帮助苏维埃工程师发明相关的燃料,通过拨款的形式让下诺夫哥罗德无线电工程研究所的研发工作得以顺利进行。无论是推进科技创新还是引入世界先进科技创新成果,都离不开科技人才。苏维埃政府经济落后、科技人才奇缺,列宁十分重视吸引科技人才和激发科技人才的创新激情,并采取了一系列措施。一方面,列宁重视对资产阶级科技专家的利用,要求在一定时期内给他们较高的报酬,以提高这些资产阶级专家的工作积极性,使苏维埃的科学技术的创新能力得到提高。另一方面,列宁重视给科学技术研发人员提供很好的环境,而且对他们的研究成果进行奖励。比如,列宁曾给巴普洛夫提供完善的实验场地和设备,还给他的家人提供很好的服务,并特批给列宁格勒的科学家们一间房子作为实验室和办公室,也曾对军事工程师的发明创造者给予高额的奖励并且指示不向这位工程师收税。

二、中国传统文化中的技术进步思想

中国是世界文化发展最早的国家之一。明朝末年之前,中国的技术都处在逐步的发展之中,许多的发明出自中国的工程师、机械师或科学家,许多的中国发明被引入西方,其中冶金、造船等方面则处于与西方并驾齐驱的状态。虽然从明朝末年开始,中国采取闭关锁国的政策,导致了近现代以来中国技术发展的停滞及落后,但中国传统文化中蕴含的技术进步理念对现代中国依然有着深刻的影响。邓小平提到中国的优秀传统文化时曾指出:“在科学技术方面,以‘四大发明’为代表的中国古代科技创造了辉煌的成就,在世界文明进步中发挥了巨大作用。”习近平更是重视中国传统文化的继承与发展,他的科技创新思想也正是在汲取与借鉴中国传统文化中创新理念的基础上形成的。

(一)中国历史传统中技术进步经验的启示

中国古代科技发明灿若星辰,许多重大的发现、发明对中国及世界科技发展产生了巨大的影响。罗伯特·K.G.坦普尔在其著作《中国:发明与发现的国度——中国的100个世界第一》中认为,有半数以上在现代社会中仍然发挥关键性作用的重大发明来自中国。中国在中世纪的科技成就对欧洲的近代科学革命产生了重要影响,特别是中国的四大发明,对整个世界近代文明及科学的发展作出了突出贡献。马克思曾由衷地赞美中国古代的这几大发明,认为火药、指南针及印刷术是资产阶级社会到来的预告,是用于埋葬旧的封建社会的锐利武器,火药的发明使封建社会的骑士阶层消失,指南针的发明使得商业运输能够实现远距离海上运输,从而使世界贸易得以实现,各个新兴殖民地开始如雨后春笋般建立起来,而印刷术使得新教思想能够得到更加广泛的传播，从而促进了科学的复兴，对精神发展创造了必要的前提。在中国古代漫长而辉煌的科技发展进程中，中国古代科学技术表现出独创性、实用性、继承性及开放性的突出特点。

第一，独创性。中国古代科学技术所取得的辉煌成就几乎全由中国人独自创造。通过对极早期铸铁制品的发现及研究，历史学家们证实中国人在公元前的最后几个世纪就能生产铸铁，而在西方，却只能找到中世纪时期的铸铁遗迹。铸铁的熔炼，建立在中国人很早就对耐火材料的掌握、使用及应用煤作为燃料的基础上，而且中国人在公元1世纪起就使用双动式活塞风箱，中国风箱里的曲柄连杆在当时的西方还鲜为人知。中国钢铁工人在公元6世纪就掌握了通过合熔来炼钢的技术，比西方的脱碳技术至少早了8个世纪。中国很早就形成了独特的技术系统，比如中国的采矿及冶金术，从一开始就与制盐工业紧密联系，一方面开采金属矿藏和岩盐有部分是共同的，另一方面，采盐工人蒸发盐水的大容器又是用铸铁制成的；中国从公元前几个世纪就开始围绕木、铁、水形成了一个相对稳定的技术系统，并循序渐进地进行发展。中国在交通运输方面，也有许多独创性的成就，比如水路运输方面建造的水闸及桥，宋朝时期建造的带有帆、桨及轮子的船等；陆路交通运输方面，公元1世纪中国就发明创造了手推车，中国的陶瓷技术在时间方面也大大领先于西方，中国的指南针、纸、印刷术、火药等影响及改变人类历史的进程就更不用说了。除了四大发明之外，中国历史上还有许多独创性的科学技术成就，世界上任何一个国家或民族都不曾取得中国那样的成就。李约瑟博士曾对此评价说："尤其是在15世纪之前，中国的发明及发现远远超过当时的欧洲。"这充分体现了中国人民的聪明才智及创造精神。

第二，实用性。中国古代的科学技术，在春秋战国时期，其理论和应用研究是并重的，《墨子·经上》指出："功，利民也"，"国家百姓人民之利"乃墨子估定一切价值之标准。[①]墨家将衡量科技实践的价值评价尺度定位于能否有利于人民。墨翟在评价鲁班制作木雀的水平时也提出了评价技术巧拙的标准:“故所为巧,利于人谓之巧,不利于人谓之拙。”虽然从技巧水平上来说,制作木鹊的鲁班远比制作车辖的技艺高明,但是墨翟仍然认为,相比较而言制作木雀拙而制作车辖巧,因为制作出的车辖具备实用价值,体现了墨翟实用至上的技术价值思想。墨家以是否有利于国计民生,是否具有实用价值作为评判依据,以提高劳动人民物质生活水平为技术进步的价值取向,形成了“利于人谓之巧,不利于人谓之拙”的技术思想。虽然此为墨家的一家之言,但在封建社会漫长的发展过程中,应用研究得到加强,然而理论研究已经逐渐弱化,渐渐形成了一种特有的实用至上的科技体系。实用主义科学特别注重生产实践及直接经验,把研究的最终目的放在应用上。无论是自然科学还是工程技术,都强调为政治、军事及经济服务。“经世致用”是中国古代科学技术不断发展的主要动力,在当代社会,同样有着一定的现实启发及教育意义。

第三,继承性。总体上来看,中国传统科学技术代代相传,从未因为朝代更迭、外族入侵的战火而中断,具有独特的联续性及继承性。造纸术及印刷术为中国古代科学技术知识的传承提供了技术手段。历代知识分子引经据典,调查研究,著书立说,使传统科学及技术不致湮没。同时,能工巧匠通过血统延嗣, 使工艺代代相传。中国古代编撰并流传下来许多重要的科技著作。例如,春秋战国时期有关手工业生产的科学技术著作《考工记》;中国古代重要的哲学、逻辑学及科学著作《墨经》;北宋沈括(1031—1095)所著的笔记体综合性的学术著作《梦溪笔谈》;明代宋应星(1587—?)所著的《天工开物》,《天工开物》是对中国人民生产知识及工艺技巧的全面总结,法国学者

① 冯友兰:《中国哲学史》(上),华东师范大学出版社,2015 年,第 56 页。

儒莲称该书为“技术百科全书”，达尔文将它称为“权威著作”。但是对先哲典籍的过分推崇导致中国古代知识分子及工匠墨守成法，缺乏创新精神及变革勇气；同时能工巧匠通过师傅带徒弟来传授技艺，家传秘方及绝技只传嫡系不传外人，使得有些绝活在流传过程中失传。因此，当欧洲得益于文艺复兴及产业革命，科学技术呈跃进姿态、以前所未有的加速度突飞猛进的关键时刻，中国的科学技术却只能沿着传统的道路缓慢地发展，迟迟难以进入近代科学的大门。

第四，开放性。汉武帝于公元前138年和公元前119年先后两次派遣张骞出使西域，开辟了举世闻名的始自长安（西安）西达罗马帝国等地的“丝绸之路”。“丝绸之路”从汉到唐的一千多年间，基本畅通。中国经由丝绸之路，与中亚、南亚地区、伊朗、阿拉伯国家甚至欧洲保持着密切的经贸联系。随着国家间的往来日益频繁、深入，科技交流也有了更加深入的发展。唐朝中外科技交流的盛况，一直为世界各国史学界所赞叹。唐朝时期，日本为了能够学习中国先进的政治、经济、文化、科学技术，曾经派遣了大量的遣唐使、留学生及学者到中国学习。中国与新罗在唐代的交往也非常密切，中国的先进科学技术大量传到新罗，新罗特有的物质文化也大量输入中国。[①]宋、元时期随着社会生产力的发展，国内商业远远超过唐代，南宋时期与中国通商的国家达50个，海船开往二十多个国家进行通商贸易。明朝是中国航海史及中外关系史上空前伟大的历史时期。自1405年至1433年，郑和前后共七次出使西洋，先后到达东南亚、印度半岛、波斯湾、阿拉伯半岛、非洲东岸及红海海口，访问三十多个国家，发展了海上交通，畅通了与亚非各国的贸易往来，促进了中国与各国文化技术的交流。明末清初，代表欧洲宗教改革及基督教人文主义思想的耶稣会教士来到中国，同时带来了西方近代科学技术，开始

① 杨金长：《中国古代科学技术史》，人民军医出版社，2007年。

了近代中国西学东渐的历史过程,西方科学技术大批传入中国。清朝末期,正当西方科学技术突飞猛进的时候,清王朝却采取了闭关锁国的政策,拒绝国外先进的科学技术,使得中西方科学技术的差距逐渐拉大,中国科学技术显著落后于西方。从中外文化交流的历史事实来看,中国文明的开放性促进了自身的科学技术成就与各国各民族先进的科学技术成果的交流互鉴,不仅在世界科学技术的进步中起到了促进作用,同样也充实了中国的技术文明宝库。

中国古代科学技术在发展历程中的独创性、实用性、继承性及开放性的突出特点,对中国现代的技术进步思想具有重要的启发及借鉴意义。

(二)中国传统文化中的创新理念及超越意识的启示

创新理念一直以来蕴含在中国传统文化之中,是中华民族所特有的民族禀赋。中国古代科技之所以长期领先于世界,是与中华民族创新及追求技术进步的勇气的文化生命线及精神基因密切相关的。在《诗经·大雅·文王》中就有这样的描述:“周虽旧邦,其命维新”,其中包含了儒家思想的理解规律、与时俱进的创新原则及科学思想。而类似思想也在《周易》中得到了相应的验证,如《周易·益卦·彖传》中的“凡益之道,与时偕行”,以及《周易·系辞下》中的“易穷则变,变则通,通则久”,都说明了把握时代、贴近时代、与时俱进的重要性。另外,在《礼记·大学》中也有“苟日新,日日新,又日新”的描述,从动态的角度说明了持续创新对保持先进性的重要性。它要求我们以不断创新的姿态不断适应并促进经济社会的变化及发展。北宋理学的创始人程颢和程颐两兄弟则从反面说明了不断创新对于保持先进性的重要性,“君子之学必日新,日新者日进也。不日新者必日退,未有不进而不退者”,说明如果我们要在瞬息万变的国际潮流中采取主动,赢得第一次机会,我们就必须不断进取、不断创新。作为中华民族最深刻的精神追求之一,中国传统文化中的创新理念及进步理念不仅有利于进一步推进马克思主义技术进步思想中国化的历史步伐，实现马克思主义技术进步思想的新发展，也有利于中国传统文化进步思想的新发展，实现与中国特色社会主义现代化建设的相融相通。

中国传统文化中的超越意识。技术的进步来自人类超越现实的理想。实现超越现实的理想，是人类在数千年进化过程中的不懈追求。中国的道家思想中具有强烈的超越意识及意愿，从道家思想的发展可以看出顺应自然、超越自然的思想历程。如果说老子的"道法自然""道常无为"与庄子早期思想中所主张的"顺物自然"体现了道家思想对自然规律的顺应，那么庄子及其后学在提倡"无为"的同时，进一步提出要实现"逍遥"、成为"真人"的境界，则反映了道家思想倡导在精神层面突破现实约束的超越意识。道家在后来的发展中继承了庄子的超越思想，体现了超越现实的强烈愿望，并取得了丰硕的成果。例如，道家经典《关尹子·七釜》就记载，人的力量可以夺取天地的创造者，如"冬雷夏冰"。

"冬雷夏冰"实际上蕴含了有意识地想要对自然限制进行超越的思想。比如，夏日造冰，对于古人来说，这显然是违背自然界正常气候规律的，但当时的人们不仅提出这样的想法，而且在这种思想的指引下做了很多的探索和尝试。《淮南万毕术》是西汉道家研究的理论结晶，为了能够在夏日制造出冰块，前人曾尝试过："取沸汤置瓮中。密以新缣，沈井中三日，成冰。"对当时来说，夏季制冰显然是一种超越自然条件限制的探索性活动，这种想法是非常具有创新性及超前性的。另外，《淮南万毕术》也有"冰镜取火"的记录："削冰令圆，举以向日，以艾承其影，则火生。"讲述的是以冰块削制圆形的凸透镜，举起来对着日光，将干草置于其集聚的日光下，就能燃烧取火。"冰镜取火"反映了我国古人对透镜焦点的初步认识。这也是一个设计精巧的光学实验。由"冰"生"火"也表现出一定程度的超越现实的能力。"夏造冰""冰镜取火”不仅是中国古代富有特色的物理探索创新活动，同时也显示了中国古代传统思想中征服自然、控制宇宙的强烈愿望，显示了一种进取创新的精神，引导人类突破自然的局限，获得自由。这种对现实的超越及对自由的不断追求促使人类努力理解周围的世界，并积极探索自然规律。它是个人进步及人类发展的内在动力，推动了科学技术的发展及人类文明的进步。

道教及道家的先验探索活动也带来了正面的回报。道教的炼丹活动导致火药的发明如今已经广为人知，另外，炼丹术还进一步促进了中国古代的植物学、化学、矿物学、动物学及药学等诸多学科的发展，并使人类能够成功地合成合金、火药及其他自然界中原本不存在的物质。另外，道教的炼丹活动对古代人类生命科学探索也作出了有益的贡献。

总体而言，中国古代技术进步思想呈现卓越的进步、创新及超越意识。这种无比深厚的文化底蕴，既能帮助我们鉴往知来，增强自信，又对中华民族精神的形成及民族心理的塑造起着关键作用，同时也成为中国化马克思主义技术进步思想重要的理论来源。

三、西方科技发展史中的技术进步思想

马克思主义是一个发展着的、开放的和具有无尽生命力的科学体系，对人类文明的一切优秀成果都抱着接纳及采取的态度，这也正是马克思主义的本质所在。从某种意义上说，科学技术是世界人民的共同财富。近现代的科学技术从西方国家兴起，而且至今仍然是西方国家处于技术进步的前列。我国经过长期的追赶，目前尚处在由追赶向并跑及领跑的转变过程中。在以往的历史中，我国收获了与西方国家进行科技交流促进进步的丰富经验，以及闭关锁国导致技术落后的惨痛教训。因此，中国化马克思主义的技术进步思想，有必要在马克思主义的指导下，吸收一切先进的技术思想，其中也包

括西方科技发展史中的技术进步思想。

西方作为与东方并行的文明，其技术史可以说同样从智人时期便开始了。古代的西方人逐渐地掌握了琢石做工具、制砖，以及用砖石建筑、运输、冶金等技术，在机械学及自动装置领域取得了丰富的成就，并形成了极度严密的技术体系。[①]公元前400—公元前200年，著名的亚历山大学派中产生的突出人物有伟大的机械师阿尔奇塔斯、克泰西比奥斯以及拜占庭的费隆，其后的继承者亚历山大·希罗（约公元前200—公元前100年）撰写的四部作品《战争以及机器的论著》《气动力学》《自动装置》及 *Ia Chinobaliste*[②]，由泰弗诺于1693年发表，留存了下来。在中世纪的古代罗马，由于封建的统治以及宗教的桎梏，科学成为神学的奴婢，僧侣们甚至宣称："在基督之后，我们不需要任何求知欲，不需要作任何研究。"盲从代替思考、谎言代替真理、迷信代替科学，中世纪的欧洲处于"长夜漫漫何时旦"的黑暗之中。直到15世纪及16世纪意大利文艺复兴的兴起，西方才开始以积极的态度拥抱现代科学技术，并开始在观察实验及严格逻辑体系的基础上，建立了严谨且缜密的理论科学。从那时起，西方科学技术开始迅速发展。其近代科学从16、17世纪的初创时期，到18世纪的迅速发展时期，再到19世纪作为"科学世纪"而被载入史册。在技术上，在18世纪以蒸汽机的大规模应用为标志的第一次技术革命及19世纪以电力为标志的第二次技术革命之后，人类文明由"蒸汽时代"进入"电气时代"。在20世纪又大踏步地向"原子时代迈进"。在21世纪的"互联网时代"及"人工智能时代"，在技术领域的大多数方面依然还是西方世界处于领先地位。他们的技术传统将实际经验与技能一代代传下来，并使之不断发展，其近现代在科技方面取得的历史性成就并非出自偶然，与他们在技术发展进程中的技术进步思想是分不开的。

---

① ［法］布鲁诺·雅科米：《技术史》，蔓莙译，北京大学出版社，2000年，第62页。

② 一种轻便的弩炮。——译注

（一）重视实验及发明创造

技术的进步离不开发明创造，发明创造是技术进步的源泉，技术进步的历史可以说就是一部发明创造史。古希腊时期，希腊人继承了埃及与美索不达米亚的文明，位于地中海东岸的亚历山大、拜占庭、罗德岛、米利特等地是希腊最伟大的学者及工程师们的集中产生地。即便是在中世纪，中东地区的机械学也依然产生了许多发明创造，比如公元7世纪阿拉伯人雅扎里发明创造的载水装置——戽斗水车，经过几次创新，加入了越来越多的自动化创新元素，如双重转角传动齿轮、曲柄操纵杆系统等。在中世纪，中东的工程师、钟匠及机械师们，为西方的技术文明的延续及传承作出了重要贡献。从12世纪起，工程师们在技术领域中已具备设计及实现的双重职能。技术史的每个重大阶段是由通过机器所引起的特有的思想方式来标志的。事实上，现代技术文明是工业革命前的几个世纪以来逐渐建立起来的，是广泛建立在轮子、旋转运动、飞轮基础上的文明。文艺复兴时期的工程师们，有许多是在建造教堂的大工地上、在建造城堡的工作中或在战场上制造武器的锻炼中造就出来的。从教堂的建筑师到17世纪的机械舞台的制造者，相继涌现出好几代的大建筑师，他们接先辈们的班，并开创自身有关机械建造的新思想。

实验方法及数学推理是现代科学技术的标志。思想及技术知识的交流是文艺复兴时期的主要特点，文艺复兴时期，长期沉睡的罗马技术开始复苏。近代科学技术是在文艺复兴运动以后及15—17世纪诞生于欧洲的。文艺复兴三杰之一的达·芬奇不仅在艺术上成就斐然，也在很大程度上影响了科技的历史进程。达·芬奇怀着对现代科学的惊人的兴趣，在科学方法论方面走在时代的前列，他把实验作为科学之母，认为真正的科学，只能从观察及实验开始，并运用数学推理证明它的准确性。这种求真务实的态度、思维方式及科学方法为近代自然科学的大发展打下了坚实的基础。近现代实验科学精神的先驱是13世纪的罗杰·培根。培根一直以来都反对“本本主义”，反对根据书本及权威决定真理，主张利用“实验来认识自然科学、医药、炼金术及天地万物”，并把实验作为探索科学的道路、认识事物的手段。最杰出的代表人物是意大利的达·芬奇，他倡导了一种亲自动手实验的科学态度，强调实验及经验的重要性。文艺复兴时期的好奇心培养了人们的科学思想，17世纪时，人们对探索天空的机械及模仿人体的机械产生了兴趣，特别热衷于对简单的机械化以及传动进行探索。在启蒙时期，人们对自动装置、科学实验及运动学均产生了强烈兴趣。1615年，萨洛蒙·德·科发表了《动力的原由》，书中用文字以及图表介绍了希洛的自动装置及其自行设计的其他机械，包括机械舞台及成套喷水柱。伽利略首先阐明了弹道学及发射物的轨道呈抛物线的规律；军需官沃邦精确地确定了建筑城堡的规则；格里博瓦尔制定了炮中零件允许互换的规则及为实现这一目的组织生产的步骤方针。1654年，奥托·德·居利克在德国皇宫做了一个以“马德堡半球”为名的著名实验，它标志着对空气认识的显著进步，使人们开始认识到气体的物质性，知道其可以作为能源使用。对气体的科学研究及认识为蒸汽机的研发开辟了道路，奠定了工业革命产生的基础。

近代科学技术不仅在内容上与古代科学不同，而且在形式上也大不一样。一是近代科学社团的建立，它是新观念、新发现的孵化器，比如意大利的自然秘密研究会、林琴科学院（Academia Linceorum，也称猞猁科学院，创办于1603年）、齐曼托学院（Academia Cinmento，创办于1657年），法国的巴黎科学院（Académie royale des sciences，创办于1699年），英国的哲学学会、皇家学会（Royal Society，创办于1660年），德国的柏林科学院（Academy of Sciences of Berlin，创办于1695年）等；二是科技期刊的出现，它是近代科学技术的传播载体，最早的科技期刊是1665年3月由英国皇家学会秘书亨利·

奥尔登堡在伦敦创办的《皇家学会哲学学报》(*Philosophical Transactions of the Royal Society*)，以及戴·萨罗于1665年1月在巴黎创办的《学者杂志》(*Scholar Magazine*)；三是专利与优先权制度的建立，为科学技术发展护航，在专利制度的刺激下，人们越来越重视"文明技术"，发明创造日趋活跃，各行各业授予了很多专利；四是新的科学仪器的使用及发明，它是科学技术发展的助推器。基于沃康松的倡导制作机械模型，并通过公开展示来传授本领，正如B.吉尔指出的，"这既是示范，也是研究、普及以及发展技术"。1794年，法国成立了国立工艺博物馆，对技术模型进行保管并承担普及技术知识、进行技术教育的任务。从1850年开始，技术设计图成为各阶层技术员领域专业的大众传播媒介；工程师们则通过书本、期刊、清点专利证会议及展览会的汇报，或者出席会议以及展览会，了解自己领域的工作情况及前沿研究。

在18世纪，技术领域发生了影响人类历史进程的第一次工业革命。这场技术革命首先在纺织领域取得突破，其特征是大批新机器被发明出来并被广泛运用，乃至取代人力，比如纺织机的改进、蒸汽机的发明、钢铁冶炼技术的革新及化工技术的发展。18世纪发生在法国的启蒙运动，在欧洲产生了重大影响，启蒙运动不仅宣传天赋人权，还宣传新的科技成果，促进了科学精神的传播。启蒙运动中的思想家们把他们的时代比作一个人类由蒙昧进入文明、由黑暗进入光明的黎明时期，认为封建特权长久维持的原因就是生产落后造成的蒙昧状况的长期存在。他们宣传新的科学研究成果，揭露及批判愚昧无知，强调应当由理性的力量来支配人类生活的一切方面，只有理性才能保证人类社会的进步，理性是衡量一切事物的尺度及准绳。理性精神的来源之一是17世纪刚刚建立的牛顿力学、笛卡尔的科学理性精神以及机械自然观。18世纪的思想革命在科学上的第二个阶段的主角是"百科全书派"。在狄德罗及达朗贝尔的主持下，几乎包括了所有在世的启蒙运动者们一起共同编写了一部划时代的巨著——《百科全书》，在知识的传播领域产生了重要作用。从引言中可以了解到,《百科全书》技术部分的编写者们,在详细描述机械及方法之前,会首先参观一些手工工厂及车间,或者通过了解某机械领域的典范成就,查询现有的专门技术著作,来获得对机械以及方法的完善认知。《百科全书》不但高举人文主义旗帜,而且继承了培根以知识为人类谋福利的思想,以大量的篇幅叙述人类已经取得的自然科学知识、技术及工艺过程。狄德罗特别强调技术在人类知识领域中的重大作用，将科学与技术、艺术并列为《百科全书》三大类别。

（二）重视基础理论研究及发展高科技

19 世纪被誉为科学的世纪。在 19 世纪,首先是近代自然科学的各个门类均相继成熟起来,今天的所谓三大学科:物理、化学、生物已实现了系统化。在物理学领域,牛顿三大定律与万有引力定律,对一直以来的力学体系进行了大一统,对宏观世界中物体的运行规律进行了描绘,从而为其他的自然科学如声学、光学、电磁学及热学提供了统一的基础,甚至对微观的超显微粒子及宏观的宇宙天体的物理世界的研究均产生了重要影响。在化学领域,定量分析方法引入了化学原子论,使得无机化学走向了系统化。在生命领域,以细胞学说及生物进化论为基础统一了生物学诸分支。在 19 世纪,技术专家们敏锐地意识到技术对人类生活的意义,纷纷投身于技术的开发,理论科学的伟大创新转变成为技术的无比威力，以至于掀起了近代以来的第二次技术革命。蒸汽船及蒸汽机的发明使得发生在 18 世纪的第一次技术革命得以完成。内燃机及电动机则在 19 世纪 60 年代后期掀起了第二次技术革命。而在基础理论的突破下,以计算机信息技术、新材料技术、生物技术的突破为特征的第三次技术革命给人类社会带来了更广泛而深刻的影响。

近代科学技术在 19 世纪的大发展，与在 17 世纪建立的一套完全区别于中古时期的世界观与方法论也是密不可分的，这就是以时间和数学为基础的实验—数学方法论及机械的自然观。其建立过程中的代表人物有弗兰西斯·培根、笛卡尔、伽利略及牛顿。注重实验是近代自然科学的第一个特征，在倡导实验方法方面，英国著名哲学家弗兰西斯·培根起了引人注目的作用。培根有一句名言："知识就是力量。"1605年，培根发表了《学术的进步》，对于印刷术、火药及指南针的发明给予了高度的评价与赞美，认为它们改变了整个世界的面貌。他高度赞扬科技发明，认为在所有能给人类带来的好处中，最伟大的是发现了旨在改善人类生活的新技术、新人才及新物体。培根主张科学理论与科学技术相辅相成，提出"真理是时间的女儿而不是权威的女儿"。培根非常重视感官经验及归纳逻辑在认知过程中的作用，开创了以经验为手段研究感性本质的经验哲学新时代。因此，罗素认为，培根是"科学研究程序逻辑组织的先驱"。法国的笛卡尔是近代第一个机械论者，他在《方法谈》中给出了机械自然观的基本论点。"机械的"一词原意是"力学的"，但笛卡尔的理解是"可以用机械模型加以模仿的"。笛卡尔认为，人造的机器与自然界中的物体没有本质的差别，并认为人体本质上是一架机器。笛卡尔的机械论哲学对技术的影响十分深远。伽利略及牛顿不仅在科学上做出了伟大的贡献，在科学方法论方面，他们把实验观察与数学演绎十分紧密地结合在一起，代表了近代科学方法论的真正精神。

发生于19世纪末20世纪初的物理学革命使得现代物理学的两大基础理论——相对论及量子力学诞生。相对论是关于时间及空间的物理学理论，由狭义相对论和广义相对论两部分构成，有力冲击着牛顿的绝对时空观。狭义相对论指出，"同时"具有相对性，两个事件对于一个参考系来说是同时发生的，对于另一个参考系来说，却可能是先后发生的。时间与空间是相联系的，时间具有相对性，空间也具有相对性。相对论是研究物体高速度的科学，揭示出时空同物质运动有密切关系。随着基本粒子的发现，科学家也发现牛顿力学根本不能应用于微观粒子，于是在量子理论的基础上，创立了量子力学。量子世界是概率世界。德国的玻恩认为，在量子力学中概率是基本概念，统计规律是基本规律，这是由微观粒子的本性决定的。波粒二象性是微观世界的本质特征，也是量子力学理论思想的核心。相对论及量子力学为现代科学与技术的产生做了理论准备，而国家之间的战争、军备竞赛及激烈的经济竞争则是现代科学于技术发展的外在动力，加速了其发展进程。20 世纪 40 年代起，诞生了几门新兴的学科——系统论、信息论、控制论，随后，耗散结构、协同论、突变论等学科相继出现，这些学科被统称为系统科学。系统科学的一个共同方法是用系统的观点分析问题，它是以系统为研究对象，着重考察系统的结构及属性，揭示其运动规律。系统科学为现代科学技术的发展提供了新思路、新方法。

在第二次技术革命的推动下，以相对论和量子力学为理论基础，以国家之间军备竞赛及经济竞争作为动力等条件下，在 20 世纪 40 年代，第三次技术革命开始产生。第三次技术革命主要包括六大技术领域：生物技术、海洋技术、信息技术、新能源技术、空间技术及新材料技术。人们把材料技术、新能源技术及信息技术看作现代文明的三大支柱。生物技术是人类最古老的工程技术之一，现代生物技术一般包括基因工程、细胞工程、酶工程、发酵工程及蛋白质工程等。科学家们认为，21 世纪的科学技术将是以生物技术为主导的时代，21 世纪被称为生命科学的世纪，以生物技术为重点的第四次科技革命即将到来。能源技术是人类社会赖以生存及发展的重要物质技术。随着社会生产力的飞速发展及科学技术的不断提升，能源问题在人类发展进步过程中扮演的角色愈发重要，而新能源通常指如今未能得到大规模利用，依然处于研究开发阶段的新型能源。现如今，所谓新能源主要指以太阳能、风能为代表，包括地热能、潮汐能、核能及氢能的一系列新型能源。空间技术则是如今科技水平的重要体现，也是一个国家综合实力的集中体现与重要标志。目前,空间技术广泛应用于对地观察、通信、气象、导航、空间探测等许多方面,渗透自然科学的众多领域,对发展生产力、改善人民生活、推动社会进步,发挥着越来越重要的作用。空间技术主要包括运载火箭、人造地球卫星、载人航天、空间站、深空探测等技术。海洋是生命的摇篮,是自然界赐予人类的一个巨大的资源宝库。在陆地资源日益减少、环境问题日益严峻的情况下,世界各发达国家都加强了对海洋的研究及开发,使海洋开发技术得到充分的重视,成为各国激烈争夺的又一个领域。20 世纪 80 年代日本就提出,海洋开发技术、原子能技术、空间开发技术等三大科技为未来日本优先发展的高新技术产业。如今海洋技术的发展大致分为三个主要方面,分别是海洋开发、海洋勘探及海洋服务技术。展望未来,六大现代化科学技术将在 21 世纪得到全面而充分的发展,并且能够在其商业化的过程中应用于更为广泛的行业之中,逐渐成为更加强大的新技术产品。

二战结束后,人类逐渐进入高科技时代。与传统技术相比,高技术具有高度创新性、高度竞争性、高风险性、高收益性、高放射性及高战略性。不仅在水平上更先进,而且具有新的本质、新的功能。高创新程度体现在高技术开辟了人类创新活动的新领域,给人类创新方法、创新产品及创新模式带来了根本性变化。它标志着人类创新能力提高到一个新的水平,也标志着人类创新活动进入一个新的历史时期。高竞争性的特点是高技术的高回报。高技术转化为产品的速度、高技术及其产品更新的速度都非常快,占据市场的时间相对较短。各种因素都使高技术的竞争激烈。当前,高技术是综合国力竞争的主战场及制高点。高风险反映在高科技都处于科学技术的前沿,难度大,难以预测及难以把握的不确定因素有很多,失败的概率也很高。高度效益性体现在高技术需要资金及智力的高投入,发展及推广高技术需要冒很大的风险,但高技术项目一旦成功,便会带来很高的经济效益。高辐射程度反映在高技术的高度交叉性及综合性上,它可以渗透许多传统行业。其产生的影响能辐射人类活动的各个领域，不仅具有很高的经济价值，也有很高的社会价值。高度战略性体现为高技术的发展决定各个国家、地区的全局利益及长远利益，集中反映了各个国家、地区的战略实力，对于越来越多的国家来说，发展高技术已成为一项战略任务，谁忽视了高技术，谁就会在战略上处于劣势。“高科技”的概念来自美国。1971年，美国科学院在《技术与国际贸易》一书中首次用“高技术”来描述新兴的新技术领域及其新兴产业。人们普遍认为，高技术是指已经工业化的现代新技术，是技术的前沿。美国经济学家普遍认为，高科技产品的特点已经“超过”了科学及工程人才的平均集中程度。高科技主要包括信息技术、生物技术、新材料技术、新能源技术、空间技术及海洋技术。在这些高科技领域中，信息技术、生物技术及新材料技术是目前最引人注目的。

1986年3月3日，中国科学院王大珩、王淦昌、杨嘉墀及陈芳允四位学部委员，向中央提出跟踪国外高技术发展的建议；3月5日，邓小平对此作出重要批示：“这个建议十分重要”，“此事宜速作决断，不可拖延”。同年11月，党中央、国务院批准了著名的“863计划”，即《高技术研究发展计划纲要》，“863计划”根据中国国情及国力，按照“有限目标、重点突出”的方针，选择了七个领域作为中国高技术发展的重点，这些领域涵盖了生物技术、航天技术、信息技术、激光技术、自动化技术、能源技术及新材料技术等。

科学技术是社会历史的产物、人类智慧的结晶。进入21世纪，世界经济、政治、文化及科技发生了前所未有的深刻变化，科学技术自古以来第一次以自己的力量改变了整个世界的面貌，对世界文明进程的发展起到了引领的核心作用，现如今全球各国的国家总体战略都以科技发展为核心，强化决策效率，调整国家政策，增加科技投入，营造适合科研的大环境，并且出台重大科技振兴计划，在科技领域的关键环节抢先攻关，力图占领全球科技制高点。正是凭借这种力量，全球科技正在成为推动世界经济加速结构调整及全球化的重要动力。科技、资源与资本以前所未有的紧密程度结合在了一起。数字化进程不断加快,以高科技发展为核心的知识经济,正在成为全球经济中最有力的声音之一。

(三)重视科学、技术、生产的一体化发展

18 世纪的工业文明,加强了劳动的分工,使工厂的劳动组织高度科学化。技术发明及工业组织使原始资本主义得到进一步快速发展。象征大工业文明的三大领域——能源、材料及交通,在规模及性质上都发生了史无前例的变化。18 世纪英国纺织技术的变更,使工业界的能源供应及传递也发生了连续变革。18 世纪末期,冶铁及科学知识的并驾齐驱,使得液压轮的效率获得重大进步。

19 世纪之前,虽然科学技术越来越多地应用于物质生产过程,但在很大程度上,科学与技术、科学与生产依然是分离的。自 18 世纪末期,人们开始注重制定科学及工业教学,撰写丰富的技术专著,举办有利于推广研究及设计师们之间竞赛的工业展览,有意地将科学思想以及其他一切有利技术进步的因素进行整合。19 世纪中叶,对蒸汽机、液压轮及机床的改进,主要是工程师、工头及机器设计师各自孤军奋战的行为。19 世纪中叶之后,技术才开始在广泛的科学知识指导下应用于生产实践,电力及内燃机的发展就是依靠系统的科学方法得以实现的。19 世纪初期,化学工业的发展影响到新材料的发明及使用,从木材到金属,从金属到塑料,工业革命在两个世纪内,通过这两个基本阶段,完全更新了材料世界。但这些进步绝不是孤立的。只有通过细微的改进,通过各个不同工业部门越来越复杂的分工及合作,依靠先进的基础科学,才形成了这种现代技术的新体系。

现代技术体系从一开始便显露的典型特点是,科学及技术互相融合、互相促进的趋势越来越显著。在工业革命之前,科学通常遵循技术,试图解释

理论化技术在改善和再现这些现象中发挥的作用。然而自二战结束,这一趋势逐渐逆转,首先是在材料——化学、冶金、塑料等研究方面,都是以科技来指导生产,然后是能源方面,比如,电力及原子能的使用,更是在科学和技术理论的指导下来进行的。

当代自然科学及基础研究,已经无可置疑地成为技术进步的先导,现代高技术的发明创造无一不是建立在新的科学发现的基础之上。同时科学研究方面的新发现及技术研发的新成果,转变成现实的生产力的速度越来越快,周期越来越短。传统的"生产—技术—科学",在现代转变成"科学—技术—生产"。比如,掌握了电磁学理论,才能制作出发电机,才能发展电力产业;先有了牛顿的三大运动定律及万有引力定律,才能把火箭及宇宙飞船送上天空,才有了航天产业的发展;掌握了原子核裂变反应原理,才能将原子能用作能源或军事的用途,建立核能产业;只有掌握了光量子理论,才能创造激光技术,建立激光产业;而生物学方面的新成就,则有助于发展生物技术,在工业、农业、医药卫生及食品等产业方面带来新的发展。

科学的新发现是技术进步的理论基础,现代技术没有新的科学理论难以实现突破;技术进步带来的新手段及新工具是科学发现的物质条件,若没有先进技术提供的精密仪器及材料,现代科学探索同样难以进行。现代化的生产更是离不开科学技术的进步。科学、技术、生产的一体化发展,不但极大地提高了物质生产力,而且也使科学、技术、生产三者之间相互作用、相互促进的形式更加密不可分。

第二章　中国化马克思主义技术进步思想的历史发展

中国共产党在领导中国革命及进行社会主义建设的实践中，为了取得革命的胜利和建设社会主义的新中国，着力于探索推动中国的技术进步事业，在坚持马克思主义的前提下揭示了技术进步的内在规律和社会主义技术进步事业发展中普遍蕴含的道理，进而逐渐开辟了一条具有中国特色的技术进步道路，这无论是对中国的技术进步事业还是社会主义建设全局都产生了重大而深远的历史影响。中国共产党有关技术进步的思想深深地根植于中国社会的基本国情中，随着社会历史条件的变化发展，逐渐凝结成马克思主义中国化技术进步思想的丰富理论成果。马克思主义中国化技术进步思想是中国共产党在领导中国技术进步的过程中逐步形成、发展并深化的，在革命战争时期积累了丰富的实践和理论经验，完成了中国化马克思主义技术进步思想的奠基；在新中国成立初领导社会主义建设的过程中，中国化马克思主义技术进步思想逐渐形成；在改革开放过程中逐步发展和深化；党的十八大以来表现为中国化马克思主义技术进步思想得到了进一步的创新发展。

一、中国化马克思主义技术进步思想的萌生

五四运动前后,中国共产党的早期领导人陈独秀、瞿秋白、李大钊等,通过学习西方的科学技术知识,运用马克思主义哲学这一先进的思想武器,提出以科学和民主为旗号,开展思想解放运动,极大地提升了科学主义在中国社会的影响力,为现代中国科学技术事业的发展提供了有利的社会影响和条件。

在土地革命时期,中国共产党在井冈山建立了革命根据地,开始十分重视利用和发挥科学技术在经济、文化、生活和战争中的重要作用,并在农业科技研究、军工技术、无线电通信及医药卫生等领域都取得了较好的进展,在领导技术进步事业方面取得了一定的实践经验,也为中国共产党全面领导中国的技术进步事业提供了初步经验。

延安时期,是中国化马克思主义技术进步思想的奠基时期。中国工农红军历经二万五千里长征,在陕北建立了相对稳固的革命根据地,建立了红色政权,从某种程度上来说也为中国共产党领导技术进步事业夯实了基础。尤其是毛泽东同志在党中央领导地位的确立,更为毛泽东领导中国无产阶级的技术进步事业提供了重要的政治保证。有了在土地革命时期推进技术进步的经验,加上毛泽东到延安之后,集中精力研读了马克思、恩格斯的《资本论》《反杜林论》《自然辩证法》,列宁的《唯物主义和经验批判主义》等大量体现马克思列宁主义科学思想的著作,以及苏联出版的《辩证法唯物论教程》等马克思主义教科书,同时也阅读了大量自然科学书籍。在利用各种方式对马克思主义哲学、自然辩证法及自然科学知识进行系统的学习之后,毛泽东也进一步实现了技术进步思想的马克思主义化,为具有鲜明中国特色和深刻时代特点的中国化马克思主义技术进步思想的形成奠定了基础。

(一)重视普及自然科学知识

这一时期，毛泽东等党中央领导人开始认识到科学对技术进步的重要作用,对技术进步予以极大的关注,发表了许多有关论述,在指导技术进步的过程中形成并发展了自己的技术进步思想体系。与土地革命时期单纯的关注技术领域相比,其思考扩展到关注与技术进步相关的科学领域。由于陕甘宁边区经济困难落后,抗战物资匮乏,毛泽东等党中央领导人在马克思主义技术进步思想的指导下，深刻意识到科学技术对革命战争和根据地的建设是极其重要的。毛泽东指出,人们要想在自然界里获得自由,就必须利用自然科学来深入认识自然,进而实现克服自然及改造自然,最终从自然界中获取自由。①这体现了毛泽东等党中央领导人对自然科学的社会功能及其重要性的认识已经上升到了马克思主义哲学的层面。边区的科技工作者们在这种马克思主义技术进步思想的指导下，结合根据地经济发展和抗战的需要,开始成立各种社团。首先是 1938 年 2 月,在高士其等人的发起下,成立了边区国防科学社,目的是研究国防科学的理论与实施,协助国防工业的建设等。②1940 年 2 月,毛泽东和吴玉章等人又发起和资助成立了陕甘宁边区自然科学研究会,研究会在其纲领中提出“运用唯物辩证法研究自然科学、开展自然科学大众化运动、从事自然科学的探讨、解决自然科学中的理论和应用上的问题”③等四大项重要任务。研究会明确提出以马克思主义为指导开展自然科学研究,普及自然科学知识,为根据地的人民生活和抗战需要服务。

---

① 毛泽东:《在边区自然科学研究会成立大会上的讲话》,《新中华报》,1940 年 3 月 15 日。

② 何志平等主编:《中国科学技术团体》,上海科学普及出版社,1990 年,第 385 页。

③ 何志平等主编:《中国科学技术团体》,上海科学普及出版社,1990 年,第 388 页。

(二)积极发展科技教育事业

从某种程度上来说,科技人才就是科学技术活动的主体,要想实现科学技术的进步,就必须重视科技人才的力量。在陕甘宁边区自然科学研究会成立的时候,毛泽东同志曾经作出重要讲话,提出自然科学是能够解决衣食住行的基本问题的,因此每个人不仅要赞成它,同时还应该更加深入地去研究它。[①]这表明党中央清楚认识到科技人才对技术进步及社会发展的重要性。在延安时期,边区的文化教育水平较低,绝大多数人处于文盲或半文盲状态,人民思想较为愚昧落后。因此,中国共产党开始在陕甘宁边区推动开展科学大众化运动。《解放日报》作为当时的党报,发表《提倡自然科学》的社论,提出要多组织一些通俗的科学演讲,编辑一些初级的、中级的自然科学读物。为响应党中央和边区政府的号召,在陕甘宁边区,从乡村到乡镇,普遍建立识字班、读书班以帮助人民群众提高文化水平。延安各机关组织了"自然科学普及小组",经常举办各种专题报告和自然科学讲座,并开设多门课程对自然科学知识进行讲解和普及,同时利用一些相应的契机,比如在边区发生日食的时候,开办"关于日食的科学知识"的报告,改变边区群众"天狗吃月亮"的迷信思想,增加对日食、月食等自然现象的科学认识;在1943年伽利略逝世300周年和牛顿诞生300周年之际,召开纪念大会和举办纪念讲座,开化社会风气,传播科学知识。在《解放日报》上,自然科学研究会还开辟了"自然界""农业知识"等专栏,同时还发行了"科学园地""边区卫生"等副刊。中宣部、中央文委、通俗读物出版社发行大量科普读物,如《配偶禁忌》《耳鼻喉科学》,通过收集民间验方编辑成《怎样养娃》《妇婴卫生》等医药卫生通俗读物,以及举办卫生展览的形式,教育群众学习卫生知识。农业方面

① 毛泽东:《在边区自然科学研究会成立大会上的讲话》,《新中华报》,1940年3月15日。

则发表了《怎样养蚕》《农田给水的常识》《果树除虫的简便方法》等丰富群众农业科技知识的文章，为边区的农业服务。边区政府还多次通过举办工业、农业、自然科学等展览会等，向边区人民广泛普及自然科学知识。

技术的进步离不开群众的推广运用，群众科学文化知识的普及，离不开教育事业的发展。因此，各根据地都相继制定并通过了有关要求创办各类科技学校的法令或决议，以推动科学大众化并加强对科技人才的培养。1938 年晋察冀边区的《文化教育决议案》提出，“造就专门人才，建立抗战时期各项事业”，“举办特种技术人才训练，开始各种技术训练班，讲习所等”。[①]以及 1939 年的《发展国防教育提高大众文化加强抗战力量案》《1939 年边区教育的工作方针与计划》，1940 年公布的《中共晋察冀边区目前施政纲领》、1941 年提出的《发展边区科学事业案》等一系列议案和决议都提出要重视和加强自然科学教育，培养科学技术人才，服务抗战和建国事业的需要。在党中央和边区政府的号召和支持下，边区各级各类学校都陆续开办起来，高等科技学校主要有中国医科大学和自然科学院两所；中等科技学校主要有理工和医药两类，如陕北通信学校、延安摩托学校、太行工业学校属理工类学校，延安药科学校、晋察冀边区白求恩卫生学校、晋绥军区卫生学校属医药类学校。而边区中小学的发展速度则是史无前例，其中小学就创办了 1300 多所。另外，实验农场、工矿部门的技术研究机构和科学技术团体等科研机关单位也利用一切条件举办各种短期学习班。延安时期根据地教育事业的蓬勃发展，不仅推动了科学技术大众化，而且培养了大量的科技人才，新中国成立后，许多人为新中国技术进步事业的发展作出了巨大的贡献。

---

① 河北省社会科学院历史研究所编：《晋察冀抗日根据地史料选编》（上册），河北人民出版社，1983 年，第 21~23 页。

(三)尊重优待科技人才

科技人才是推动技术进步的关键，边区政府除了通过兴办学校培养自己的科技人才之外,还制定了一系列有利于吸收科技人才的方针政策,吸收海外和全国各地的科技专业人才。1939 年 12 月,党中央发布《大量吸收知识分子》的决定,号召全党同志要重视科技人才,1941 年 5 月《陕甘宁边区施政纲领》明确提出:“尊重知识分子,提倡科学知识与文艺运动,欢迎科学艺术人才”“欢迎医务人才”。[①]为各类人才政策提供了法律上的保证。1942 年 5 月边区政府发出《关于建设厅技术干部待遇标准的命令》,又批准实施《1943 年度技术干部优待办法》对科技人才实行优待政策,朱德曾经提出,对于那些在边区以外的工程师和专家们,应该更加热情地欢迎他们到边区工作,为边区的科学技术发展作出自己应有的贡献。[②]边区政府对一切同情革命的技术人员来边区参加工作表示欢迎,吸引科技人才,并努力为科研人才创造必要的科研条件,想方设法给科技人才各种优待,统一制定了对各类技术人才的优待标准,因而当时技术人员的待遇远远超过一般干部。[③]

不论是从政治上还是物质上，党和政府都给予了科学技术人才应有的保障和鼓励，并为在生产工具及工艺改进和发明有成绩的技术人才专门设立了改进技术奖。优厚的待遇不仅使科技人才的生活得到改善,更使他们的心灵得到温暖,使他们体会到边区政府对他们的尊重和支持,甘愿为抗战努力发挥更大的作用。另外,为了更好地团结科技人才,中国共产党还十分注重对科技人才进行思想教育,要求他们自觉接受马克思主义的指导,确立革

① 中国科学院历史研究所第三所编:《陕甘宁边区参议会文献汇编》，科学出版社,1958 年,第 105 页。

② 《新中华报》,1940 年 3 月 5 日。

③ 西北五省区编撰领导小组中央档案馆:《陕甘宁边区抗日民主根据地(回忆录)》,中央党史资料出版社,1990 年,第 234 页。

命的人生观,培养集体主义精神,全心全意为工农服务。1942 年边区政府发布了《关于对待部队中知识分子干部问题的指示》, 提出对待知识分子要“容”“化”“用”,所谓“容”,说的就是共容,要争取更多的知识分子加入革命队伍中,让他们变成优秀的革命干部;“化”说的就是革命化,无产阶级化,说的就是要尽可能转变知识分子的小资产阶级思想, 尽量转变他们的观念;“用”说的就是人尽其用,要发挥他们应有的作用,合理分配他们的工作。[①]尤其是在革命战争时期,党对于这些知识分子的政策,极大地鼓舞了广大科技人才的革命热情和抗战积极性,使他们全心全意投入民族的解放事业,为革命胜利作出不可磨灭的贡献。

中国共产党在延安时期对科学技术高度重视, 进行了比较完备的科研组织体系建设,注重发展教育事业,致力于科技队伍的建设。对科学技术的进步采取了许多激励措施,使延安的科学技术事业取得巨大的成绩。在领导延安科技事业取得进步的实践中, 中国化马克思主义技术进步思想得以产生。

二、新中国成立初期中国化马克思主义技术进步思想的形成

20 世纪 50—60 年代,可谓是中国化马克思主义技术进步思想得以形成的重要时期。1949 年,中国成立了以毛泽东同志为核心的新中国领导集体,带领全国各族人民展开社会主义的建设工作,在新中国成立的前 30 年的时间里,完成了中国的传统科技到现代科技的转型,创造了科技的奇迹,极大地推动了技术的进步。从 1949 年新中国成立到 1966 年“文化大革命”,是新中国技术事业的创建时期, 尤其是 1956 年到 1966 年可谓新中国技术进步

① 张敏卿:《延安时期中国共产党发展科技事业的思想和政策》,《自然辩证法研究》,2005 年第 1 期。

事业的黄金时期。毛泽东将马克思主义技术进步思想与中国技术进步事业、国家建设紧密结合,根据中国的国情和当时掌握的科学技术知识,制定了一系列相应的政策,提出了一系列技术进步思想。在毛泽东的正确领导下,围绕国民经济和国防建设,中国共产党积极团结广大知识分子,大力加强对科学技术事业的领导,恢复和建立科学技术研究机构,广泛进行技术革新和科学革命,使新中国的技术进步事业获得了巨大的发展。

(一)"向科学进军",注重科技规划

新民主主义革命的胜利实现了民族的独立和解放,然而科学技术和生产力发展还处于较低的水平。新中国成立初期,全国的科研机构(包括社会科学研究机构在内)普遍研究人员匮乏,不仅复杂的技术问题没法解决,甚至某些一般性的技术问题也解决不了;独创性的科研工作还是空白,新技术的应用和推广也还未提上议事日程,在部分资本主义国家已发展得风生水起的学科,诸如原子核物理、电子学、半导体物理学等新兴科学技术领域,仍然是我国的盲区,新中国的工业建设和其他事业的建设都急需科学技术的迅速提高。

1956年,面对百废待兴的局面,毛泽东提出了"向科学进军"的伟大号召。毛泽东从我国经济、科学、文化等战线的新形势、新任务出发,他曾经明确指出,要想发展科学技术,就不能故步自封、停滞不前,我们必须打破原有的格局,尽量选用先进的科学技术,进而开辟一条具有中国特色的科学技术发展道路,并在尽可能短的一段时间里,实现建立我国现代化强国的战略目标。[①]毛泽东还说,"科学技术这一仗,一定要打,而且必须打好""不搞科学技术,生产力无法提高"[②]。

---

① 《毛泽东文集》(第八卷),人民出版社,1999年,第341页。

② 《毛泽东文集》(第八卷),人民出版社,1999年,第351页。

1957 年 2 月,我国最高国务会议召开,在会议上,毛泽东提出要全国各族人民团结起来向自然界展开挑战。为了组织和团结各族人民向自然界开战,向科学进军,从毛泽东再到中共中央,都针对科学技术发展制定了长远的计划,并针对科技队伍的组织作出明确的部署,希望能够通过科学技术的发展推动社会主义经济的发展。为此,中共中央和国务院成立了全国科学规划领导小组,科学规划领导小组根据毛泽东、周恩来制定的总的指导思想和国务院会议的精神,制定了 1952 年到 1967 年的科技规划,对尖端科学,如喷气技术、计算技术、原子能和无线电电子技术等;需要进行综合性研究的大问题,如长江、黄河的综合治理、综合开发;急需研究的关键问题,如农业、冶金、能源开发,以及培养科学技术人才和设置科学机构的规划等一系列问题进行了研究,作出了安排。

毛泽东等中共中央领导人在制定科学规划的工作上，卓有成效地开展了向科学进军方面的艰巨的工作,取得了伟大的成就,仅仅从 1956 至 1962 年,我国科技研究机构和研究队伍就大大增强,从某种程度上来说也解决了很多存在于我国经济建设和国防建设中的问题，并在一定程度上开创了我国科学研究的先河,无论是在原子能、半导体、计算技术,还是火箭技术等方面都开始有所涉猎。在不到 10 年的时间里,取得了 100 多项科技成果;开发了大庆、大港、胜利等大油田,推翻了“中国贫油”的观点,从 1963 年起结束了依赖“洋油”的历史。尤其是在 1964 到 1970 年,我国先后研发出了第一颗原子弹、制造了第一颗导弹并发射成功、氢弹实验成功等，特别是在 1970 年,由我国自主研发设计的第一颗人造地球卫星发射成功,这一切都标志着我国的科学技术达到一个很高的水平，显示了中国向科学进军所取得的巨大成果,有力地证明了中国人民是有能力赶超世界先进科学技术水平的,为以后科学技术和国家各项建设事业的继续发展打下了良好的基础。同时,也缓解了我国国民经济发展与落后的科学技术之间的尖锐矛盾，使我国的社会生产力得到空前的提高与发展，人民深刻体会到中国化马克思主义技术进步思想的伟大力量。

（二）倡导技术革新和技术革命运动

在我国进入社会主义全面建设时期，毛泽东倡导和领导的技术革新和技术革命的理论与实践，对推进中国的技术进步事业有着深远的影响。

新中国成立之初，正是世界新技术革命开始推进之时。1946 年世界上第一台电子计算机诞生，由此催生了电子工业及相关产业的蓬勃发展。但新生的中华人民共和国在现代科学技术方面则是典型的"一穷二白"，各种新技术都处于空白状态，生产力水平极其低下。新中国成立之初，毛泽东等老一代中国共产党人作出了十分正确的抉择，以工业化为突破口，探索中国的社会主义建设之路。在农业比重占国民经济 80%以上的国家建设工业化，必须倚重现代科学技术这一先进生产力。走工业化的道路，体现了中国共产党人对科技的认识和重视，这同时也是毛泽东倡导"技术革命"的立足点。

1953 年 12 月，毛泽东在审阅党在过渡时期总路线的学习宣传提纲时批示，完成生产资料所有制的过渡"才利于社会生产力的迅速向前发展，才利于在技术上起一个革命，把我国绝大部分社会经济中使用简单的落后的工具农具去工作的情况，改变为使用各类机器甚至最先进的机器去工作的情况，借以达到大规模地出产各种工业和农业产品，满足人民日益增长的需要，提高人民的生活水平"[①]，这是毛泽东最早提出的关于"技术革命"的思想。

毛泽东对技术革新和技术革命的重视体现在有关中国社会、经济和科学建设的各个规划过程中。毛泽东在农业合作化运动中就明确指出，我们进行的关于社会制度方面的由私有制到公有制的革命，和正在进行关于技术

① 《毛泽东文集》(第六卷)，人民出版社，1999 年，第 316 页。

方面的手工业生产到大规模现代化机器生产的革命，两种革命是结合在一起的。[①]并强调，中国只有“在技术方面，在一切能够使用机器操作的部门和地方，统统使用机器操作，才能使社会经济面貌全部改观”[②]。毛泽东把技术革命提到与所有制革命相同的高度加以认识和评述，着眼于充分利用科学技术提高劳动生产率，促进社会生产力的提高，以发挥社会主义制度的优越性。

1958年1月，毛泽东在《工作方法六十条(草案)》中，明确提出把党的工作着重点放在技术革命上去的思想，反复强调“要准备把注意力逐渐引到搞技术革命”上来，在中共八大二次会议上毛泽东又向全党提出要逐步实现技术革命，当年在接见朝鲜客人时毛泽东又进一步指出，现在我们所进行的新的革命是对地球和自然界的革命。他提出要独立自主地搞技术革命，又要批判地向外国学习，做到“洋为中用”。1959年末，毛泽东进一步提出，要广泛开展技术革新和技术革命，提高社会生产力。从1960年开始，毛泽东组织领导了全国规模的技术革新、技术革命运动，要求企业积极地实现半机械化和机械化，解决手工业劳动比重大，生产效率不高的问题。

1963年3月，毛泽东在批转聂荣臻关于技术革命运动的报告中要求党的组织和干部要精心观察、随时总结、予以推广各条战线的“技术革命和文化革命的全民运动”。毛泽东的“技术革命的思想”和决策，指出了中国追赶世界新技术革命的关键问题，在20世纪60年代中国工业发展和科技进步方面发挥了深刻影响，对初创中的中国经济技术产生了促进作用。

1969年，毛泽东曾经审阅一份由空军对于技术革新作出的报告，在审阅完这份报告后，毛泽东作出如下批示，指出对于每个具体的改革而言，我们都可以称其为技术革新。而所谓的技术革命则与技术革新大不相同，技术革命所说的通常都是历史上的一些重大技术改革，诸如蒸汽机的出现、电力的

---

① 《毛泽东文集》(第六卷)，人民出版社，1999年，第432页。

② 《毛泽东文集》(第六卷)，人民出版社，1999年，第438页。

出现等。通过这个批示我们也能看出,毛泽东对技术革新和技术革命有着明显的划分,同时也进一步肯定了毛泽东所提出的"技术革命"的含义,也使我们更深切地理解了这场技术革命运动及其深远意义。毛泽东从蒸汽机、电力、原子能的出现,不仅深度诠释了自人类发展以来三次重大的技术变革的实质意义及特点,同时也更明显地体现了毛泽东所提出的技术革命运动与当代世界上的新技术革命有着异曲同工之义。

毛泽东是一位中国化的马克思主义者,所以就他所提出的"技术革命"而言,也是一种具有中国特色的技术革命。以毛泽东的技术革命思想为基础,中国很快在国家工业化、现代化急需的最重要的若干科技领域取得了出人意料的长足进展,进而使中国一系列尖端科学项目逐步从20世纪50年代到70年代完成了具有划时代意义的进步,同时也推动了我国工业科技的进步。毛泽东技术革命思想,是对中国科学发展的超前指导,是对世界新技术革命的时代潮流进行实质上的重视与参与,站在人类社会的时代高度,探索与实践中华人民共和国强大发展的切实可行的道路,以巨大成就和深远影响造就新中国科技振兴史的模式。

(三)提出"自力更生为主,争取外援为辅"的技术进步方针

在发展科学技术事业中,我们该如何选择最有利于我国技术进步的路径呢?毛泽东提出"以自力更生为主,争取外援为辅"的方针。从某种程度上来说,这一方针也经受住了历史的考验,成为我国科技发展中的重要指导思想。

新中国成立初期,工业和技术基础非常薄弱。我国的科技与西方先进国家的科技有着极大的差距,为此,毛泽东曾经提出要借鉴外国的优秀经验,他指出,在自然科学领域,我们的发展远不如西方国家,因此我们要向他们学习,但是在学习的过程中也不能盲目,应该取其精华去其糟粕,同时也要

结合我国自身的特点有选择地学习，然而就技术方面而言，我们应该大部分地向外国学习，因为很多东西我们还都是空白的，所以学习他们的经验对我们还是有利的。[①]

中国积极争取并获得苏联的大量援助。在西方国家对中国全方位封锁的情况下，同为社会主义国家的苏联给予了中国科技发展所需的大量援助。1952 年初，中央政府开始编制发展国民经济的第一个五年计划（1953—1957），这次大规模的工业化建设围绕重工业领域展开，诸如钢铁、动力、机械、有色金属等方面，以苏联援建的 156 项建设项目为核心，以 921 个大中型项目为主体进行展开。

1950 年，中国科学家和工程师等专业人才的数量和专业结构都难以满足工业建设和技术引进的需要。1950 年 3 月，中、苏两国签署了关于苏联专家到中国工作的协定，苏方逐年向中方选派不同领域、不同层次的顾问和专家，先后派遣经济、文教专家 10800 多人，其中技术专家占了全部苏联专家和顾问的 80%，在技术转移及工程建设过程中扮演了非常重要的角色。[②]

苏联帮助中国实施“156 项工程”，意味着苏联的工业技术大规模地转移到了中国。“转移”的内容大致包括如下四个方面：①生产工艺和成套设备，特别是工艺设计和相关机器设备设计、建筑设计等；②技术资料，包括了冶金、石油、发电等建设项目在内的设计资料和制造水轮机、真空仪器等工业产品的工艺资料；③产品设计与制造技术，涵盖了机床、汽车、拖拉机等一些产品资料；④工业建设的设计任务，帮助提升中国的厂矿设计能力。

以“156 项工程”为核心的建设项目使新中国构建了比较完整的基础工业和国防工业体系，奠定了工业化的初步基础。苏联援建项目吸收了“一五”

---

① 《毛泽东文集》（第七卷），人民出版社，1999 年，第 42 页。

② 张柏春、姚芳等：《苏联技术向中国的转移》（1949—1966），山东教育出版社，2004 年，第 317~321 页。

时期工业一半左右的总投资，从苏联进口的成套设备等货物相当于总工业投资的30%。借助“156项工程”，国家迅速地提升了技术水平，也带动了科学和教育的发展。此外，“156项工程”还影响了中国的经济结构和城市建设，改变了1949年前工业基地集中在沿海的布局，促进了中国的城市化进程。通过实施“156项工程”等工业项目，中国从苏联和东欧引进技术，大规模进行工业化建设，初步建立起比较齐全的工业门类，为以后的经济社会发展奠定了基础。

20世纪50年代苏联曾给予中国相当大的援助，对中国科学事业的开拓和发展，起了重要作用。但同时，苏联在对中国的援助问题上，一开始就有很大的保留。面临资本主义国家的封锁和苏联的限制，中共中央和毛泽东十分冷静地分析了我国的科技状况，认为中国虽然科学技术与工业水平很落后，但只要我们制定了正确的方针并采取积极的措施，充分利用好我国已有的和能争取到的人才，即使没有外援，也可以独立进行尖端科学研究。因此，中共中央和中央军委决定，一方面自力更生，积极筹备一些尖端科学如导弹、原子弹、新型歼击机等方面的研究工作；另一方面争取继续得到苏联的进一步援助。1956年10月以后的国际形势，使赫鲁晓夫在新技术援助方面出现了松动的迹象，中国向苏联提出希望苏联在尖端武器的研究制造方面，对我国给予技术援助。1957年7月20日，苏联政府宣布，同意中国派代表团去苏联谈判。1957年10月15日双方达成协议，在莫斯科签订了苏联在火箭和航空等新技术方面援助中国的决定，但这些协定时隔不久就被终止执行。

面对世情国情，毛泽东对外国能够给予我们的援助有了更深刻的认识，1958年6月，专门提出“独立自主搞建设”的思想，强调我们要“自力更生为主，争取外援为辅，破除迷信，独立自主地干工业、干农业、干技术革命和文化革命”①。

① 《毛泽东文集》（第七卷），人民出版社，1999年，第380页。

中苏关系紧张后,苏联撤走专家,中国建设开始在独立自主、自力更生的道路上进入科研攻关新阶段,开展了如大庆油田的开发、万吨水压机的制造、抗疟药青蒿素的研制等,并取得了良好的效果。自 1964 年起,鉴于中苏交恶与美国在中国东南沿海的攻势,中国在中西部地区进行了以战备为目的的"三线建设"。"三线建设"进一步改变了工业布局,促进了对先前引进的技术的消化吸收。

1964 年至 1967 年,我国第一颗原子弹和第一颗氢弹爆炸成功。事实证明,通过在自力更生的基础上争取外援,我国迅速地掌握了尖端技术。实践证明,毛泽东和中共中央当时所确定的"自力更生为主,争取外援为辅"的方针不但是正确的,而且为我国的科技发展渡过难关起到了至关重要的作用。"两弹一星"的制造,需要各个部门的配合,促进了国民经济建设中大批新型原材料、仪器仪表和大型设备的发展,许多新生产部门和新兴学科由此建立和发展起来,对社会主义现代化建设也是一个巨大的推动。它不仅展现了社会主义制度在发展科技事业中的巨大优越性,也证明了毛泽东提出的在自力更生基础上争取外援是推动我国技术进步的正确思想。

三、改革开放时期中国化马克思主义技术进步思想的初步发展

为了满足社会主义建设和国家安全的需要,我国在一穷二白的基础上已经建立起了较为完整的工业体系,在摸索技术进步的过程中,以毛泽东同志为主要代表的中国共产党人提出了重视自然科学、向科学进军、开展技术革新和技术革命,以及在自力更生基础上争取外援以推进我国技术的方针和思想,中国化马克思主义技术进步思想得以产生和形成。

在 20 世纪涌起的全世界范围内的新科技革命的浪潮下,中国的技术进步事业面临着前所未有的机遇和挑战。世界各国和地区都在普遍加快科技

进步的步伐，着力提升本国的技术水平，以技术进步带动经济发展。直到20世纪70年代末期，我国的科技水平同发达国家相比还相当落后，也无法满足本国国民经济的发展需求。

20世纪80年代，随着改革开放的深入进行，我国的科学技术发展参与到国际大环境之中，开始面临国内经济发展和国际竞争两个方面的压力，为此，以邓小平同志为主要代表的中国共产党人结合中国特色，运用马克思主义的立场、观点和方法，对当代世界科技和经济发展趋势，以及我国技术进步事业推进中存在的问题进行审视和分析，及时提出了许多重要观点。邓小平通过研究当代社会生产力构成的深刻变化及中国社会实际，在凸显马克思主义提出的科学技术是生产力的基础上，具有建设性地提出了"科学技术就是第一生产力"的思想，并提出必须"尊重知识，尊重人才"和改革经济体制和科技体制等思想，在新的历史条件下发展了中国化马克思主义技术进步思想。

(一)科学技术是第一生产力

西方国家经历了20世纪六七十年代的黄金发展期，科学技术和经济社会均获得了巨大发展，与我们相邻的日本依托科技创新和国际贸易一跃成为世界第二大经济体，中国周边国家和地区也取得了长足的发展，经济社会不断进步，我们面临激烈的国际竞争。为了能够打破我国原有的科学事业发展的格局，并且开辟一条具有中国特色的现代化科学技术发展之路，邓小平提出了"科学技术就是第一生产力"的思想。邓小平指出，"从长远看，要注意教育和科学技术"，并提出马克思曾经说过科学技术是生产力，但是现在我们可以将这句话上升为"科学技术就是第一生产力"①。

① 《邓小平文选》(第三卷)，人民出版社，1993年，第274页。

邓小平有关科学技术就是第一生产力这个问题是时代的产物，它经历了从科学技术是生产力到科学技术是第一生产力的认识上的不断深化过程。在全国科学大会的开幕式上，邓小平明确指出，科学技术是生产力这一思想是马克思主义的基本观点。1980年，邓小平在《目前的形势和任务》中，明确提出，必须把科技发展放到首位，又在1982年提出，要想建设经济就必须发展科学技术，两者相互作用、相辅相成。1987年，党的十三大报告进一步强调，"使经济建设转到依靠科技进步和提高劳动者素质的轨道上来"，特别是在1988年和1989年间，邓小平明确提出了"科学技术是第一生产力"的思想，并在邓小平思想体系中得到肯定。

邓小平有关"科学技术是第一生产力"的思想，体现了近几十年来我国科学技术加速发展的态势，科学技术在社会经济发展中的地位被空前提高。20世纪，特别是第二次世界大战以来，科学技术发展迅速，科学技术知识按指数增长，新技术新产品的更新更是大有一日千里之势，旧的技术工艺不断为新的技术工艺所取代。科技成果商品化周期缩短，物化在商品中的科学技术含量不断提高。科技成果的转化周期，18世纪为100年；19世纪缩短为50年；第二次世界大战后缩短为7年；到1992年左右，一般只需要3~5年，甚至2~3年。科学技术的迅猛发展，从某种程度上也使得商品中的技术含量不断提升，在国民经济增长的过程中，科学技术所占比重也越来越高。正如邓小平所说的，无论是劳动生产率的提升还是社会生产力的提高，这一切都离不开科学技术的发展。[①]与此同时，面对着新科技革命浪潮的日益发展，邓小平指出："现代科学技术正在经历着一场伟大的革命。"[②]20世纪50年代以来，新材料技术、微电子技术、激光技术、生物技术、空间技术、海洋技术、新能源技术等迅速崛起，形成了以电子计算机为核心的高新技术群。发达国家强化

① 《邓小平文选》(第二卷)，人民出版社，1994年，第87页。

② 《邓小平文选》(第二卷)，人民出版社，1994年，第87页。

对高技术的投入,高新技术和产业在主要技术领域急速推进,保持着很高的发展势头,把发达国家与发展中国家原已存在的技术差距日益拉大。科学技术的社会功能越来越大,渗透各个领域并与它们发生越来越密切的关系,越来越深刻和广泛地影响和改变着人类的物质生活、社会生活和精神生活。因此邓小平特别强调,我们的同志“必须充分估计到现代科学技术的发展趋势”[①],他本人正是在洞察和透彻分析了现代社会经济、科技发展趋势的基础上,提出科学技术是第一生产力这一重要思想。

马克思主义的生产力学说为科学技术是第一生产力这一思想提供了理论基础,而现代社会经济、科技发展的新趋势,则为这一思想提供了强有力的事实依据。同时,邓小平提出的“科学技术是第一生产力”思想,也在一定程度上体现了当前社会经济和生产力发展的过程中科学技术所起到的重要作用及所占据的重要地位,同时也进一步诠释了马克思主义有关科学技术和生产力的学说。

(二)开放引进外国先进技术成果

20世纪七八十年代,同世界先进国家相比,我国科技落后状况是明显的。早在1977年5月,邓小平直言,就当前我国的科学技术和教育水平程度来看,相比较发达国家足足落后了二十年。[②]1978年,邓小平曾对当时我国的生产技术水平作出评价,他指出,当前我国的生产力水平仍然处于初级阶段,无论是农业的生产率还是钢铁工业的生产率都与发达国家相差甚远,尤其是新兴工业方面差距更大。[③]在1979年,邓小平又提出,我国现有的科学技术力量匮乏,从整体上看,要远远落后于先进国家二三十年。[④]特别是科研

① 《邓小平文选》(第二卷),人民出版社,1994年,第108页。
② 《邓小平文选》(第二卷),人民出版社,1994年,第40页。
③ 《邓小平文选》(第二卷),人民出版社,1994年,第90页。
④ 《邓小平文选》(第二卷),人民出版社,1994年,第163页。

人员数量很少。正如邓小平所言,“我国现在科研人员少,队伍小”,“美国科研队伍有 120 万人,苏联前年的资料是 90 万人,现在又增加了。我们是 20 多万人”。[①]在研制和采用新材料、新工艺方面,我国也相当落后。过去我们对诸如新型陶瓷、复合材料等材料技术不重视,甚至缺乏这方面的概念,造成原材料等基础工业落后。在现代化劳动手段方面也处于落后状态,许多工业企业的技术装备陈旧,仍是 20 世纪五六十年代的水平。邓小平以面向世界的战略眼光,同世界先进国家进行比较,实事求是地对我国的科技水平进行了客观认知。对于如何改变中国科技的落后面貌,促进我国的技术进步,邓小平提出,要利用对外开放的手段,通过对国外先进技术和科学管理方法的学习,加速我国科学技术的发展和现代化社会主义建设的进程。

20 世纪 80 年代,中国作为一个人口众多、经济文化基础薄弱的社会主义国家,虽然形成了比较完整的工业体系和国民经济体系,但还是面临着资源相对不足、资金严重短缺、科学技术和管理落后、企业经济效益低等许多困难。为此,单单依靠学习国外的先进经验和技术是远远不够的,还需要全国人民的共同努力。从某种程度上来说,无论是科学技术还是生产管理都是人类所共同拥有的财富, 适用于任何一个国家或社会。诚如邓小平所指出的,要想真正实现我们的第一步和第二步目标,首先必须走开放的路线,只有加强和国际之间的交往、引进国外的现金技术、先进经验,将这几点结合起来,才能够确保我国经济科技的可持续发展,这一切的基础就是要对外开放。[②]

我国实行对外开放政策,是党的十一届三中全会提出来的。为了适应现代化建设的需要,全会公报提出,首先要确保能够自力更生,同时尽量采用最先进的技术和设备,进而积极地开展与各国的合作和交流。邓小平所提出

① 《邓小平文选》(第二卷),人民出版社,1994 年,第 52 页。

② 邓小平:《建设有中国特色的社会主义》(增订本),人民出版社,1987 年,第 105 页。

的对外开放政策,无论是为我们学习先进的科学技术和管理方法,还是为改变落后的科技情况和经济情况,都提供了依据。通过对外开放,可以学习国外的先进技术成果和科学管理方法,缩短我国和其他发达国家在技术方面的差距,同时也有利于改善我国劳动生产率低下的现状。邓小平指出,实现四个现代化的很多条件在毛泽东时期并不具备,然而现在有了,中央就有必要也必须根据现有的条件去思考问题,只有这样才能够提出问题并解决问题。特别是毛泽东在世的时候,虽然我们有意愿,但没有条件去扩大对外的经济技术交流,以及发展同一些资本主义国家间的贸易关系,如今我们有这个条件了,就必须去发展。[①]因此,引进吸收国外的先进科学技术成果与科学管理方法,让它服务于社会主义的现代化建设,不仅是应该的,而且是必要的。

邓小平还提出了一系列开放引进的重大政策措施。一是要有计划地引进先进的科学技术成果。1975 年 8 月 18 日,邓小平在国务院讨论国家计委《关于加快工业发展的若干问题》时曾经明确提出,要想发展科学技术,就必须引进新技术和新设备,同时还应当扩大进出口规模,并要求加快工业化技术改造进程,进而从整体上提升劳动生产率。[②]后来又多次指出要引进先进的科学技术成果,并强调不能盲目引进,要“实行定任务、定人员、定数量、定质量、定时间等几定制度”[③],要加强对引进技术的宏观制度的制定及可行性科学论证,有计划、有步骤、有选择地开展技术引进工作。二是注重人才和智力的引进。为了解决当时人才严重短缺的问题,除了加强国内人才的培养外,邓小平还提出要争取从国外引进人才,在一次同中央负责同志的谈话过程中,邓小平提出,“我们要利用外国的智力,把外国人请来参加我们的重点

① 《邓小平文选》(第二卷),人民出版社,1994 年,第 234 页。
② 《邓小平文选》(第二卷),人民出版社,1994 年,第 29 页。
③ 《邓小平文选》(第二卷),人民出版社,1994 年,第 151 页。

建设以及各方面的建设,办教育,搞技术改造”,“请他们来,帮助解决一些问题,我们现在搞现代化建设,既缺少经验,又缺少知识,应该把他们请来帮助我们。外国人来了之后,应该很好发挥他们的作用”。[①]事实上,人才与智力的引进是一项更重要的引进,它将保持长久效益。三是引进科学的经营管理知识。20 世纪 80 年代,我国的社会主义现代化建设迫切需要科学的管理方法,而当时在发达资本主义国家已经积累了丰富的社会化大生产及把科技成果转化为现实的生产力方面的管理经验,因此,学习、引进科学的经营管理知识十分重要。

开放引进必须贯彻“自力更生为主,争取外援为辅”的指导方针。邓小平曾经不止一次提到过自力更生的方针,一方面,他的目的是发扬我国科技人才自主创新的精神;另一方面,也是希望通过开放引进和独立自主相结合,进一步发展我国的科学技术。为此,邓小平曾经指出,要想从根本上提升我国的科学技术水平,就必须提升我国科技人才自主创新的能力,也必须坚定走独立自主、自力更生的路线,即使有一天我国的科学技术达到了国际水平,我们还是要不断学习其他国家的长处,只有这样才能不断进步。[②]大力发展开放引进事业,是为了促进我国的科技事业,更快地搞好我国的建设。但是开放引进并不是一切依靠外援,如果没有自力更生的能力,只靠外援是不可能把我国的建设事业搞好的。因此,我们的开放引进,是建立在独立自主、自力更生原则基础上的。必须是以我为主,开放引进处于从属和补充的地位。贯彻“自力更生为主,争取外援为辅”的方针,就应该走新技术的引进与改造、创新相结合的道路。从外国引进新技术是完全必要的,但是不能照搬照抄,必须有所改造,有所创新;必须把推进技术进步的重点建立在自力更生的基础上;必须有分析有批判地学习外国经验。邓小平指出:“中国在经

① 邓小平:《建设有中国特色的社会主义》(增订本),人民出版社,1987 年,第 20 页。

② 《邓小平文选》(第二卷),人民出版社,1994 年,第 91 页。

济文化上落后，并不是一切都落后。一些外国在技术上管理上先进，并不是一切都先进。”[①]中国是发展中的社会主义国家，实行开放引进的目的是建设社会主义现代化，增强我国自力更生的能力，进一步巩固和完善社会主义制度。

1985年，《关于科学技术体制改革的决定》将“对外开放，走向世界”作为我国发展科学技术的一项长期的基本国策，据此，在我国科技合作及交流等方面始终坚持走“引进来”和“走出去”相结合的路线，同时也遵守国际上“平等互利，资源共享”的规则，形成了“以我为主、为我所用、互利共赢”和开放式技术进步的理念。

（三）改革科技体制，解放生产力

我国的科技体制是在20世纪50年代形成的。总体而言，50年代我国建立起来的经济体制和科技体制是基本适应我国生产力发展水平的。正因为如此，我们在很短的时间里，以较少的资金和比资本主义国家更快的速度建立了比较完整的工业体系和科研发展体系，拥有一支数量可观、实力雄厚的科技队伍，成功研制出以“两弹一星”为代表的一批高技术成果，在航天技术、核技术、计算机技术、农业科学等领域领先或接近世界先进水平。实践证明，我国的社会主义经济制度和科技制度是优越的，是具有生命力的。但是随着我国社会主义事业的发展，尤其是进入改革开放以来，经济体制和科技体制中存在的弊端也就日益暴露出来了。

新中国成立初期，我国经济、科技事业十分落后，科研机构的建立几乎是白手起家，建立科技体制是对苏联的科技体制进行照搬照抄。虽然这种体制在新中国成立初期一穷二白的情况下，对于集中资源和力量解决某些重

① 《邓小平文选》（第二卷），人民出版社，1994年，第337页。

大课题曾发挥过重大作用，但是随着我国社会主义事业的发展，这种体制的弊端也就越来越显现出来了。一是科学技术与经济、社会需要脱节，这种脱节反映在组织、规划、计划、人员、经费、管理等各个方面；二是科研效率低，机构重复、项目重复、资金分散、管理不当、部门垄断，这样有限的科研力量难以形成拳头，造成低水平重复劳动，导致科研效率低下；三是由于实行“大锅饭”，且由于“左”倾思想的干扰影响，长期把科技人员作为“非生产性的人员”，把科技事业当作“非生产性的消费事业”，知识得不到应有的尊重，科技人员地位低下，用非所学、用非所长，等等，科技人员的积极性受到抑制，作用不能充分发挥。因此，改革前的这种典型的科技行政化的科技体制，不能适应商品经济的发展，也不利于科学技术工作向经济建设方面展开，不利于将所得到的科学技术成果向生产力转换，更不利于科学技术自身的可持续发展。不改革这种科技体制，我国的科技事业和生产力水平想要迅速发展是不可能的。

1978年党的十一届三中全会后，我国从农村着手进行改革，然后向城市发展，逐渐进入全方位多层次的改革时期。1984年中共中央开始进行全面的经济体制改革，随着经济体制改革的发展和深化，科技体制改革迫在眉睫。邓小平指出，改革科技体制，是为了解放生产力。[①]从某种程度上而言，当前要想发展社会主义，重中之重是要发展社会生产力，然而对于发展社会生产力来说，其基础就是要将科技体制进行改革。从马克思主义理论中来看，无论是哪一种社会的变革，都离不开发展社会生产力，其中也离不开生产力和生产关系、经济基础与上层建筑之间的矛盾问题。当然，科技体制也是如此。从根本上说，改革科技体制为的就是能够解放生产力和劳动力。邓小平一直强调，“改革是中国发展生产力的必由之路”[②]，“经济体制，科技体制，这两方

① 《邓小平文选》(第三卷)，人民出版社，1993年，第108页。

② 邓小平：《建设有中国特色的社会主义》(增订本)，人民出版社，1987年，第116页。

面的改革都是为了解放生产力”[①]。邓小平认为，体制搞得合理，就可以调动积极性，而判断科技体制是否合理的标准有两条：是否有利于经济的发展；是否有利于技术的进步。依据这两条标准，我国旧有的科技体制，显然在许多方面都是不合理、不利于经济和科技可持续发展的，因此改革之路势在必行。

1985 年 3 月，在全国科技工作会议上，邓小平发表了题为《改革科技体制是为了解放生产力》的讲话，国家开启以改革拨款制度为起点的科技体制改革，以“稳住一头、放开一片”为指引，尝试通过改革运行机制、组织结构和人事制度，解决长期存在的科技、经济“两张皮”问题。同年 3 月 13 日，中共中央作出《关于科学技术体制改革的决定》，要求科学技术工作必须服务于“振兴经济、实现四化”的中心，并对运行机制、组织机构和人事制度三方面进行改革。自此，从 1978 年以来科技界自发进行的、探索试点的科技体制改革进入有领导的全面展开阶段。随后，通过设立科学基金、建设开放实验室、实施“国家高技术研究发展计划”（“863”计划）和“国家重点基础研究发展计划”（“973”计划）等一系列举措，建立起开放、竞争的科研资助体系，并以中国科学院的知识创新工程为试点，开始构建国家科研创新体系，在“对外开放，走向世界”成为中国发展科学技术的一项基本国策的基础上，探索并形成全方位、多层次的国际科技交流与合作新格局。

1987 年 1 月，国务院正式发布了《关于进一步推进科技体制改革的若干规定》，其中强调“科技与生产脱节的状况并未从根本上扭转”，在分析科技体制存在的若干问题的基础上，提出要“放活”科研机构和科技人员。次年 5 月 3 日，在《国务院关于深化科技体制改革若干问题的决定》中再一次强调了“科技长入经济”的思想，鼓励科研机构引入竞争机制，发展成新型的科研生产经营实体；对科研机构及相关人员进行相应的政治和物质鼓励，以此来

① 国家经济体制改革委员会编：《中国经济体制改革十年》，经济管理出版社，1988 年，第 55 页。

提升他们为社会和科学进步努力的动力。

科技体制改革成效显著。在科技体制改革进行了十多年之后,我国的科技体制发生了很大的变化:一是科技拨款制度改革了,从某种程度上来说,正是由于拨款制度改革的开展,彻底打破了原有科研机构经费只是由国家包揽的格局,也进一步提高了科研机构的活跃度,使一大批技术开发型科研机构转变运行机制,走出封闭状态,主动奔赴经济建设主战场,加强与大中企业的联合,从单纯的科研型向科研、生产、经营一体化的技术实体发展。二是技术市场的改革,《国务院关于深化科技体制改革若干问题的决定》指出,要促进技术成果的商品化,开拓技术市场,从而能够进一步与我国的社会主义商品经济发展相适应。尤其是近年来我国经济和科技体制的不断深化改革,技术是生产力并可作为特殊商品,被越来越多的人所承认。正是由于受到"放开、搞活、扶植、引导"方针的影响,我国的技术市场才得以不断开放、不断发展。就当前我国社会主义市场体系来看,技术市场已然成为市场体系的中流砥柱,发挥着联结科学技术与经济、社会发展的纽带作用,成为科技成果进入物质生产领域的桥梁。三是科技人才管理制度的改革。科技人才制度的改革激励了科技人员的积极性,使广大科技工作者在科技发展和经济建设的主战场上发挥了很大的作用。四是科研与生产联合组织出现。各种各样的联合组织开始建立,对推进科技体制改革,开拓技术市场,促进科技成果商品化及繁荣科技与经济,起到了积极作用。五是民办科技实业的兴起。民办科技实业是党的十一届三中全会以后,在我国科技战线上兴起的一支新生力量。1987 年 2 月,国家科委委托中国科协召开了"民办科技实业家座谈会",中央肯定了民办科技实业的重要作用,使更多的科技人员受到鼓舞,并组织他们从人才积压的地方走出来,到社会上去,创办科技先导型企业或民办科技机构。六是扩大了中外科技合作。在改革开放方针的指引下,我国的国际科技合作取得了显著成效,形成了多层次、多渠道、多形式的全方位科技合作与交流关系。据国家科委国际合作组织介绍,1990年,我国官方和民间对外开放科技合作与交流项目为12800多项,人员往来47800多人次,比1978年分别增长了11倍和7.5倍。国际合作与交流在我国社会主义建设和发展对外关系中发挥了重要作用。

邓小平的科技体制改革思想与他的其他思想一样,是马克思主义结合了我国特色国情发展的结果,同时也已经在当前我国科学社会主义中根深蒂固,是指导我们进行现代化建设的强大理论支持,无论是对于我国技术的进步还是生产力的发展,都发挥着至关重要的作用。

(四)尊重人才,重视教育

以邓小平同志为主要代表的中国共产党人多年来为我国知识分子政策的落实和科技队伍的建设倾注了大量的心血,提出了许多真知灼见,作出了重要的贡献。邓小平关于尊重人才、重视教育的思想内容十分丰富,对知识分子问题和科技人才问题的论述集中而深刻,富有时代特色。

1.尊重知识、尊重人才

"尊重知识、尊重人才"是新时期邓小平人才与教育思想的核心。知识和人才,是人类文明的宝贵财富,在社会历史发展的漫长进程中发挥着特殊的重要作用。在我国社会主义条件下进行现代化建设,大力发展社会生产力,向新科技革命进军,尤其需要知识和人才。"文化大革命"之后,邓小平针对知识和人才仍得不到应有重视的情况,向全社会发起呼吁。所谓"尊重知识、尊重人才",就是要在各行各业乃至整个社会中提高知识、人才的政治地位和社会地位,进而在全社会形成一种良好的风气,让越来越多的人开始重视人才、珍惜人才,为科学文化的发展和运用、人才的成长和使用创造良好的条件。1984年10月22日,邓小平在中顾委第三次会议上的讲话中指出,《关于经济体制改革的决定》十条中最重要的就是第九条,而这一条用八个字就可以完全总结，即“尊重知识、尊重人才”，从中可以看出知识和人才所起到的决定性作用。[①]在邓小平看来，完全可以将“尊重知识、尊重人才”放在关系到四化建设成败的战略高度来认识。邓小平的这一重要思想，成为新时期党中央关于知识分子问题的一条重要方针。

知识分子是组成工人阶级的一部分。着眼于“尊重知识、尊重人才”的角度，邓小平挺身而出，拨乱反正，坚决推翻了“四人帮”强加在广大知识分子头上的“两个估计”[②]，为知识分子恢复了应有的政治名誉。由于在“文化大革命”时期对知识分子的不正确对待，很多人看不起知识分子，甚至将知识分子归类为资产阶级分子，一度使知识分子的社会地位极低，也间接使得科教事业受到严重的影响。在 1978 年 3 月 18 日的全国科学大会上，邓小平将当代知识分子阶级属性这一重要问题提出来，并有针对性地回答了这个问题，邓小平一针见血地指出，很多知识分子都是工人阶级和劳动人民的知识分子，换句话说，知识分子完全是工人阶级的一部分。[③]毫不夸张地说，正是由于邓小平的言论，极大程度地加速了科教战线的拨乱反正的发展，同时也进一步落实了关于知识分子的政策，把广大知识分子从沉重的精神枷锁中解脱出来，充分调动了广大知识分子的积极性和创造性，为新时期科技、教育事业新局面的开创奠定了良好的基础。

2.科技人才的培养，基础在教育

邓小平一贯重视人才的作用。1985 年 3 月 7 日，他在全国科技工作会议上指出，无论是经济体制的改革还是科技体制的改革，重中之重就是人才。[④]

---

① 邓小平：《建设有中国特色的社会主义》（增订本），人民出版社，1987 年，第 78 页。

② 1971 年“四人帮”在其炮制的《全国教育工作会议纪要》中，对知识分子状况提出了所谓的“两个估计”，即“文化大革命”前 17 年教育战线是资产阶级专了无产阶级的政，是“黑线专政”；知识分子的大多数世界观基本上是资产阶级的，是资产阶级的知识分子。这“两个估计”，严重挫伤了广大知识分子的自尊心和积极性。

③ 《邓小平文选》（第二卷），人民出版社，1994 年，第 89 页。

④ 《教育改革重要文献选编》，人民教育出版社，1986 年，第 124 页。

邓小平在人才方面的重视程度，是基于对人才在发展科学技术中的关键作用和增强国力中的战略地位的深刻剖析。邓小平还说，只有真正地依靠知识、依靠人才，才能够真正地实现现代化。[①]邓小平曾说："我们国家国力的强弱，经济后劲的大小，越来越取决于劳动者的素质，取决于知识分子的数量和质量。"[②]可见，在邓小平看来，一个国家综合实力的高低不单单是看经济实力，更多的要看劳动者的素质及知识分子的能力。

邓小平在有关科技进步的思想中，认为教育无疑是最重要的一个方面。邓小平把教育看成实现四个现代化的前提和基础。他明确提出，所谓的四个现代化，最重要的就是科学技术的现代化[③]，然而要想培养科技人才，教育是最基础的工作[④]，"不抓科学、教育，四个现代化就没有希望，就成为一句空话"[⑤]。可见，教育在现代化建设全局中的地位和作用是举足轻重的。邓小平曾经明确说过，要想真正实现现代化，就必须发展科学技术，而发展科学技术的基础就是教育。[⑥]同时他还强调，在我国，要想把科技发展得更好，就必须保证科研团队人员的素质，因此一定要保障教育的质量。[⑦]综观我国教育与世界教育先进水平的差距，邓小平向全党全国人民发出号召："教育要狠狠地抓一下，一直抓它十年八年。我是要一直抓下去的。"[⑧]他教导各级党政领导干部要把教育和经济放到同样的水平去重视。[⑨]同时他也指出，如果一个领导者无视教育的重要性，是无法将现代化建设进行下去的。[⑩]邓小平高度评价教

① 《邓小平文选》(第二卷)，人民出版社，1994 年，第 40 页。
② 《邓小平文选》(第三卷)，人民出版社，1993 年，第 120 页。
③ 《邓小平文选》(第二卷)，人民出版社，1994年，第 86 页。
④ 《邓小平文选》(第二卷)，人民出版社，1994年，第 95 页。
⑤ 《邓小平文选》(第二卷)，人民出版社，1994年，第 68 页。
⑥ 《邓小平文选》(第二卷)，人民出版社，1994年，第 40 页。
⑦ 《邓小平文选》(第二卷)，人民出版社，1994年，第 50 页。
⑧ 《邓小平文选》(第二卷)，人民出版社，1994年，第 70 页。
⑨ 国家教育委员会政策研究室编：《教育体制改革文献选编》，教育科学出版社，1985 年，第 18 页。
⑩ 国家教育委员会政策研究室编：《教育体制改革文献选编》，教育科学出版社，1985 年，第 18 页。

育的作用,并把教育摆在实现现代化的发展战略的地位,这在党的历史上还是第一次。随着科学技术和经济建设的迅猛发展,新的历史条件对教育提出了更高的要求,在教育及其与生产劳动结合的内容和方法上,都必须加以改革,有所创新。“教育要面向现代化,面向世界,面向未来”就是 1983 年 10 月邓小平为景山学校所题。[①]“教育要面向现代化”,主要是讲教育要同现代化建设的要求相适应;“教育要面向世界”,主要是讲教育要学习外国教育的先进经验,要赶超世界先进水平;“教育要面向未来”,主要是讲教育不仅要满足当前社会对人才的需要,而且还要着眼于未来社会的需要。这“三个面向”是邓小平教育思想的核心和精髓,它集中地体现了党在新的历史时期教育事业发展的战略思想,是我国教育改革的根本指导方针,为教育工作开创新局面指明了方向。

3.建设又红又专的科学技术队伍

邓小平对技术进步事业的重视,还表现在他对科技队伍建设无微不至的关怀上。新中国成立后,我们依靠自己的力量建立了一支初具规模的科技队伍,但是由于我国科技基础薄弱,人才还比较缺乏,无论是从科教队伍的建设还是科学技术发展的现状来看,我国仍和发达国家存在较大的差距。表现为科技人员数量较少,素质不高;结构不合理,缺乏新兴学科人员;科技人才管理制度不健全,措施不当,进而出现人才外流的情况。面对这种情况,邓小平指出,面对科学技术现代化的挑战,我们必须确保有一支强大又稳定的队伍,要确保在这支队伍里人才的素质,而怎样才能建设好这支队伍,是我们面临的重要挑战。[②]在宏观方面,邓小平提出了要建设一支又红又专的科学技术人才大军的战略目标,指明了我国科技队伍建设的努力方向。首先,邓小平强调了“又红又专”的观点,确立了社会主义科技人才标准,对科技人

① 邓小平:《建设有中国特色的社会主义》(增订本),人民出版社,1987 年,第 21 页。

② 《邓小平文选》(第二卷),人民出版社,1994 年,第 91 页。

才的素质提出了全面的要求,为科技人员的成长确立了追求的目标。其次,邓小平提出,要多出、早出、快出人才。邓小平指出,我们“缺乏专业知识、专业能力的干部太多,具有专业知识、专业能力的干部太少”[①]。根据科学技术发展和现代化建设的需要,我们要造就一支宏大的能适应各个层次、各种行业、各种门类的科技人才队伍。

邓小平还就怎样培养和吸引人才,以及如何改善科技人员生活条件和工作条件等有关问题提出了一系列解决办法和具体要求。一是打破常规去发现、选拔和培养杰出人才。邓小平强调,“必须打破常规”去发现和选拔人才,要求我们从旧的传统观念和习惯中解放出来,冲破旧的人才管理体制的束缚,不拘一格,大胆选拔、使用有真才实学的科技人才。二是改善科技人员的工作和生活条件。邓小平对科技人员的工作和生活十分关心,多次提出要改善科技人员和其他知识分子的工作和生活条件。1980 年 1 月 16 日,邓小平在一次中央召集的干部会议上讲到选拔、培养专业人才时指出,这些专业人才“工作条件太差,待遇太低,他们的作用不能充分地发挥出来”[②],这个问题应该引起国家的高度重视。国家应该为他们创造条件,从根本上帮他们解决实际存在的问题。[③]要改善科技人员的工作条件,解决科技人员的后顾之忧,让他们能够全身心地投入工作中。除此之外,他还指出,要办好学术刊物,要保证科技人员把最大的精力放到科学技术工作上去;并要改善科技人员的生活条件,帮助科技人员解决生活上的困难。三是抓好科技人才的使用、交流和引进。建设一支宏大的科学技术队伍是一项综合性的系统工程。除了要不拘一格地去发现和选拔杰出人才外,大量的工作就是要充分利用现有的智力资源,合理使用现有的科技人才,并根据需要适当引进国外人

① 《邓小平文选》(第二卷),人民出版社,1994 年,第 263 页。
② 《邓小平文选》(第二卷),人民出版社,1994 年,第 265 页。
③ 《邓小平文选》(第二卷),人民出版社,1994 年,第 56 页。

才,通过多种形式、多种渠道、多种方法来建设我们的科学技术队伍。要注重对已有科技人才的使用,实行人才交流,真正做到人尽其用。邓小平指出,要利用外国智力,请一些外国人来参加我们的重点建设及各方面的建设。不要怕请外国人多花了几个钱。请来之后,应该很好地发挥他们的作用。要扩大对外开放,我们可以同西欧国家和东欧国家都搞技术合作。[①]以邓小平的人才交流思想为基础,1983 年 7 月,国务院颁布了《国务院关于科技人员合理流动的若干规定》(国发〔1983〕111 号),开始了大胆的人才交流实践,各地政府都成立了人才交流服务机构,大大促进了人才的流动和合理使用,使各地区、各行业、各部门的人才布局和智力结构日趋合理,使现有人才的利用率大大提高,从而推动科学技术和经济建设的进一步发展。

在新技术革命迅猛发展的新形势下,学习邓小平的科学技术人才与教育思想,对于我们掌握向新科技革命进军的强大思想武器,认真落实知识分子有关政策,切实做好培养和使用科技人才的工作,推进我国科学技术发展,起到了至关重要的作用。

四、扩大开放时期中国化马克思主义技术进步思想的深化发展

进入 20 世纪 90 年代后期,科学技术迅猛发展,世界范围内的生产力发展出现了许多新的特征,生产发展科技化、科技发展信息化等趋势日益明显。人类已经进入知识经济新时代,也正在经历一场前所未有的科学技术革命。科技的进步和创新日益成为经济增长的主要推动力,科技实力成为决定综合国力和国际地位的重要因素。综观全球,无论是大国还是小国都在加速部署本国的科技发展战略,抢占科技和产业的制高点。经过了十年的改革开

① 《邓小平文选》(第三卷),人民出版社,1993 年,第 32 页。

放，我国的科学技术水平得到不断提高，经济稳步发展，积累了一定的科技与经济的基础。为了应对发达国家在经济与科技上的优势带来的压力，解决我国经济和社会发展中的突出问题，加快中国技术进步的速度，紧跟世界先进技术的脚步，以江泽民同志和胡锦涛同志为主要代表的中国共产党人相继提出了科教兴国、建设创新型国家等先进的技术进步思想，也在深化具有中国特色的马克思主义技术进步思想上迈出了重要的一步。

（一）提出科教兴国战略

以江泽民同志为主要代表的中国共产党人长期关注科学技术相关工作，同时在科技工作方面也有着深厚的工作经验，并且他时刻关注着世界科技革命发展的趋势，对世界科技发展的趋势和我国科技发展的状况有着敏锐的洞察和深刻的了解。他能够从世界的角度着眼，精准地分析当前世界科技发展的局势，江泽民曾指出，要想实现祖国富强和民族复兴，就必须加快科技发展的脚步，同时开展科技创新的工作，全面实施科教兴国战略，确保科技发展走在时代的前沿。[①]江泽民着眼于我国国情和科技发展状况，提出了科教兴国战略，并对如何实施科教兴国战略这一重大问题进行了不懈的探索和努力，充分利用马克思主义基本原理展开对科学技术工作的研究，进而深入开展科研工作，并有针对性地提出有关科技进步和创新的一系列措施办法。

1.科教兴国战略的提出

江泽民通过把握20世纪90年代以来世界科技、经济发展状况，认识到世界科技革命正在形成新的高潮，综观很多国家，尤其是一些发达国家，都在加大对科技和经济的战略部署，同时也在通过科技和经济提升本国的综

① 江泽民：《论科学技术》，中央文献出版社，2001年，第146页。

合国力,国际竞争愈演愈烈。[①]面对这样的世界潮流和经济发展情况,以江泽民同志为主要代表的中国共产党人提出了科教兴国战略。

科教兴国战略的提出，是建立在江泽民对科技的重要性的清晰认识基础上的。江泽民对科技进步予以极高的重视,1989 年,江泽民刚到中央主持工作,在国家科学技术奖励大会上,他明确提出,在当今社会,科技的进步无论是对于社会生产力的发展还是人类生活的进步都起到了重要作用，同时强调,率先开展科学技术工作是必须坚持的战略决策,经济效益和社会效益的提高必须通过技术进步来实现[②],并在之后的讲话中对此多次强调。1991 年,我国科学技术协会的第四次全国代表大会在北京召开,江泽民在会议上说:“把经济建设进一步转移到依靠科技进步和提高劳动者素质的轨道上来。”[③]江泽民深刻认识到科技的进步和劳动者素质的提高都离不开教育的支撑,因此在党的十四大报告中,江泽民指出,要想实现我国现代化的目的,首要工作就是要发展教育,提升全国各族人民的思想道德及科学文化水平。[④]至此,科技和教育优先发展的战略地位被作为全党共识进一步确定下来。

1995 年的全国科学技术大会上，江泽民正式提出了将科教兴国作为国家战略予以开展的重要决定。在此次科学技术大会上,江泽民进一步解释了科教兴国的相关内容，以及今后开展工作中所需要把握的重要问题。他强调,所谓科教兴国就是将科学技术是第一生产力思想的全面落实,必须把教育放在基础性地位,经济和社会的发展必须建立在科技和教育的进步上。只有科技进步，人民的科技文化素质在教育中普遍提高，社会生产力才能提高,国家的繁荣强盛才能以更快的速度得到实现。[⑤]

---

① 江泽民:《论科学技术》,中央文献出版社,2001 年,第 50 页。

② 江泽民:《论科学技术》,中央文献出版社,2001 年,第 2~3 页。

③ 江泽民:《论科学技术》,中央文献出版社,2001 年,第 21 页。

④ 江泽民:《论科学技术》,中央文献出版社,2001 年,第 35 页。

⑤ 江泽民:《论科学技术》,中央文献出版社,2001 年,第 51 页。

实施科教兴国战略必须大力开展教育工作。对于科技竞争来说,其根本就是人才的竞争,而教育则是人才竞争的基石。教育对于科学技术的积累、创新及转换都提供了基本的人才和智力保证。在党的十六大报告中,江泽民强调说:“教育是发展科学技术和培养人才的基础,在现代化技术中具有先导性全局性作用,必须摆在优先发展的战略地位。”[①]并要求科教兴国战略还必须推进素质教育,教育要“以提高国民素质为根本宗旨”[②],并要不断优化教育结构,进行教育创新。

大力开展科教兴国战略,无论是对发展现代化社会主义还是民族复兴都发挥着重要作用,同时也是深入贯彻落实科学技术是第一生产力的重要举措,符合时代的发展要求和中国参与国际竞争的需要,也是我国国民经济持续快速健康发展的保证。

江泽民还指出科教兴国战略的开展,工程无疑是烦琐也是重大的,它需要集合科学、教育、经济及很多部门之间的共同协调配合。他强调,全社会的关心和努力是保障科教兴国战略实施的重要基础,在当前党和政府的工作中,要加大对科教事业的投入,提升科教兴国的战略地位;要深化教育体制改革,进一步发展民办教育事业,提倡社会各界都应该重视对各类学校的创办,积极投身教育事业的改革和发展中去;同时,要加大生产与教学相结合,增强创新能力。要想实施科教兴国,人才无疑是基础,要不断提升劳动者的素质和能力,培养创新型人才。

2.重视科普工作

加强科技普及工作,是江泽民技术进步思想的重要内容。科技普及,是用一种民众能够理解的方式进行科学知识的传授,同时鼓励大众注重科学

---

① 江泽民:《全面建设小康社会,开创中国特色社会主义事业新局面》,人民出版社,2002年,第30页。

② 中共中央文献室编:《十五大以来重要文献选编》(中),人民出版社,2001年,第879页。

知识,学习科学技术,倡导科学思想。实施科教兴国战略,必须大力加强和改进科技普及工作,切实提高全民族科技意识和科技素质。江泽民多次强调创新的重要性,同时指出,在科技创新的同时,科学普及工作也是社会发展的重要内容和前提。①

科普工作是科教兴国战略的基本建设。大力加强科普工作,对于中国的科技创新工作既是一种支撑,同时又是鼓励,是我国实现科教兴国的重要内容,在实施科教兴国战略的过程中,这也是基础和保障。从世界的发展历史上来看,科技的力量与科普相辅相成,缺少科学知识的普及,科技也很难得到发展, 而科普的推广也是建立在科技发展基础上的。想要发挥科技的力量,提升生产力,就要不断提高科学创新技术,提升创新创造能力。同时,科学技术的发展也要以社会的基本环境为前提,一个重视科学知识、提倡科技创新的社会环境能够促进科学成果的诞生和科学技术的转化; 科学技术的提升也需要良好的科学素养及具有创新素质的科技人才, 这些都要以民众对科技的理解、提倡程度为基础。人民更加注重科技,才更有利于培养具有创新精神的科技人才,国家才能具有科技力量,进而促进社会的进步、民生的发展。

江泽民多次说过, 科普工作是中国进行社会建设和社会发展过程中的关键,要将其作为重要内容,切实加强起来。②如今,科学的力量已经不言而喻,在社会主义现代化建设的关键时期,我们更应该明白科技的重要性,不断鼓励对科技的探索、对科学技术知识的追求,在中华民族的精神中不断注入科技思想。正如江泽民指出的:科学普及工作,是一项社会系统工程,涉及经济、教育、科技、文化和社会发展的各个方面,其行为主体不同,工作对象各异。要在全社会范围内进行科学知识和科学精神的传播,让民众了解科学

① 江泽民:《论科学技术》,中央文献出版社,2001 年,第 141 页。

② 江泽民:《论科学技术》,中央文献出版社,2001 年,第 174~175 页。

精神,学习科学方法,需要组织和动员全社会的力量共同参与。因此,江泽民提出,"科教兴国,全社会都要参与"[①],要求全社会都要共同努力做好科普工作,并强调科技人员作为科学研究的实践者,科技知识、科学思想的生产者,要做科普工作的排头兵。

3.重视提高技术创新能力

科技创新是江泽民科技思想的核心。江泽民敏锐地意识到,如今世界的竞争局势已经不再是人口与武器的竞争，科技创新已经成为竞争的主要因素。1995 年江泽民就在科技大会上提出,"创新是一个民族进步的灵魂,是国家兴旺发达的不竭动力","一个没有创新能力的民族,难以屹立于世界先进民族之林"[②]。江泽民将创新的重要性做了战略高度的阐释,这在中国历史上是从未有过的,从此,科技创新的重要性不断得到强调,同时,关于科技创新的战略思想也不断提升。

20 世纪 90 年代，技术创新已经成为世界各国参与国际竞争的主要战略,科技实力、科技产业化能力决定了一国在国际中的经济实力,发达国家之所以能实现国家的快速发展，科技创新的能力以及经济的高速发展是必不可少的,始终主宰着世界经济的发展方向。而我国同发达国家相比,经济和科技实力都存在很大的差距。为此,江泽民提出,要"抓住技术进步和产业升级这个关键环节","用先进技术改造传统产品,增加品种,改进质量,提高效益,同时要大力向新兴产业和高技术产业进军,努力掌握核心技术,占领技术制高点","要引进、消化、吸收世界前沿科学技术,同时也要提高自主研发创新能力,鼓励有自主知识产权的技术开发项目和高技术产业化项目"。[③]我国作为发展中国家,要想摆脱在国际经济和科技竞争中的不利局面,必须

① 江泽民:《论科学技术》,中央文献出版社,2001 年,第 178 页。
② 江泽民:《论科学技术》,中央文献出版社,2001 年,第 55 页。
③ 江泽民:《论科学技术》,中央文献出版社,2001 年,第 138~139 页。

实施以技术创新为重点的发展战略，从而实现国民经济持续、快速、健康发展。对此，江泽民提出，要“增强自主创新能力，实现技术发展的跨越”[①]，并指出“基础研究和高技术前沿的创新探索，是科技进步的先导与源泉”[②]。江泽民对我国的科技创新事业提出了明确的要求，指出在面对发展机遇的同时，不断提升科技创新能力，才能为我国的经济、科技、国防、民生等各方面作出贡献。要自主进行课题攻关，在科学上不断进取、不断发现，技术上有所突破，为我国的科技强国之路奠定基础，在人才培养上，也要注重创新能力的锻炼。

江泽民对建立国家创新体系，迎接知识经济时代的挑战十分关注。建立适应科学技术发展创新体系对加强科技创新具有关键作用。江泽民在党的十六大报告中提出，要“推进国家创新体系建设”[③]，同时多次提出，中国要在科技创新上走出自己的路，要形成具有中国特色的创新体系。1998 年 6 月，在接见出席中国科学院第九次院士大会和中国工程院第四次院士大会的部分院士与外籍院士时，江泽民再一次强调建立国家创新体系的重要性，指出加快建立中国特色的创新体系，走出具有中国特色的创新之路，全面提升科技创新能力至关重要。[④]1998 年 8 月，国务院正式启动“知识创新工程”。为建设我国科技创新体系，此前国家经贸委、国家科委（现为科技部）开展了“技术创新工程”建设，国家教委（现为教育部）开展了“211 工程”建设。“知识创新工程”是党的第三代中央领导集体实施科教兴国战略的又一重大举措。江泽民提出，建设国家创新体系，能够在进行科技研发时提供保障，能够与社会主义市场相适应，引入市场机制，促进技术创新和科技成果转化为现实生产力。

---

① 江泽民:《论科学技术》,中央文献出版社,2001 年,第 151 页。

② 江泽民:《论科学技术》,中央文献出版社,2001 年,第 150~151 页。

③ 江泽民:《全面建设小康社会,开创中国特色社会主义事业新局面》,人民出版社,2002 年,第 22 页。

④ 江泽民:《论科学技术》,中央文献出版社,2001 年,第 107 页。

(二)提出建设自主创新型国家

21世纪，经济发展与科学技术竞争全球化，科学领域不断出现新的发展、技术领域不断出现新的突破,也在各个领域内实现了重大突破,实现了创新成果的转化。不论是经济发展还是社会进步,科技创新的作用越来越重要。西方发达国家依然在科技上占据着主导优势,控制着重要的科技资源。与此同时,改革开放以来,我国在各个方面都飞速发展,成绩斐然,但在国际竞争中,我国科技力量仍然较为薄弱,科技和社会发展都面临严峻的现实:经济增长方式仍然是粗放型的,资源能源消耗过度,浪费严重,环境污染更是大问题;缺少高技术产业,自主创新能力亟待加强,企业缺乏核心竞争力。

胡锦涛及时把握世界经济和科技发展的新情况、新特点,同时在对我国科技经济发展情况的清晰认知基础上,提出了以科学发展观为指导,提高自主创新能力和重点领域实现跨越式发展等一系列建设创新型国家的重要措施,为走中国特色自主创新道路和建设创新型国家提供了思想理论指导。

1.以科学发展观指导技术创新

胡锦涛对国际国内的形势进行了准确的把握,认为当今世界,科学技术正在酝酿着新的重大突破，一场新的科技革命和产业革命正在不断发展形成。能否在这次革命到来之前把握住机会,提升我国的科技创新水平,是为全面建设小康社会,加快建设社会主义现代化进程的关键。[①]面对严峻的世界科技形势,以及我国发展所面临的困难,胡锦涛强调,必须使我国在科技创新发展道路上实现跨越式发展,大幅提升创新能力,提高生产力,胡锦涛指出:“我们必须认清形势,居安思危,奋起直追,按照科学发展观的要求,加

① 《胡锦涛文选》(第二卷),人民出版社,2006年,第178页。

快发展我国的科学技术。”[①]

科学发展观是“坚持以人为本,全面、协调、可持续的发展观”,是党的十六大以来，以胡锦涛同志为主要代表的中国共产党人立足我国基本国情和国际国内的科技经济发展形势提出的重大战略思想。

必须加强能源领域的科技进步和创新，建立节约型社会，保护生态环境。我国经济社会建设的迅速向前发展,对能源资源的需求量异常巨大,在资源短缺能源危机的国际大背景下,我们必须大力发展资源能源技术,为我国的发展提供资源能源支撑。为此,胡锦涛呼吁:“要大力加强能源领域科技进步和创新”“为建立节约型社会提供技术保证”。[②]与此同时,胡锦涛特别强调,在开发利用资源能源的过程中,要处理好与生态环境的关系。胡锦涛针对环境保护问题在“两院”大会上指出,环境保护工作是中国发展的重要一环,而生态环境保护的科学技术是实现生态发展、绿色发展的重要保障。对于环境演变的过程要进行研究,在监测、保护、治理等方面要具有相关的科技技术,能够应对气候问题,提高灾害的预报、防护和救灾能力。在生态环境保护方面,要避免生态系统的破坏,提高其修复和保护能力,阻止生态恶化的情况,构建和谐的生态环境。在污染治理方面,要从源头入手,节能减排,保护各种资源,还原生态体系,保护其自我修复能力,构建生态、环境、资源都能够可持续发展的社会体系。[③]在党的十七大报告中胡锦涛又强调,要“加强能源资源节约和生态环境保护,增强可持续发展能力”[④]。胡锦涛深刻认识到粗放型发展方式给资源环境带来的压力和不可持续危险,并反复强调,要加快推进节能减排,加快企业节能降耗技术改造,加强节能减排重点工程建

① 胡锦涛:《充分发挥科技进步和创新的巨大作用，更好地推进我国社会主义现代化建设》,《人民日报》,2004年12月29日。

② 《胡锦涛文选》(第二卷),人民出版社,2006年,第191页。

③ 《胡锦涛文选》(第三卷),人民出版社,2006年,第405~406页。

④ 《胡锦涛文选》(第二卷),人民出版社,2006年,第631页。

设,全面推行清洁生产和节能技术,抓紧淘汰落后生产能力。要加快污染防治,加强水污染、大气污染、固体废物污染防治,加快生产技术的提升和生产体系的升级,建立资源节约型发展途径,研究开发资源节约集约使用技术,发展循环经济、绿色经济、低碳经济。[①]以此实现我国经济社会的持续健康发展。

胡锦涛提出科学发展观的题中应有之义是要求我国经济实现又好又快发展。支撑又好又快发展,关键要在转变增长方式上狠下功夫,当前特别是要在增强自主创新能力和节能降耗、保护生态环境方面迈出实质性步伐。因此,必须以技术进步为支撑,加快经济发展方式转变,推进产业结构调整。对此,胡锦涛作出了明确的要求,包括:要加快推进传统产业技术改造,认真落实产业调整振兴规划,以改造和提升传统产业为重点,鼓励企业使用新技术、新工艺、新材料、新设备,加快产业信息系统建设,推动传统产业进行不断改进和优化;要加快建设创新创业集聚和引领,把发展战略性新兴产业作为产业结构优化升级的重点,找准国际产业发展新方向,加快发展新能源、节能环保、新材料、新医药、生物育种、信息网络、新能源汽车等产业,加强空间、海洋、地壳深部研究和资源开发利用工作,着力培育新的经济增长点[②],并强调要加快经济发展方式转变和经济结构调整,加大科技研发力度,努力突破制约产业转型升级的核心和关键技术,发展高新技术产业,加快用高新技术和先进适用技术改造提升传统产业,发挥科技创新对加快经济发展方式转变和经济结构调整的支撑作用。[③]

2.走中国特色自主创新道路

21 世纪是科学技术迅速发展的世纪,我们要在本世纪实现民族振兴的

---

① 《胡锦涛文选》(第二卷),人民出版社,2006 年,第 352 页。

② 《胡锦涛文选》(第三卷),人民出版社,2006 年,第 347 页。

③ 《胡锦涛文选》(第三卷),人民出版社,2006 年,第 277 页。

伟大目标，就必须依靠自主创新，在高科技领域进行突破，使我国科学技术在更多的领域实现跨越式发展。胡锦涛多次指出，中国要想在激烈的竞争中取得优势，自主创新能力是核心。在未来不断发展的过程中，最首要的也是提高自主创新能力，这是我们应对挑战和实现创新科技强国的必经之路[①]，并强调在中国发展战略的制定上必须把创新型科技放在重要位置。[②]2005年10月，在党的十六届五中全会第二次会议上，胡锦涛又指出，要努力建设创新型国家，我国科技的发展、经济结构的调整、经济增长方式的转变，都需要自主创新能力的增强，我们必须大力提高原始性创新能力、集成创新能力和引进消化吸收再创新能力，努力走出一条具有中国特色的科技创新之路。[③]胡锦涛在党的十七大报告中明确指出："提高自主创新能力，建设创新型国家。这是国家发展战略的核心，是提高综合国力的关键。"[④]

自主创新能力的提升是走中国特色自主创新道路的核心和关键。胡锦涛指出："加快经济发展方式转变，根本出路在自主创新。"[⑤]走中国特色自主创新道路，选准方向和目标非常重要，必须在关键领域上进行突破性发展。为此，胡锦涛指出，我们必须坚持在工作过程中有所选择，重点突出，能够在与中国经济社会发展、国家安全、人民生命健康和大环境有关的若干领域进行跨越式发展，掌握前沿，掌握核心技术，不断拥有自主知识产权。[⑥]要实现跨越式发展，我国必须坚持重点发展、重点突破、重点跨越原则，必须加大支持在信息、生物、能源、纳米技术和材料等关键领域开展重大科学技术研究，不断增强战略性科技能力的提升，促进其产业发展。只有具备自主创新的能

① 《胡锦涛文选》(第二卷)，人民出版社，2006年，第404页。
② 《十六大以来重要文献选编》(下卷)，人民出版社，2006年，第62页。
③ 《十六大以来重要文献选编》(中卷)，人民出版社，2006年，第1094页。
④ 《胡锦涛文选》(第二卷)，人民出版社，2006年，第629页。
⑤ 《胡锦涛文选》(第三卷)，人民出版社，2006年，第347页。
⑥ 《十六大以来重要文献选编》(下卷)，人民出版社，2006年，第119页。

力，才能够突破限制，把握机会，营造产业的发展与转型。

自主创新能力的提升对于国家间的竞争非常重要，能够帮助国家取得先机，掌握主动权。无论是美国还是日本，在科技和经济中的优势地位都建立在其强大的科技实力基础上。同时，世界科技发展的实践也证明，一个国家想要在科技中保持领先地位，必须依靠自主创新。在关系国民经济命脉和国家安全的关键技术领域，只有在自主创新的基础上才能从本质上提高我国的科技实力。所以，胡锦涛认为，自主创新能力是国家间科技竞争的基本要求，是科技创新工作的重中之重。①

胡锦涛呼吁加强自主创新能力，极大地促进了我国的技术进步事业。自主创新能力的增强，使我国一批装备制造业和信息产业的核心能力与国家竞争力挂钩，技术水平进入世界先进行列；促进农业综合生产能力提高；促进能源结构优化；在重点行业和重点城市建立循环经济的技术发展模式；新药创制和关键医疗器械研制取得突破；加强现代武器装备自主研制和信息化建设；信息、生物、材料、航天等领域的前沿技术达到世界先进水平。胡锦涛强调："必须大力增强科技自主创新能力，选择一些有基础、有优势、有条件、对经济社会发展有重大意义的方向和领域进行攻关，尽快掌握一批核心技术，拥有一批自主知识产权。"②

3.推进国家创新体系建设

提升国家竞争力及综合实力的中坚力量来自科技创新，很多国家都把科技创新提升为国家战略。随着我国经济和科技的发展，创新能力的提高也越来越成为我国技术进步的关键所在。

提高自主创新能力，需要更深层次地改善整体的科技架构，完全激发整个社会的创新动力，加速科技与现实之间的转换，提高其整体合力。为此，胡

① 《胡锦涛文选》(第二卷)，人民出版社，2006 年，第 404 页。

② 《胡锦涛文选》(第二卷)，人民出版社，2006 年，第 178 页。

锦涛提出,要深化科技体制改革,加快推进国家创新体系建设。

胡锦涛指出,新的科技革命正在孕育和兴起,科技创新和产业发展的相互结合,经济全球化和信息化的交叉发展,为我们带来了技术进步的重要机遇。面对新形势新要求,我们有必要增强机遇意识、忧患意识、责任意识,坚定立足自主创新,深化科技体制改革,为加快建设创新型国家提供体制机制保障,力争在2020年之时,构建符合科技发展规律及顺应社会主义市场经济体系[①]的国家创新体系,以此满足国家提高自主创新力的需要。利用国家自主创新能力的提高及创新体系的建设,让我国可以在重要的科研领域突破非原创性的束缚,达成战略性高端技术层面的飞跃,在世界上占有一席之地,为步入创新型国家增速。[②]

建设国家创新体系是一个复杂的系统工程,需要实现各个部门、各个环节的有效协同与配合。为此,胡锦涛提出,为了给创新型国家建设在制度上提供一个好的保证,我们需要持续推动科技体系的变革,确保政府处于科技创新之中的主导地位并将其职能完全发挥,并要发挥出企业在技术创新之中的主体作用、市场在科技资源配给中的基础性作用、大学的基础性和生力军作用,以及国家科研机构具有的引领及骨干作用,同时能更深层次地使各个主体形成科技创新的整体能力。要使技术创新体系能够协调发展,还必须统筹技术创新、国防科技创新、区域创新还有知识创新,并且构建科技中介服务机制,研究制定国家创新体系建设规划,促进创新主体和各环节良性互动,着力解决国家创新体系构建中的应用和基础研究、成果转化和产业化、协调发展机制等面临的突出问题,支持和鼓励各创新主体根据自身特色和优势探索多种形式的协同创新模式,推动科学研究、技术创新、产业发展、社会进步相互促进。要着力强化科技资源开放共享,建立科研院所、高等学校、

① 《胡锦涛文选》(第三卷),人民出版社,2006年,第598页。

② 《胡锦涛文选》(第三卷),人民出版社,2006年,第598页。

企业开放科研设施合理运行机制[①],对如何加强国家创新体系建设做出明确部署。

五、新时代中国化马克思主义技术进步思想的创新发展

当前世界,科技创新已成为决定世界政治经济力量对比,乃至国家前途命运的关键因素,全球每个国家整体实力的竞争实质上就在于科技创新。无论是推动社会进步还是促进经济增长,科技创新都发挥着关键性作用。在世界百年未有之大变局加速演进的今天,全球科技领域迅猛发展、经济全球化进程日益加快,新的技术突破、新的科学发现及各种形式的创新不断涌现,学科之间的交叉融合进一步发展,科学与技术不断更新。科技发展展现出群体突破的态势,部分重点的核心科技及技术难题都实现重大突破,比如大数据、先进制造、量子调控和人造生命等,这标志着科学技术进入了一个前所未有的创新群体集聚时代。一场新的科技革命和产业革命正在孕育之中。科技创新已经转变为科学技术领域的推动及基础力量、社会及经济发展的主要动力,并成为生产力发展的主要标志。

党的十八大以来,习近平仔细总结了我国在推动科技进步层面的有关经验,综合我国新时期相关发展的特征及国内外新形势,聚焦世界科技前沿和国家发展重大战略需求,围绕科技创新,提出了创新是第一动力,全面实施创新驱动发展战略;发挥社会主义制度优势,以系统性思维推进科技创新;实现科技高水平自立自强,建设世界科技强国等一系列实施科技创新的新思想、新观点、新判断,对技术进步给予了前所未有的关注和重视,在历次的重要讲话中,无不对科技创新给出重要指示,党的二十大报告也为我国科

① 《胡锦涛文选》(第三卷),人民出版社,2006年,第601页。

技创新事业给予了长远性、全局性的指导，为我国技术进步事业的创新发展指明了方向，推动了中国化马克思主义技术进步思想的创新性发展。

（一）全面实施创新驱动发展战略，实现我国经济高质量发展

党的二十大报告提出，要坚持创新在我国现代化建设全局中的核心地位，要坚持面向世界科技前沿、面向经济主战场、面向国家重大需求、面向人民生命健康，加快实施创新驱动发展战略。[①]

技术进步的活力和竞争力首先表现为科技创新。我国历经数十载的发展进程，在科技领域取得了非常大的成就，尤其是近年来，在诸多领域取得了突破性的进展，不过我们依然在某些重要科技领域存在短板，还存在一些卡脖子的关键技术，还不能很好地实现科技自立自强，科技创新能力需要进一步提升。所以，我国在科研上要想位列世界前茅，就一定要将科技创新作为整体发展的重中之重。

习近平指出，目前技术进步及科技创新是国际竞争的重心，并强调："我国科技发展的方向就是创新、创新、再创新。"[②]科技创新关系到国运及广大人民群众的幸福生活，同时还对国家发展前景及广大人民群众的切身利益产生史无前例的影响；还关乎"构建社会主义现代化强国"与"实现中华民族伟大复兴"的梦想及伟大目标可否达成；构建世界上的科技强国和强化科技创新力度，在当前比以往任何时期都更加紧迫，也更重要。总而言之，科技创新能力关系到国家民族的命运、广大人民的根本利益。

① 《习近平著作选读》（第一卷），人民出版社，2023年，第29页。

② 习近平：《在中国科学院第十七次院士大会、中国工程院第十二次院士大会上的讲话》，人民出版社，2014年第6页。

1.科技创新驱动发展是面对国内国际局势的现实选择

(1)我国科技经济发展面临的问题和困境

党的二十大报告指出,为全面建设社会主义现代化国家,未来五年,我们要把实现经济高质量发展作为主要目标任务。要贯彻创新、协调、绿色、开放、共享的新发展理念,构建以国内大循环为主体、国内国际双循环相互促进的新发展格局,实现经济社会的高质量发展。[①]

从国内来看,创新驱动是实现高质量发展,全面建成社会主义现代化强国的大势所趋。习近平对我国发展情况的历史和现状有着透彻的了解和认识,他指出,经过改革开放四十多年的飞速发展,我国综合国力、科技实力及社会生产力也取得跨越式进步,现如今,我国经济总量已跃居世界第二,仅次于美国。但我国在实现高质量发展,全面建成社会主义现代化的过程中,同样存在一些困难和问题,例如,技术进步贡献率不够高,发展不平衡、不协调,以此难以实现可持续发展。习近平指出:"我国原始创新能力还不强,创新体系整体效能还不高,科技创新资源整合还不够,科技创新力量布局有待优化,科技投入产出效益较低,科技人才队伍结构有待优化,科技评价体系还不适应科技发展要求,科技生态需要进一步完善。这些问题,很多是长期存在的难点,需要继续下大气力加以解决。"[②]2022 年 12 月,习近平在中央农村工作会议上的讲话中指出,由于劳动力成本逐步上升,资源环境承载能力达到瓶颈,旧的生产函数组合方式已经难以持续,科学技术在各个领域都显示出越来越强的重要性,因而自主创新变得尤为重要。我国人口、资源、环境压力依然是阻碍农业现代化、工业现代化及其他方面发展的重大问题。

我国农业科技创新由于近年来的突破性发展取得的成果,整体已经迈入世界第一方阵,但在农业科技进步贡献率方面,同世界先进水平相比差距

① 《习近平著作选读》(第一卷),人民出版社,2023 年,第 21、23 页。

② 《习近平著作选读》(第二卷),人民出版社,2023 年,第 469 页。

还较为明显。首先,资源有限,而且我国具有对农产品不断增长的超大规模市场需求,亟须在农业科技创新领域不断取得新的突破,实现农业科技领域高水平自立自强。党的十八以来,我国农业领域聚焦种子和耕地两个关键问题,推进农业科技创新和制度创新,为保障国家粮食安全提供了有力支撑。习近平指出,科技是建设农业强国的利器,我们要通过改革协同推进科技创新和制度创新,加快实现农业科技领域量的突破和质的跃升,推进农业现代化的实现。[①]

在构建现代化产业体系方面,要重视传统制造业的基底性作用,加快推动传统制造业数字化转型升级。战略性新兴产业对我国经济的高质量发展至关重要,要加快人工智能、新能源、核电、量子计算、卫星导航、绿色低碳、生物制造等前沿技术研发和应用推广, 要大力为专精特新企业的发展提供所需支持。[②]

全面建成社会主义现代化强国,必须奠定坚实的物质技术基础。党的二十大报告指出,高质量发展是全面建设社会主义现代化国家的首要任务。就新形势而言, 以往重点依托劳动力和资本及资源投入作为经济支柱的时代已经过去,我国发展正面临动力转换、方式转变、结构调整的繁重任务。当前,我国低成本资源和要素投入形成的驱动力明显减弱,为此,习近平 2021 年 1 月在省部级主要领导干部学习贯彻党的十九届五中全会精神专题研讨班上的讲话中强调,必须把“十四五”规划建议中的科技创新和突破产业瓶颈两条重大举措放在能不能生存和发展的高度加以认识, 全面加强对科技创新的部署,并指出“要坚持以推动高质量发展为主题,着力提高全要素生

① 习近平:《加快建设农业强国 推进农业农村现代化 ——2022 年 12 月 23 日至 24 日中央农村工作会议上的讲话》,《求是》,2023 年第 6 期。

② 习近平:《加快建设农业强国 推进农业农村现代化 ——2022 年 12 月 23 日至 24 日中央农村工作会议上的讲话》,《求是》,2023 年第 6 期。

产率”[①]，推动经济实现质的有效提升和量的合理增长。

推动经济高质量发展，需要科技创新提供重要战略支撑。党的十八大以来，科技创新在经济社会发展各领域全面赋能，为经济社会高质量发展提供更多高水平源头供给。科技界贯彻习近平坚持目标导向和自由探索“两条腿走路”的原则，不仅在量子信息、脑科学等基础研究领域取得一批重要原创性成果，而且在某些重点产业领域如智能机器人、高性能装备、激光制造等取得了不少关键核心技术方面的突破，在大数据、人工智能、5G、区块链等新兴技术方面，我国也一改过往落后追赶的情况，在多方面与世界先进水平相当甚至处于引领地位，需要更进一步予以推广应用，布局科技创新推进高质量发展新赛道。

只有持续强化科技创新能力，不断推进科技创新与发展，我国经济社会才能得到良好有序的发展，做到保障人民健康、消除贫困，缓解人口老龄化压力；消除在环境中的严重污染和生态严重失衡的现象，构建天蓝水清、地绿美丽的新中国，发展环保产业，从根本上处理好与环境有关的各种因素；解决各行各业中存在的安全风险，包括国防、生态、生物、能源、网络及粮食安全，解决各种安全隐患，更好地保障国家安全。[②]

科技经济持续发展需要针对国情和社会矛盾的变化，及时调整发展模式，要运用科技创新不断推动建立现代化经济发展体系，提前进入科技创新带动发展的新阶段，更符合目前我国发展形势的现实选择。习近平指出，我国经济已由较长时期的两位数增长进入个位数增长阶段，在这个阶段，想要冲破本身的发展束缚，更进一步化解难题及矛盾，其根源就是创新，主要依

① 《习近平著作选读》（第一卷），人民出版社，2023年，第24页。

② 习近平：《为建设世界科技强国而奋斗——在全国科技创新大会、两院院士大会、中国科协第九次全国代表大会上的讲话》，人民出版社，2016年，第11页。

赖于科技的力量。[①]所以,重中之重就是科技创新,牢牢握住科技创新就等于掌握了我们国家整体发展的命脉。[②]习近平反复强调:“抓创新就是抓发展,谋创新就是谋未来。”[③]很显然,在目前全国、全社会、全党都在为全面建成社会主义现代化强国和实现中华民族伟大复兴而上下一心拼搏时,我们更加需要科技创新带来的强大发展力量。

(2)新科技革命带来的巨大挑战和机遇

当今世界正面临百年未有之大变局,在复杂激烈的国际竞争中,我们要开辟发展新领域新赛道、塑造发展新动能新优势,从根本上说,还是要依靠科技创新。[④]对于全球科技发展趋势这个问题,习近平给出了自己的见解,他认为,经济社会发展的主要推动力为科学技术创新和发展,科技创新的重要性已不言而喻。近年来,产业和科技变革蓬勃发展,部分核心技术的突破和某些科学问题的解决为新的革命突破提供了开端,且一些核心技术相互融合产生的能量正在不断积累压缩,这在一定程度上加速了我国新一轮的产业转变与科技创新,进入了具有历史意义的改革时期,给我国创新发展带来前所未有的机遇与挑战。机遇来之不易,抓住机遇,会加速我国的经济发展;反之,错失机遇,则会给我国经济发展带来极大的挑战。这就要我们必须有危机意识,紧跟新一轮产业转变与科技创新的大潮流,抓住机遇,不等待观望、不懈怠放松。[⑤]

---

① 习近平:《在参加十二届全国人大一次会议上海代表团审议时的讲话》,学习强国,https://www.xuexi.cn/bcb2fe8b80560f8be9ef32116613487f/e43e220633a65f9b6d8b53712cba9caa.html。

② 习近平:《为建设世界科技强国而奋斗——在全国科技创新大会、两院院士大会、中国科协第九次全国代表大会上的讲话》,人民出版社,2016年,第11页。

③ 习近平:《在省部级主要领导干部学习贯彻党的十八届五中全会精神专题研讨班上的讲话》,人民出版社,2016年,第12页。

④ 习近平:《实现高水平科技自立自强,是中国式现代化建设的关键》,学习强国,https://www.xuexi.cn/lgpage/detail/index.html? id=2415866242133931328&item_id=2415866242133931328。

⑤ 《习近平关于科技创新论述摘编》,中央文献出版社,2016年,第24页。

习近平对在当前国际局势中我国科技领域仍然存在一些亟待解决的突出问题有明确的认识。2021 年 5 月，在中国科学院和中国工程院的第二十次及第十五次院士大会开幕会上的发言中，习近平指出，我国科技在体制政策和创新能力及视野格局和资源配给等诸多领域都有不合适之处。我国基础科学研究短板依然突出，欠缺重要的原创性科研成果，不具备充足的基础工艺能力，底层基础技术较匮乏，关键核心技术仍需要不断突破，包括基础元器件和材料、基础软件和硬件、基本算法、高端芯片、开发平台、工业母机等技术，这些关键核心技术得不到突破和发展，就改变不了受制于人的现状。另外，科技开发合作的全球视野还没有完全打开，将他人科技成果转化学习的能力还不足。新阶段，我国没有完善的人才发展体制，需要建立健全有吸引力的奖励制度，更好地激发人才的创新热情和创造力，从而打造顶级人才和一流创造团队。目前我国的科技管理体制还不够完善，离建设世界科技强国的目标还有一定的距离，部分重大决策落实方面仍存在问题，未能配合科技体制改革的需要，经济及产业政策与科技创新政策未能统筹兼顾，因此需要全社会包容创新、鼓励发展创新、建立积极向上的创新环境。

世界科技呈现新的态势。随着新时代的到来，前所未有的科学技术及产业改革正在悄然兴起，世界范围内的科技创新呈现新态式和新特点。各个学科之间互相融合，飞速发展，前沿科技及新学科井喷式的爆发，极大可能带动生命起源、物质结构、意识本质及宇宙演化等学科领域相关问题的解决与发展。伴随新材料、信息、新能源及生物技术的不断应用与发展，引领绝大多数行业步入技术性改革的进程，主要体现在绿色、智能及广泛性上。技术研发、产业化，以及基础和应用研究等在传统意义上边界越来越模糊，全链条式的科技创新更加灵活，技术更新和成果转化更加快速便捷，产业推陈出新的步伐加快。随之而来的就是科技创新突破组织和地域及技术的限制，转换为创新体制的角逐，其创新战略成果在综合国力排名中占有举足轻重的位置。[①]针对这样的形势，习近平指出，新科技革命和产业变革将重塑全球经济结构，对未来发展来说，产业改革与科技革命既是机遇也是挑战，且影响因素难以掌握，即未来可能会面临众多不确定性，因此“我们必须增强忧患意识，敏锐把握世界科技创新发展趋势，紧紧抓住和用好新一轮科技革命和产业变革的机遇，不能等待、不能观望、不能懈怠”[②]。

创新能力是国际竞争力的关键所在。习近平指出，对于世界发展的大环境来说，经济发展不仅需要借鉴过去发展的经验，需要结合的要素还有科技及理论和制度，才能实现科技创新的目标。同时创新力的强弱对于国际竞争力的影响也愈发强大，领先世界的创新领域，则其经济发展也会随之领先世界。习近平 2014 年 5 月在上海考察时指出，对于世界经济来说，经济发展的命脉便是科技创新，无论谁走在科技创新的前列，都将引领世界的发展，从而快速壮大自身的实力，因此科技创新的提升在很大程度上决定了我国在国际中的地位和话语权。目前，新一轮的科技与产业革命即将来临，其主要表现形式为新技术的不断研发、不同科技产品的相互转化、产业垄断现象的出现。全球的关键国家都在颁布新型的创新策略，并且增加投入，强化争夺标准、专利及人才等重要战略资源的力度。[③]

此时，我国正面临科技创新的重要风口，机会对于我们来说至关重要，如果能够把握时机，则我国经济实力会随之飞速发展壮大，否则会落后于其他国家，所以必须抓住机会，谋求进步。习近平号召广大科技工作者：“要敢于担当、勇于超越、找准方向、扭住不放，牢固树立敢为天下先的志向和信心，敢于走别人没有走过的路，在攻坚克难中追求卓越，勇于创造引领世界

① 习近平：《在中国科学院第十七次院士大会、中国工程院第十二次院士大会上的讲话》，中央文献出版社，2014 年，第 6 页。

② 《习近平关于科技创新论述摘编》，中央文献出版社，2016 年，第 78 页。

③ 《习近平在上海考察》，新华社，2018 年 11 月 7 日。

潮流的科技成果。”[①]

为了加强相关领域科技的可持续发展，化解我国在科技创新中出现的各种难题，习近平提出，要“坚定不移走中国特色自主创新道路，深化科技体制改革，不断开创国家创新发展新局面，加快从经济大国走向经济强国”[②]。我国必须紧紧抓住新一轮科技革命和产业革命的机遇，加快提升科技创新能力，使后续的发展具有强有力的支撑，以便在激烈的国际竞争中保持领先地位。

2.实施以科技创新为核心的创新驱动发展战略

社会进步和经济发展的主要推动力就是科学技术的不断发展进步。随着社会经济的不断发展和现代科技的进步，科技与生产之间的关系密不可分，科技创新成为推动经济结构调整、促进产业结构优化的主导力量。党的二十大报告指出，高质量发展是全面建设社会主义现代化国家的首要任务，我们要坚持以推动高质量发展为主题，着力提高全要素生产率，着力提升产业链供应链韧性和安全水平，推动经济实现质的有效提升和量的合理增长。[③]为解决我国经济发展过程中出现的问题，实现经济高质量发展，党的十八大以来，习近平多次提出，要落实创新驱动发展战略，尽可能地提高从要素驱动到创新驱动的转变速度，促进国家快速发展。党的二十大报告指出：“推进新型工业化，……实施产业基础再造工程和重大技术装备攻关工程，支持专精特新企业发展，推动制造业高端化、智能化、绿色化发展。”[④]

科技创新能力日益成为国际竞争力和综合国力较量的关键所在。党的十八大召开后，“中国梦”即实现中华民族伟大复兴、人民幸福和国家富强成

---

① 习近平：《在中国科学院第十七次院士大会、中国工程院第十二次院士大会上的讲话》，中央文献出版社，2014年，第13页。

② 《习近平关于科技创新论述摘编》，中央文献出版社，2016年，第14页。

③ 《习近平著作选读》（第一卷），人民出版社，2023年，第24页。

④ 习近平：《牢牢把握高质量发展这个首要任务》，学习强国，https://www.xuexi.cn/lgpage/detail/index.html? id=16501872214919332185&item_id=16501872214919332185。

为党和人民的奋斗目标,全国人民为实现这一伟大梦想,都充满了努力向上的斗志,也更需要科学技术的不断发展创新来推动实现伟大的中国梦。习近平指出:“我国与发达国家实力的差距,主要体现在创新能力上。”[①]党的十八大报告对此做了进一步的说明,要求加大对科技创新的关注力度,新时代经济发展的动力必须从要素驱动、投资驱动转向创新驱动,把科技创新提到了前所未有的新高度。习近平指出,要“加快发展数字经济,促进数字经济和实体经济深度融合,打造具有国际竞争力的数字产业集群”[②]。

改革开放四十多年的历程中, 中国经济快速发展主要源于发挥了劳动力和资源环境的低成本优势。在经济增长进入新常态以后,中国正面临着投资报酬递减、人口红利逐渐消失、环境压力越来越大等一系列制约经济增长的问题,迫切需要转变传统的粗放式经济增长方式,走创新驱动经济增长的道路。

创新是推动发展的重要力量,必须把科技创新摆在突出位置。目前我国的国情迫切需要用科技创新来推动经济发展。2022 年 6 月,习近平在湖北武汉考察时明确指出,要着重发展高端制造业,高端制造是经济高质量发展的重要支撑。党的二十大报告提出,要“推动战略性新兴产业融合集群发展,构建新一代信息技术、人工智能、生物技术、新能源、新材料、高端装备、绿色环保等一批新的增长引擎”[③]。

习近平反复强调:“创新是一个民族进步的灵魂, 是一个国家兴旺发达的不竭动力,也是中华民族最深沉的民族禀赋。在激烈的国际竞争中,惟创

① 《习近平主持十八届中共中央政治局第九次集体学习并发表重要讲话》,学习强国,https://www.xuexi.cn/410b98565473af11ec57e41367e9e8b5/e43e220633a65f9b6d8b53712cba9caa.html。

② 习近平:《牢牢把握高质量发展这个首要任务》,学习强国,https://www.xuexi.cn/lgpage/detail/index.html? id=16501872214919332185&item_id=16501872214919332185。

③ 习近平:《牢牢把握高质量发展这个首要任务》,学习强国,https://www.xuexi.cn/lgpage/detail/index.html? id=16501872214919332185&item_id=16501872214919332185。

新者进，惟创新者强，惟创新者胜。”[①]并指出新的变革具体指两方面，一方面是产业变革，另一方面是科技变革，尤其重视创新的发展，创新能使国家综合实力增强、社会生产力提高、国家安全有较好的保障。党的十八届五中全会更是肯定了创新的地位，在新发展理念之中，将其作为首要位置，更加突出了创新是推动发展的首要动力。

习近平将科学技术战略提升至国家层面，予以高度重视。习近平指出："实施创新驱动发展战略，是立足全局、面向未来的重大战略，是加快转变经济发展方式、破解经济发展深层次矛盾和问题、增强经济发展内生动力和活力的根本措施。”[②]创新能推动国家经济发展，使国家未来更加美好。为更好地适应新常态，推动国家经济的发展，重点要通过科技创新推动发展。有强大的科技创新支持及引导，快速实现高质量、高效益的可持续性经济发展，这是符合国情、统筹全局、展望未来的一项重要战略转型，对国家将来发展影响深远、意义重大。

实施创新驱动发展战略是转变我国经济发展方式的根本途径。我国社会生产力水平发展不平衡，总体上还不够高，长期形成的粗放型经济发展方式尚未根本改变，科技和经济紧密结合问题没有很好地解决，科技创新对经济的推动作用不强。使科技创新成为推动我国经济发展的重要动力，将科技和经济紧密联系起来，产业发展依托科学技术不断创新，转化经济发展模式，有助于增强发展的平衡性、协调性和可持续性。因此，我国必须实施创新驱动发展战略，加快推进人口健康、食品药品安全、防灾减灾、安全生产、生态环境和应对气候变化等领域的科技创新，以技术进步促进民生的改善，进而解决好存在的突出矛盾和问题。习近平指出："要坚持腾笼换鸟、凤凰涅槃

① 习近平：《在欧美同学会成立一百周年庆祝大会上的讲话》，《光明日报》，2013年10月22日。

② 习近平：《实施创新驱动发展战略是立足全局、面向未来的重大战略》，《乡村科技》，2013年第3期。

的思路，推动产业优化升级，推动创新驱动发展，推动基础设施提升，推动海洋强省建设，推动深化改革开放，推动高质量发展取得有效进展。"①

实施创新驱动发展战略，对中国形成国际竞争新优势，实现稳定持续发展具有战略意义。面对不断蓬勃发展的新的产业及科技变革，世界各国都在不断发展科技创新，发展科研事业，把握机遇，争夺未来发展的战略优势。新阶段，像美国、德国、法国及英国等科技发达国家，采用科技立国、技术兴国的战略，使得科技实力强大且有高水平的产业技术，很多领域走在世界前列，引领发展潮流。"纵观人类发展历史，创新始终是一个国家、一个民族发展的重要力量，也始终是推动人类社会进步的重要力量。不创新不行，创新慢了也不行"②，这是习近平对创新的深刻思考，他还指出，"在新科技带来的新机遇面前，每个国家都有平等发展权利。潮流来了，跟不上就会落后，就会被淘汰。我们能够做的和应该做的就是要抢抓机遇，加大创新投入，着力培育新的经济增长点，实现新旧动能转换"③。在"科技三会"上，习近平指出："新时期、新形势、新任务，要求我们在科技创新方面有新理念、新设计、新战略。我们要深入贯彻新发展理念，深入实施科教兴国战略和人才强国战略，深入实施创新驱动发展战略，统筹谋划，加强组织，优化我国科技事业发展总体布局。"④

在一个国家的发展中，科技创新是核心。习近平对于科技创新尤为重

① 《习近平 2018 年 6 月 14 日在听取山东省委和省政府工作汇报时的讲话》，学习强国，https://www.xuexi.cn/afd218330d0f6627e3f2e4acb6bb3dcf/e43e220633a65f9b6d8b53712cba9caa.html。

② 习近平：《为建设世界科技强国而奋斗——在全国科技创新大会、两院院士大会、中国科协第九次全国代表大会上的讲话》，人民出版社，2016 年，第 6 页。

③ 《习近平 2018 年 7 月 25 日在南非约翰内斯堡出席金砖国家工商论坛并发表重要讲话》，学习强国，https://www.xuexi.cn/2870cecb5a3bb09e86228f63a8ef5346/e43e220633a65f9b6d8b53712cba9 caa.html。

④ 习近平：《为建设世界科技强国而奋斗——在全国科技创新大会、两院院士大会、中国科协第九次全国代表大会上的讲话》，人民出版社，2016 年，第 6 页。

视，认为科技就是未来，掌握了科技创新是在一定程度上掌握了未来的发展趋势。世界经济面临的无论是增长动力不足，还是从根本上改善生态环境状况，改变传统的产业发展模式，都需要多发展低能耗和低排放的新型产业，发展集约型即依靠科技进步、低投入、高效益和污染小的产业，减少物质资源的消耗浪费，保护生态环境。从军事的角度来看，应该将科技创新充分应用在军事上，将科技优势进行两方面的转化，一方面是转变为能力优势，另一方面是转变为作战优势。甚至在共建“一带一路”中，我们都必须依靠创新，发挥科技创新这个重要的推动力量。“创新是引领发展的第一动力”[①]，创新是突破世界经济增长和发展的瓶颈的重要方法。

创新驱动发展战略在很大程度上能够促进我国社会的发展。通过科技创新解决我国发展过程中的重点问题和主要矛盾，使我国跟上时代的潮流，更好地适应经济发展新常态，在国际上有更高的话语权，使我国经济发展更加稳固健康、可持续，提高全体国民的生活水平。习近平多次提出，改革开放至今的四十多年里，国家积累了丰厚的物质基础，不断创新的成果也越来越多，已做好充足的准备来实施创新推动发展这一战略举措。因此，要抓住机遇，将科技创新作为发展的重要方向，加大创新力度，使我国快速迈进经济强国行列。

实施以科技创新为核心的创新驱动发展战略，需要我们系统部署，习近平指出，要把教育、科技、人才作为全面建设社会主义现代化国家的基础性、战略性支撑，坚持科技是第一生产力、人才是第一资源、创新是第一动力，深入实施科教兴国战略、人才强国战略、创新驱动发展战略，不断塑造发展新动能新优势[②]，调动各方面积极力量，促进科技创新不断取得突破和进展。

---

① 习近平：《为实现党的二十大确定的目标任务而团结奋斗》，学习强国，https://www.xuexi.cn/lgpage/detail/index.html? id=17071059199082257153&item_id=17071059199082257153。

② 《习近平关于科技创新论述摘编》，中央文献出版社，2016 年，第 1 页。

进入新的历史阶段，我国将发展理念确定为创新是驱动发展的第一动力，决定全面实施创新驱动发展战略，这个结论是经过党不断总结全球各国发展历程和我国改革开放成功经验得到的，充分展现了党对世界及我国发展形势的深刻了解，也体现了中国化马克思主义技术进步思想对中国技术进步事业的实践指导作用。

（二）实现科技高水平自立自强，建设世界科技强国

当前，我国在科技创新研发领域的经费支出位居世界第二，达到二万八千亿元，在各重要科技创新领域均取得重大成果，其中包括基础研究、原始创新、关键核心技术、战略性新兴产业和航空航天、深海深地、信息网络、新能源及生物医药等，使得我国科技实现了历史性跃升[①]，另外，党的二十大确立了我国要加快建设制造强国、质量强国、航天强国、交通强国、网络强国、数字中国，并在2035年实现进入创新型国家前列的宏伟奋斗目标。[②]不言而喻，进入创新型国家前列，建设科技创新强国，必须实现科技高水平自立自强，使国家具备雄厚创新优势和科技实力。

创新型国家发展到较高水平就会具备强大的综合实力及创新优势，在世界各国的竞争合作中占据有利地位，具体表现为经济实力雄厚、社会安定繁荣、科技发展先进及军队数量庞大等硬实力，又有教育先进、思想自由开放及文化强盛的软实力，两者相辅相成，协调发展。

随着经济全球化进程的加快，我国要想在激烈的国际竞争环境中站稳脚跟、夺取胜利，就要顶住压力，提高自主创新能力，学习他国优秀的技术并转为己用，不断积累掌握核心技术。

现阶段美国、英国、德国等发达国家在经济全球化中占据主导地位，这

① 《习近平著作选读》（第一卷），人民出版社，2023年，第25页。

② 《习近平著作选读》（第一卷），人民出版社，2023年，第20页。

些国家都在科技上占有绝对优势，有强大的自主创新能力，制定了对外贸易规则，操控国际市场尤其是高科技市场。我国因经济发展水平低于西方发达国家，科技竞争力也不足，综合国力相对较低，在国际竞争中不占优势。在过去几十年里，我国主要引进一些外来科技，在整个引进的过程中，前期是学习别国淘汰的技术，后期我国技术水平得到很大提升后，开始引进和学习其他国家一些正在使用和发展的先进技术。但是随着我国技术进步的加速发展，若继续采用这种引入外来技术的方式，不仅无法提高自主创新能力，还将会困在这种局面中，止步不前。当前，我国已进入创新型国家行列，只有全面增强自主创新能力，加快推动实现科技高水平自立自强，才有望实现2035年进入创新型国家前列的目标。

1.全面增强自主创新能力

提升自主创新能力是实现技术进步的根本和关键。当今时代的科技发展十分迅猛，要想跟上时代，必须增强自主创新能力，进行科技创新。自主创新能使国运更加繁荣昌盛、人民生活更加美满幸福，进而实现共同富裕的目标，我国在世界各国的经济地位也会提高。习近平指出："中国发展正面临着动力转换、方式转变、结构调整的繁重任务。建设创新型国家和世界科技强国，是中国发展的迫切要求和必由之路。"[①]

要坚持走中国特色的自主创新道路。习近平指出："面向未来，增强自主创新能力，最重要的就是要坚定不移走中国特色自主创新道路，坚持自主创新、重点跨越、支撑发展、引领未来的方针，加快创新型国家建设步伐。"[②]习近平提出，我国能够立足世界民族之林，自力更生的精神是必不可少的，而且必须加强自主创新能力的建设，只有通过创新才能促进经济的发展。自主

① 《习近平2016年9月3日在二十国集团工商峰会开幕式上的主旨演讲》，学习强国，https://www.xuexi.cn/ea4fc5d36e6f8f3f6c408042c703bf4a/e43e220633a65f9b6d8b53712cba9caa.html。

② 习近平：《在中国科学院第十七次院士大会、中国工程院第十二次院士大会上的讲话》，人民出版社，2014年。

创新包括原始创新、集成创新和引进吸收再创新。创新是引领发展的第一动力，我们应更新创新观念，摆脱惯性思维，改变传统思维定式造成的创新路径依赖。[①]只有站在创新源头的制高点，才能实现原始创新能力质的跃升，满足我国现代化建设的重点需求，引领世界科技发展的方向。因此，习近平多次强调科技创新的重要性，将科技创新发展的战略放在促进我国经济发展、推动技术进步的重要地位，要充分发挥科技创新对经济发展的引导作用，而且要坚持中国化的创新道路，以加快我国进入科技强国行列的步伐。

自主创新是掌握核心技术的关键。当前，每一个国家的经济发展都离不开科技，尤其是核心科技的发展。我国科技与经济社会发展面临着一系列严峻的挑战，其中最主要的是在全球价值链的分工中，仍然处于较低的生产环节，大部分产业在国际分工中位于原材料的加工和简单零件的生产环节上。要着力于不断的创新，自主研发，真正掌握核心科学技术，这样才能提升竞争力。强调在关键核心技术上自主可控，最根本的是要增强自主创新能力。坚持自主创新导向，补上关键领域核心技术短板，塑造引领型发展，不断增强竞争新优势。习近平在2016年关于网络与信息的会议上强调，现如今互联网和科学技术是我国经济发展的关键，而关键的核心技术落后，是我国当前发展亟须解决的问题。对于一个企业来说，不管规模有多大，所占的市场份额有多高，倘若核心的科学技术和网络技术受制于人，需要从国外进口，依靠国外的科学技术，那就会像建房子一样，没有很好的地基，那么房子也不会稳固。为了要在互联网与科技的竞争中取得优势，为了维护国家的安全，增强综合国力，就必须克服这个问题，进行自主研发，不断创新发展，努力做到关键核心技术的自给自足。自主创新是真正提高技术水平、掌握核心技术的关键。

---

① 潘教峰：《突破创新路径依赖》，《瞭望》新闻周刊，2016年第9期。

建设科技强国，走自主创新道路，要将科技创新放在首要位置。习近平强调："我们必须增强紧迫感，及时确立发展战略，全面增强自主创新能力。我国科技界要坚定创新自信，坚定敢为天下先的志向，在独创独有上下功夫，勇于挑战最前沿的科学问题，提出更多原创理论，作出更多原创发现，力争在重要科技领域实现跨越式发展，跟上甚至引领世界科技发展新方向，掌握新一轮全球科技竞争的战略主动。"[①]着眼国家科技发展史，我国一直以来并没有稳固的科技基础，科技创新一直依靠模仿外来技术制造，但西方发达国家并没有将关键核心技术展示分享，而是自己掌握着，在这种情况下，要想引进这些关键核心技术是非常难的。随着技术不断推陈出新、世界各国科技迅速发展，我国要以科技创新作为未来发展的核心工作，坚定不移地发展中国特色自主创新，才能占据优势。综观中国科技发展史及国情，习近平提出要从社会主义制度优势着手，充分利用国家有力的资源调动、分配及动员能力。还要时刻注意世界级关键核心技术的发展趋势，增强科技创新能力，用科技创新推动强国建设。近年来，高铁隧道、中国电商等中国创造已享誉国际，展示了中国推进技术进步思想的科学性和正确性。

只有坚持科学技术的创新，通过对科学技术的创新来促进经济的发展，才能取得国家之间竞争的优势。习近平指出，要实现科技强国的战略目标，实现百年计划与中国梦，必须坚持科技创新，走中国化创新的道路，向领先世界的科技看齐，不仅要提高科技竞争力，还要注重国家的需求，对各个方面进行相应的创新，努力步入科技强国的行列中。科学技术的创新，在经济发展的过程中发挥着举足轻重的作用。所以习近平强调，当今的中国比以往任何时候，都更加地需要科技创新的力量。首先，科学技术创新和国家的前途、命运紧紧地联系在一起，对人民的幸福、国家的发展、经济的增长有特别

① 习近平：《为建设世界科技强国而奋斗——在全国科技创新大会、两院院士大会、中国科协第九次全国代表大会上的讲话》，人民出版社，2016 年，第 8 页。

重大的影响。其次,科学技术创新对于我国实现百年目标,实现中华民族伟大复兴,实现中国梦有着重要意义。最后,推动科学技术的创新可以让我们更快地步入科技强国的行列之中,增强我国的综合实力。总的来说,科学技术的创新发展是国家发展的重中之重,所以需要很大的毅力去坚持创新,不断地进行科学技术创新。

自主创新要有敢下先手棋、善打主动仗的精神。2013 年 11 月,习近平在视察国防大学时指出:“推进科技自主创新,必须超前谋划,下好先手棋,打好主动仗。”[①]这就需要我们适应全球科技发展潮流,普及科学知识,定位战略性及前沿性领域,统筹推进,争取在关键核心技术领域有所成就,提高自主创新能力,提升科技实力,发挥国家创新体系积极作用,跻身世界高技术领域的重要位置。

2016 年 5 月,习近平指出,将“努力成为世界主要科学中心和创新高地”作为世界强国建设的目标。2018 年 5 月,习近平强调,要“强化建设世界科技强国对建设社会主义现代化强国的战略支撑”,建设现代化强国,我国的经济和科技实力将不断增强, 占据创新型国家的前列, 有望成为世界科技强国。党的十九大提出,要快速将我国建设成创新型国家和世界科技强国,目标为到 2035 年,我国经济及科技实力不断强大,基本实现社会主义现代化;进入 2050 年,我国将建成世界科技强国,实现共同富裕目标,国家综合实力提升,有很大的国际影响力。党的二十大提出,经过近年来科技创新各条战线的同心奋斗,我国已经进入创新型国家行列,要在 2035 年进入创新型国家前列。[②]要紧紧抓住“十四五”规划这一重要时期,全面建设社会主义现代化国家,使我国逐步跻身世界科技强国行列,由效率推动经济增长到创新推动的转变期。世界的经济格局也在随时发生改变,要展望世界、眼光长远,从

① 《习近平关于科技创新论述摘编》,中央文献出版社,2016 年,第 53 页。

② 《习近平著作选读》(第一卷),人民出版社,2023 年,第 7、20 页。

大局出发建设现代化强国，发展科技创新。现代化强国的建设要与科技、人才、军事、教育及制造方面协调发展，共同推动，其中，科学技术是关键。习近平指出，民族要想繁荣昌盛，国家要想富裕强大，就必须将科技作为发展的核心位置。要实现国民经济发展、国家富强民主，创新是明智的选择。必须提高我国自主创新能力，习近平多次指出，只有创新才能自强、才能争先，只有把创新发展主动权牢牢掌握在自己手中，才能提高我国的竞争力，提高我国的综合实力，使得我国在国际上有更高的地位。

为了能够更好地建设我们的国家，习近平基于我国的国情，对我国的发展现状展开了一系列的分析研究，指出我国在发展中的不足表现在多个方面，包括基础创新、核心技术和自主创新能力等方面。党的二十大报告指出，要“加快实施一批具有战略性全局性前瞻性的国家重大科技项目，增强自主创新能力。加强基础研究，突出原创，鼓励自由探索”[①]。科技创新一味地依靠其他国家，只会困住国家发展，难以超过其他国家，这就需要我们坚持科技强国的理念，坚定不移的发展科技，进行科技创新，不断改革创新、突破自身局限。习近平特别指出，实施创新驱动发展战略，根本在于增强自主创新能力[②]，“中华民族奋斗的基点是自力更生，攀登世界科技高峰的必由之路是自主创新”[③]。

2.加强基础研究，解决关键核心技术问题

在经济全球化纵深发展的今天，一个国家的科技创新水平显示了其国际竞争力。习近平指出，我们要抢抓全球科技发展先机，“在基础前沿领域奋勇争先，充分发挥科技创新的引领带动作用，努力在原始创新上取得新突破，在重要科技领域实现跨越发展，推动关键核心技术自主可控”[④]。

① 《习近平著作选读》（第一卷），人民出版社，2023年，第29页。

② 《习近平关于科技创新论述摘编》，中央文献出版社，2016年，第50页。

③ 《新春奋进正当时：听习近平谈奋斗》，学习强国，https://www.xuexi.cn/1422f884a16e12a3751a9bbc3e899644/e43e220633a65f9b6d8b53712cba9caa.html。

④ 习近平：《在中国科学院第二十次院士大会、中国工程院第十五次院士大会、中国科协第十次全国代表大会上的讲话》，新华社，2021年5月28日。

唯有不断增强科技自主创新能力,掌握更多共性关键核心技术,才能屹立于世界民族之林。习近平多次强调,要支持原创性、引领性科技攻关,努力突破关键核心技术难题。党的二十大报告指出,加快实施创新驱动发展战略,要"以国家战略需求为导向,集聚力量进行原创性引领性科技攻关,坚决打赢关键核心技术攻坚战"[①]。习近平指出:"核心技术是国之重器。"[②]在当今世界,国与国之间竞争力的关键在于各自所掌握的核心技术。一个国家拥有的世界级关键核心技术越多,其在国际上就有更多话语权和主导地位,在国家政治力量的较量中优势地位才会更加明显。对此,习近平指出,"在国际上,没有核心技术的优势就没有政治上的强势。在关键领域、卡脖子的地方要下大功夫"[③],"中国要强盛、要复兴,就一定要大力发展科学技术,努力成为世界主要科学中心和创新高地。我们比历史上任何时期都更接近中华民族伟大复兴的目标,我们比历史上任何时期都更需要建设世界科技强国"[④]。

虽然中国现在的技术有了很大发展,但是科技创新能力仍然缺乏,尤其是在关键核心技术方面,仍然需要依靠从别国引进。而且关键核心技术的取得从来都是一件困难的事情。习近平指出,技术是一个国家发展的重要驱动力,当一个像我们这样的国家得到了很好的发展,别的国家基于自身竞争力的考虑,是不愿意卖技术给我们的。以至于现在我国比较正常的技术引进仍受到种种限制;在涉及本国绝密的、核心的技术上,我们更是买不到的。因此,一定要丢掉通过买卖获得他国高新技术的思想,因为最重要的国家核心技术,他国是不会轻易泄露的。习近平多次强调:"只有把核心技术掌握在自己手中,才能真正掌握竞争和发展的主动权,才能从根本上保障国家经济安

---

① 《习近平著作选读》(第一卷),人民出版社,2023年,第29页。

② 习近平:《在网络安全和信息化工作座谈会上的讲话》,人民出版社,2016年,第12页。

③ 《习近平关于科技创新论述摘编》,中央文献出版社,2016年,第41页。

④ 习近平:《在中国科学院第十九次院士大会、中国工程院第十四次院士大会上的讲话》,人民出版社,2018年,第8页。

全、国防安全和其他安全。”[①]

什么是核心技术？习近平认为，可以从三个方面把握：一是通用的、基础的技术；二是“不二法器”，独有的技术；三是颠覆性的和前沿性的技术。[②]在核心关键领域，目前我国和外国在同一个阶段内，如果我国能提前准备、做好计划，逐关攻破，就能打破同一阶段局面，领先各国发展。习近平多次强调，核心技术是买不来的，必须靠自力更生。“关键核心技术是国之重器，对推动我国经济高质量发展、保障国家安全都具有十分重要的意义。必须切实提高我国关键核心技术创新能力，把科技发展主动权牢牢掌握在自己手里，为我国发展提供有力科技保障。”[③]要发展科技创新，有强大科技实力，才能提升国家影响力及国际竞争力。

突破关键核心技术，实现高水平科技自立自强，迫切需要加强基础研究。加强基础研究是建设世界科技强国的必由之路。习近平指出，核心科学技术的自主研发是促进经济发展、促进国力增强的源泉和根本，而基础科学前沿领域的重大突破，则常常是高技术发展的先导，而高技术的发展又为基础科学的研究提供了有效的实验手段和经济支持。因此，习近平强调，科学技术发展的根本是基础研究。我们需要向世界领先的科技看齐，把握科技创新的机遇，要有长远的眼光，打好科技创新的基础，为以后的研究和创新做准备，实现对前沿科技的研究，突破科技创新的瓶颈，为实现科技强国打下良好的基础。为此，要加大科研力度，推动科研项目的发展，打破科研中存在的壁垒，使科研的发展与产业化相结合，加快研究速度，并促进科研成果加

---

① 习近平：《在中国科学院第十七次院士大会、中国工程院第十二次院士大会上的讲话》，人民出版社，2014年，第10页。

② 习近平：《在网络安全和信息化工作座谈会上的讲话》，人民出版社，2016年，第11页。

③ 《习近平2018年7月13日在中央财经委员会第二次会议上的讲话》，学习强国，https://www.xuexi.cn/lgpage/detail/index.html? id=4846571610018551953。

快向商品转化，充分发挥科技成果的作用。[①]只有重视基础研究，才能永远保持自主创新能力。当前，基础研究和应用开发的关联度日益增强，基础研究显得更为重要。要继续抓好这项打基础、利长远的工作，要注重原始性专业的基础理论突破，加快建设科研的基础设施，加强自主研发的能力，进行系统的科技研究，努力做到科研的自给自足。2022年，《政府工作报告》提出为支持科技创新能力，制定基础研究十年规划，加强对基础研究的长期稳定支持。这一举措对加强基础研究提供了更为明确的政策支持。《政府工作报告》提出，科技政策要聚焦自立自强，深入实施"强基计划"和基础学科拔尖人才培养计划。当前，我国基础研究投入力度不断加大，全国基础研究经费5年增长1倍。[②]推动基础研究实现高质量发展，必须加强统筹协调，加大政策支持。

科技人员要树立强烈的创新责任和创新自信，面向经济社会发展主战场，面向国际科技发展制高点，积极创新，获得更大的竞争力，在国际上占据更加重要的地位。习近平呼吁我国科技工作者："形势逼人，挑战逼人，使命逼人。我国广大科技工作者要把握大势、抢占先机，直面问题、迎难而上，瞄准世界科技前沿，引领科技发展方向，肩负起历史赋予的重任，勇做新时代科技创新的排头兵。"[③]

必须抓住机遇实现跨越式发展。在当前这样一个全球经济更新换代、推陈出新的关键时期，生物技术、人工智能及量子信息等新兴科技和产业正孕育发展，新的产业、模式、业态正蓬勃发展，给人类生活带来便利，也将带给

① 《习近平2013年11月5日视察国防科学技术大学时的讲话》，学习强国，https://www.xuexi.cn/lgpage/detail/index.html? id=8952378965611067560。

② 李克强：《政府工作报告——2023年3月5日在第十四届全国人民代表大会第一次会议上》，新华社，2023年3月14日。

③ 习近平：《在中国科学院第十九次院士大会、中国工程院第十四次院士大会上的讲话》，人民出版社，2018年，第9页。

全球翻天覆地的改变。在这种情况下,我们必须抓住机遇,大力实施科技创新,实现我国发展的跨越。

3.激发科技创新的体制动力

党的二十大报告指出,要实现进入创新型国家前列和世界科技强国,就要坚定“深化科技体制改革,深化科技评价改革,加大多元化科技投入,加强知识产权法治保障,形成支持全面创新的基础制度”①。要将深化科技体制改革作为重点实施战略,加快改革脚步,废除不利于科技创新的机制,使科技创新充满生机。

当前我国科技创新领域存在的最大问题依然是科技和经济脱节的问题。习近平强调,要处理好政府和市场的关系,加大科技创新的力度,将科技创新应用在经济上,促进生产力的提高及国家经济发展。要使企业从科技创新中获得更大的收益,推动中国企业成为科技创新的主要个体,政府在其中的地位转为辅助作用,对各个企业进行强力支持并使资源得到合理分配,总之,政府要对国民生计和产业命脉起到领头作用。同时国家要总体布局,统筹兼顾,将重点科技创新项目与工程重点把控,加强国家的绝对控制力。

党的二十大报告指出,要提升科技投入效能,深化财政科技经费分配使用机制改革,激发创新活力。②政府需要建立一种良好且完善的环境,提供使各个企业大展拳脚的政策环境,并实行一定的奖励机制,从物质和精神层面对企业家进行有效刺激,提高他们的积极性和主动性。要加快科技体制改革,力争在制约科技发展的体制机制障碍上有新的突破。建设创新友好的社会,从发展战略、制度法规、政策措施等方面,全面推进有利于创新的环境建设。要着力实施科学技术的创新和科技体制方面的创新,不仅要求科技创新发展,也要求对体制改革进行创新,建设国家创新体系。力争在关系经济实

① 《习近平著作选读》(第一卷),人民出版社,2023年,第29页。

② 《习近平著作选读》(第一卷),人民出版社,2023年,第29页。

力和核心竞争力的关键领域加强部署，同时围绕科技管理体制改革、企业主体地位、高效研发体系、技术成果转移转化机制体系等方面进行部署，从科技方面、经济方面和政府方面进行体制机制方面的改革，激发创新的活力和动力。需要创建一个有助于实现资源有效利用的系统，为创新发展战略要求提供良好的环境，提供合适的制度体制。还要明确各个高校、组织、科研企业等创新主体的定位，建设一个开放的创新平台，融合军民的力量，促进科技创新资源的合理配置，使政府和市场的作用得到充分发挥，完善体制机制和相关政策来刺激科技创新发展，还要有相关的法律对科技创新进行保护，当前，国际科技创新中心和区域科技创新中心建设进一步统筹推进，同时也对优化科技创新的法律政策和文化环境提出了更高的要求。为了促进经济增长，提高综合国力，就必须为科技创新构建一个优秀的环境，以此来支撑科学技术的发展。

我国现阶段科技创新体制仍有漏洞，需深化改革科技创新体制，发挥科技体制推动创新发展的优势。2014年6月9日，习近平在中科院的讲话中指出："我们进行科技体制改革会触动当前利益格局，因此科技创新体制的改革必须转变思维定势，破除利益藩篱的桎梏，在改革科技体制时紧紧联系经济社会领域的改革，大力扫除科技和经济密切结合的障碍。"[①]要冲破现阶段科技创新体制机制的束缚，不断深化创新体制改革，统筹经济系统和科技系统发展，利用政府、企业、高校等各种资源，发挥其在经济、人才、物力等的优势，利用多种优势力量推动科技发展、体制革新。

党的十八大以来，"抓创新就是抓发展、谋创新就是谋未来"理念被绝大多数人认可，创新越来越成为推动发展的第一动力，自主创新能力显著增强，深入推进科技体制改革，激发了创新、创造活力，发展进入了新的层次，

---

① 习近平：《在中国科学院第十七次院士大会、中国工程院第十二次院士大会上的讲话》，人民出版社，2014年，第12页。

迎来了新的发展机遇，拥有了新的发展优势及动力，极大地促进了发展的协调性，提升了发展的整体效能。

（三）健全新型举国体制，强化国家战略科技力量

党的十八大以来，以习近平同志为核心的党中央不断健全新型举国体制，坚持以系统性观点推进科技创新，中国特色社会主义集中力量办大事的优势得到进一步加强，国家战略科技力量得到充分彰显。

1.健全新型举国体制，强化我国科技创新布局

举国体制是社会主义集中力量办大事的重要体现。健全新型举国体制，强化国家科技战略布局，必须强化党和国家对重大科技创新的领导。党的二十大提出，中国共产党的中心任务就是团结带领全国各族人民全面建成社会主义现代化强国，以中国式现代化全面推进中华民族伟大复兴。[①]社会主义现代化强国需要经济、政治、文化、社会、生态全面实现现代化，任何一个方面的充分发展都迫切需要强大的科技创新力量作为战略支撑。

党的十八大以来，以习近平同志为核心的党中央高度重视国家科技创新布局。《中华人民共和国国民经济和社会发展第十四个五年规划和2035年远景目标纲要》（以下简称"十四五"规划纲要）指出，要整合优化科技资源配置。党的二十大坚持创新在我国现代化建设全局中的核心地位，把教育、科技、人才作为全面建设社会主义现代化国家的基础性、战略性支撑，作出完善科技创新体系的重要指示，首次对我国科技创新布局进行前瞻性谋划、系统性部署。"十四五"规划纲要和党的二十大报告立足当前、着眼长远，为强化我国科技创新布局提供了根本遵循和行动指南，推动我国科技创新布局持续完善。

① 《习近平著作选读》（第一卷），人民出版社，2023年，第18页。

国家战略科技力量得到强化。国家实验室、国家科研机构、高水平研究型大学、科技领军企业是国家战略科技力量的重要组成部分,共同构成国家创新能力体系。四类国家战略科技力量战略定位和任务要求明确,有力履行高水平科技自立自强的使命担当。国家实验室建设加速推进。在事关国家安全和经济社会发展全局的重大科技创新领域,例如围绕信息、生命、能源等领域,高标准建设中关村、昌平、怀柔国家实验室。高水平研究型大学"双一流"建设扎实推进,创新发展能力稳步提升,在全国基础研究和重大科研任务、国家实验室体系建设、国家级三大科技奖励项目中,涌现了一批具有标志性意义的重大科技成果。企业科技创新主体地位不断强化,科技领军企业着力攻克了一批重点领域关键核心技术,有效保障产业链供应链稳定安全,有力支撑现代化产业体系建设。

国家科技创新基地建设发展体系布局合理。国家科技创新基地按照科学与工程研究、技术创新与成果转化、基础支撑与条件保障三类布局建设,初步形成布局合理、定位清晰的国家科技创新基地建设发展体系。国家重点实验室是面向前沿和基础科学,开展基础研究和应用基础研究、推动学科发展的重要科技创新基地。国家工程研究中心是国家创新体系的重要组成部分,面向国家重大战略任务和重点工程建设需求,重点开展关键技术攻关和试验研究、重大装备研制、重大科技成果的工程化实验验证,聚焦解决经济社会发展中的"卡脖子"技术问题。国家技术创新中心致力于实现从科学到技术的转化,促进重大基础研究成果产业化。综合类国家技术创新中心注重支撑引领区域创新发展能力提升,领域类国家技术创新中心面向事关国家长远发展和产业安全的关键领域进行布局。

区域创新高地建设成效显著。党中央提出各地区要立足自身优势,结合产业发展需求,科学合理布局科技创新。要支持有条件的地方建设综合性国家科学中心或区域科技创新中心,使之成为世界科学前沿领域和新兴产业技术创新、全球科技创新要素的汇聚地。我国已逐步形成以国际科技创新中心、综合性国家科学中心、区域科技创新中心为代表的区域创新高地建设布局,北京、上海、粤港澳大湾区三大国际科技创新中心跻身全球科技创新集群前十位,北京怀柔、上海张江、安徽合肥、粤港澳大湾区、陕西西安五大综合性国家科学中心成为引领高质量发展的创新引擎。

为全面推进科技创新驱动战略,党和国家坚持系统性思维,制定明确科技发展战略规划,充分调动科技创新各个层面的积极因素,取得了科技创新领域多方面的重大成果,使我国科技实力实现历史性跃升。航空航天事业是体现一个国家科技综合实力的关键领域,建造空间站、建成国家太空实验室,是我国建设科技强国、航天强国的重要引领性工程。近年来,我国在航空航天领域取得了令世界瞩目的重大发展和突破,充分反映了我国新型举国体制在科技创新中的强大推进作用。

党的二十大指出,全面推进科技创新驱动战略,就要完善党中央对科技工作统一领导的体制,健全新型举国体制,强化国家战略科技力量,优化配置创新资源,形成国家实验室体系,统筹推进国际科技创新中心、区域科技创新中心建设,加强科技基础能力建设,强化科技战略咨询,提升国家创新体系整体效能。①

2.强化国家战略科技力量,建设科技创新的“王牌军”

强化国家战略科技力量是提升国家创新体系整体效能、实现高水平科技自立自强的必然选择。“十四五”规划纲要提出,要加快构建以国家实验室为引领的战略科技力量,并指出要推进科研院所、高等院校和企业科研力量优化配置和资源共享。党的二十大提出,要“优化国家科研机构、高水平研究型大学、科技领军企业定位和布局”②。

① 《习近平著作选读》(第一卷),人民出版社,2023 年,第 29 页。

② 《习近平著作选读》(第一卷),人民出版社,2023 年,第 29 页。

国家实验室、国家科研机构、高水平研究型大学、科技领军企业等是一个相互支撑、上下游贯通的战略科技力量综合体，是一支推进我国科技创新"科技王牌军"，体现国家意志、服务国家需求、代表国家水平。习近平指出，国家实验室、国家科研机构、高水平研究型大学、科技领军企业都是国家战略科技力量的重要组成部分，要自觉履行高水平科技自立自强的使命担当。[①]

国家战略科技力量要解决战略性重大科技问题。"十四五"规划纲要提出，组建一批国家实验室，重组国家重点实验室，要聚焦量子信息、网络通信、现代能源系统、光子与微纳电子、人工智能、生物医药等重大创新领域。战略科技力量不是限定某个单位和个人，是不是国家战略科技力量，关键要看干不干国家战略层面的事情，有没有召之能战、战之必胜的能力，有没有解决战略性的重大科技问题。

强化国家战略科技力量就是从整体上提升我国的创新能力、竞争实力与发展潜力。党的十八大以来，以习近平同志为核心的党中央以前所未有的力度强化国家战略科技力量，重要科研主体创新能力不断提升，战略性创新平台体系不断完善，战略性创新资源空间布局不断优化，战略性科技任务实施取得重大突破，不断推动我国科技事业实现跨越式发展。

党的十八大以来，我国陆续实现"嫦娥"奔月、"蛟龙"探海、大飞机梦圆、北斗全球组网、5G 商用时代开启、三代核电技术取得新突破……这些成果背后，国家战略科技力量都发挥了重要作用。这些成果的取得，对提升国际竞争能力、应对科技革命和产业变革、实现高质量发展意义重大。

构建新型科技创新举国体制，发挥国家战略科技力量，需要把政府、市场、社会有机结合起来，加强各类创新主体的衔接与协同，各行各业协力攻关，东中西部合作创新，在优势互补的基础上，实现各类创新主体各自发挥

① 《习近平著作选读》(第一卷)，人民出版社，2023 年，第 493 页。

所长。通过体制机制改革破除企业、大学、科研院所之间的合作障碍，健全各类创新主体整合协同的新型举国体制，探索现代科技创新主体的有效运行机制，实现科技产业金融融通发展，深化改革与创新发展统筹推进，通过机制的创新让国家战略科技力量充满活力，汇聚形成全国上下勠力同心、锐意创新的磅礴力量，不断推进实现科技现代化。

3.扩大开放合作，共建“一带一路”科技创新之路，打造开放创新生态

开放合作是科技自身发展的内在要求，也是应对全球共同挑战的必然要求。在习近平关于科技创新的重要思想指引下，我国坚持开放包容、互惠共享的国际科技合作理念，目前已与160多个国家和地区建立科技合作关系，参与200多个国际组织和多边机制。我国在应对气候变化、清洁能源等重点领域广泛开展国际合作研究，与60多个国家、地区和国际组织开展联合资助。“一带一路”科技创新行动计划成果丰硕，建设了一批联合实验室。牵头组织国际大科学计划和大科学工程，积极参与国际热核聚变实验堆、平方公里阵列射电望远镜等国际大科学计划和大科学工程。在重点领域搭建更多国际科技交流合作平台，为来华工作的各国人才提供广阔发展舞台，让中国成为全球创新创业的沃土。

科学技术是世界性的、时代性的。目前人类正处于第四次工业革命大变革的时代，科学技术正处于不仅是全方位而且是加速度的大发展进程中。人工智能、生命科学、物联网、机器人、新能源、智能制造等一系列创新带来了物理空间、网络空间和生物空间三者的充分融合。科学技术是一把双刃剑，第四次工业革命在深刻变革人类文明的同时，也必然会给人类社会带来一系列全新的问题与困境，在各国公民的就业、科技与社会的伦理、社会治理、国际社会公共安全、经济全球化进程中的分配正义、恐怖主义威胁、科技化泛滥等领域带来全新的挑战，正如有人说“人类一旦插上科学的翅膀将有可能飞回石器时代”。全球化的推进已经使得各个国家之间的联系在客观上越

来越紧密,因此,面对世界科技的急剧进步,必然要求国际社会站在人类文明永续的立场上,以技术进步共同体的态度和立场,不仅加强技术合作推动技术进步,而且正视技术进步的成果被滥用的事实和可能由此产生的对人类无法估量的毁灭效应。

党的十八大以来,习近平高瞻远瞩地提出了构建人类命运共同体的倡议,并通过提出并践行共建"一带一路",来推动构建人类命运共同体。改革开放特别是党的十八大以来,我国对外科学技术合作交流不断扩展、加深,科技创新活力不断得到激发和释放,科技整体能力得到提升。经济全球化使创新资源在全球加快流动,各国经济科技联系更加紧密。随着构建人类命运共同体的倡议的提出和不断落实,越来越多的国家参与到共建"一带一路"的进程中,为世界各国在经贸、科技等各个领域开展全方位的合作,不断开辟新的合作空间。

"一带一路"有助于各个国家的技术交流。"一带一路"并非仅仅是一个口头的号召,从共建"一带一路"提出开始,中国便致力于与"一带一路"沿线国家在政策上加强沟通,协商制定推进有利于区域合作的规划和措施;在道路上加强联通,致力于交通便利化,打通从太平洋到波罗的海的运输大通道,完善跨境交通基础设施建设;在贸易上加强畅通,"一带一路"成员国加强探讨和沟通,消除贸易壁垒,推进互利共赢,并降低货币流通成本,加强各国人民之间的友好往来。这一倡议使"一带一路"沿线国家开展共同建设,共享"一带一路"带来的经济、科技等各个方面的成果。在科技方面,由于世界经济、科技发展的不平衡,一些国家有很好的技术,比如德国、英国、日本等,在一些重要的技术领域都做得很成功,但是对技术市场的开发并不都那么充分;而大多数的发展中国家,由于在技术方面与发达国家存在差距,在自身技术不足的方面通常需要发达国家技术的支持。共建"一带一路"能够为发达国家的技术带来广阔的市场前景,为发展中国家带来丰富的技术支持,有利于各国的共同发展。

共建"一带一路"能够有效解决一些全球性技术问题。一些全球性的技术问题，单靠某个国家是很难解决的，只有各国联合起来，共同协作，才有利于问题的良好解决。比如气候变暖等地球环境问题的解决，需要清洁能源的广泛利用和碳排放量的大量减少。通过"一带一路"可以充分利用中亚国家的广阔沙漠地带资源，建设大规模的太阳能发电站和风电场；在技术方面则利用发达国家的先进技术，比如日本的智能电网和储能技术，来解决太阳能和风力发电的不稳定性问题。太阳能和风能发电的充分开发，除了可以产生巨大的经济效益，使参与国都能从中获益，而且可以提供大量的可再生清洁能源，解决一些国家的能源短缺问题，有效减少对不可再生能源的消耗，降低碳排放量，减缓全球气候变暖的危害。

全球深化合作的加强，有助于中国和各国的技术进步事业。"一带一路"通过合作建设面向沿线国家的科技创新联盟和科技创新基地，为各国在科技领域的充分交流与合作开辟了顺畅的通道，不仅能在资源、能源、人才方面加快加强流通和配置，而且也为科技创新方面的更广泛合作创造了条件，使各个国家能够在基础研究、应用研究、科技成果产业化方面深化和加强合作，为世界各国在大科技项目方面的合作提供更大的便利，也有助于提升我国在全球创新格局中的地位，为深度参与全球科技治理、推动构建人类命运共同体贡献中国智慧。

共建"一带一路"，构建具有共同一致的利益、责任和命运的人类技术进步共同体，使各国之间通过协商与协作，共同面对和解决人类面临的技术进步困境与挑战，使技术进步更好地服务于人类的繁荣、进步、安全与发展的需要，不仅服务于人类目前的发展，而且服务于人类更加美好的未来。

第三章　中国化马克思主义技术进步思想的主要内容及特征

通过前文对中国化马克思主义技术进步思想历史发展演变的分析，我们能够发现，中国化马克思主义技术进步思想是中国革命、建设、改革中推进技术进步的具体现实，以及时代特征与马克思主义技术进步思想相结合的理论成果，这是对马克思主义中有关技术进步重要思想的全面阐述与应用。

自延安时期以来，中国共产党运用马克思主义基本原理，为指导我国的技术进步，总结提炼了丰富的有关技术进步的功能、途径、主体及保障条件的思想理论，构成了中国化马克思主义技术进步思想的主要内容。在指导中国技术进步事业中，依据不同时代、具体国情而发展演进、逐步完善，体现出时代性与实践性相统一、现实性与人民性相一致、开放性与创新性相结合的特征。这些理论及思想，有效地指导我国技术进步事业取得了辉煌的历史成绩，并将进一步在民族复兴的过程中发挥重大作用。

一、中国化马克思主义技术进步思想的主要内容及其演进

（一）技术进步的功能

科技是生产力，是能够直接作用于生产的生产力，这是马克思主义理论

中极为重要的思想之一。马克思主义深刻揭示了技术的社会功能,不断强调在历史进程中技术进步的重要推动作用及意义。技术进步是一种至高的革命。技术的不断进步,在我国体现在其与我国当今经济社会发展程度及当前所处的国际政治、经济形势紧密相连。随着我国不同时期的发展,经济社会及科技各方面的具体国情发生变化，国家在不同历史阶段各方面的发展面临的困难及问题也有所不同，基于国家发展需要通过技术进步得以解决的主要矛盾也存在差异，这些都势必会引起对技术进步主要功能认知的差别及变化。

1.满足国防及人民生活需要

新中国成立前后，无论是最高领导人还是党中央均极其重视科学技术发展,经毛泽东批准的十年科技规划“在任务安排上,建议打基础,抓两端。一方面是农业以及科技解决了温饱问题，另一方面是科技匹配了国防的前沿高精尖技术”,深刻反映出毛泽东对技术进步在国家社会建设中提高生产力及巩固国防的功能及作用的思想。

首先,毛泽东对科技进步与生产力提升的正面联系表示肯定。早在延安时期,中国共产党就重视技术进步,主要是为了满足战争以及人民生活的需要。此时毛泽东认为,自然科学是用于解决人民衣食住行等生活方面的诸多问题。[①]1949 年新中国成立后,毛泽东反复强调科技对于发展生产力的重要性,提出向自然开战。20 世纪 50 年代,当世界科技发展日新月异,新技术革命即将来临时,毛泽东引导编制并实施了 1956 至 1967 年的“十二年科技规划”,对科技与生产力的关系做了富有时代特征的阐述:“中国在进行社会主义建设的这一过程中,只有利用如今一切可以利用的科技成就,并且通过自身努力不断充实且发展这些科学技术成就，才能不断提升我国的社会生

① 《毛泽东文集》(第二卷),人民出版社,1993 年,第 269 页。

产。”[①]毛泽东在听完十二年科技工作规划汇报后，就对科技提升生产力的重要性进行了精确的阐述。毛泽东表示：“科学技术这一仗，一定要打，而且必须要打好。过去我们打的是上层建筑的仗，是建立人民政权、人民军队。建立这些上层建筑干什么呢？就是要搞生产。搞上层建筑、搞生产关系的目的就是解放生产力。现在生产关系是改变了，就要提高生产力。不搞科学技术，生产力无法提高。”[②]

其次，毛泽东高度重视技术进步对于增强军事及国防实力的重要作用。毛泽东认为，科学技术关系到国家的安全及国家的独立。为确保国家安全，对于以科技为代表的工业科技应予以优先发展、大力发展，并以此作为提升我国综合实力与国际地位、国际影响力的重要动力。近代以来，每一次科技革命都极大地推动了武器装备的发展，促进了军事领域发生重大变化。在延安时期，毛泽东要求科技为抗战及建立新中国服务。为保证抗战的胜利，毛泽东提出了“自己动手，丰衣足食”的号召，开展了大生产运动，并指出，要打倒日本帝国主义，实现民族独立，必须建立新式工业，要学习各种技术知识。[③]在1949年建国伊始，毛泽东就高瞻远瞩，以其战略家的眼光，率先提出了国防现代化这一概念，他说：“建设社会主义，原来要求是工业现代化，农业现代化，科学文化现代化，现在要加上国防现代化。”[④]经毛泽东修改并同意，1958年8月2日，聂荣臻元帅在中国共产党八大二次会议上的发言中指出：“现代最新科学技术的掌握以及与此有关的现代化工业部门的建立，是我国

① 中共中央文献研究室：《建国以来重要文献选编》（第9册），中央文献出版社，1994年，第437页。

② 《毛泽东文集》（第八卷），人民出版社，1999年，第351页。

③ 《毛泽东文集》（第三卷），人民出版社，1999年，第146~147页。

④ 《毛泽东文集》（第八卷），人民出版社，1999年，第116页。

国防现代化的必要前提。"[①]也就是说,毛泽东强调,要通过技术进步,来建设现代化国防。尤其是抗美援朝战争使毛泽东及中央领导人真正意识到现代战争就是科技水平的较量。聂荣臻回忆抗美援朝战争时说:"帝国主义敢于欺负我们,就是因为我们落后。为了摆脱被动局面,我们得尽快地前进,这就需要大力发展科学技术。"结合当时中国的科技及工业情况,毛泽东提出:"我们的陆军、空军以及海军都必须有充分的机械化的准备以及设备。"[②]毛泽东把通过技术进步，研制及使用机械化的武器装备作为现代化国防建设的重要任务。

1950年前后,随着二战结束,全球科技发展速度全面提升,提高了现代国防的科技含量。尤其是面对美国赤裸裸的核威胁，毛泽东决心研制原子弹。1956年毛泽东在主持政治局扩大会议时提出要研制原子弹,要尽快把反应堆、加速器建立起来。关于原子弹,毛泽东说:"在当今世界,如果我们想不被别人欺负,我们就离不开它。"并亲自指挥"两弹一星"的研制,取得了辉煌的成就。

2.发展国民经济

1978年,邓小平对于科学技术就是生产力这一重要思想进行了明确。这是邓小平对当时世界经济发展趋势、经验及科学技术在现代生产力发展中的重要地位和作用的总结。邓小平对于科技与生产力的描述可以认为是在中国社会环境下,对马克思主义的继承、发展及重新诠释,也体现了邓小平关于技术进步的功能及作用的核心观点。马克思在其著作中早已明确,科学技术作为生产力中极为重要的一个关键性因素，它既拥有一般生产力的特

① 中共中央文献研究室:《建国以来重要文献选编》(第11册),中央文献出版社,1995年,第378页。

② 中共中央文献研究室:《建国以来毛泽东军事文稿》(中卷),军事科学出版社、中央文献出版社,2010年,第171页。

质,又是直接生产力。结合当时的时代条件及中国的具体国情,邓小平将技术进步的功能及作用主要聚焦在提升经济发展方面。

邓小平肯定了科技进步在社会生产力方面的意义与作用，并且作出了科学技术就是第一生产力的更高评价,邓小平指出:“马克思说过,科技是生产力,事实证明这话讲得很对。依我看,科学技术是第一生产力。”[①]实际上,在社会主义发展史上，科学技术是生产力这一原理长期没有得到应有的认识,不管是在中国还是苏联及东欧国家,科学技术的生产力功能都有意无意地长期被遮蔽。直到改革开放前夕,在全国科学技术大会开幕式上,邓小平首次引用了马克思关于“生产力也包括科学技术”的讲话,并指出科学技术是生产力之后,科学技术生产力论才逐渐成为我们的理论共识及行动指南。生产力是指在生产实践过程中,人类在改造并影响自然过程时,逐渐形成适应社会需要的物质力量,表现为人类解决同自然之间矛盾的能力,科学技术是生产力中至观重要的因素。所谓第一生产力,是指科学技术在影响生产力的诸要素中最为重要,对生产力诸要素起决定性作用。邓小平注意到了当代自然科学对社会物质生产各个领域的深刻而广泛的影响,指出“科学技术的发展和作用是无穷无尽的”[②],尤其是 20 世纪后半叶,随着信息技术、现代控制理论及工业自动化技术的不断进步与发展，生产过程的自动化程度大大提高,生产效率呈几十倍、几百倍的增长,这些都显示出科学与技术的强大力量,并且充分展示了“科技作为生产力,越来越显示出巨大的作用”[③]。

邓小平深刻地揭示了技术进步对政治、经济及社会生活带来的影响。邓小平在承认科技是第一生产力的基础上，进一步指出发展生产力是我国社会主义初级阶段的根本任务,因而必须提高科学技术水平、提升国际竞争

---

① 《邓小平文选》(第三卷),人民出版社,1993 年,第 274 页。

② 《邓小平文选》(第三卷),人民出版社,1993 年,第 17 页。

③ 《邓小平文选》(第二卷),人民出版社,1994 年,第 87 页。

力、提升我国人民的物质生活与文化生活水平，社会主义政治经济体制全面融合，国家安全的可靠保证，都是建立在科学技术水平充分提高的基础上的。[①]

邓小平将技术进步的最主要功能集中在发展社会经济这一大局。1979年，邓小平在会见日本首相大平正芳时重新诠释了"四个现代化"，并且战略性地将科学技术看作现代化中最为关键的因素，最终目的是发展国民经济。他指出科学技术的现代化在农业现代化、工业现代化、国防现代化中的基础作用，国民经济高速发展的目标，没有科学技术的高速发展是不可能实现的。[②]基于当时落后的经济形势，发展经济成为我国社会主义建设的大局，邓小平认为，"在党的十一届三中全会后，我们探索了怎么搞社会主义。归根结底，就是要发展生产力，逐步发展中国的经济"[③]，要"硬着头皮"克服阻碍、战胜困难，先把经济搞上去。还认为经济提升是一个大局，"一切都要服从这个大局"[④]。发展科技是为了服务于生产力水平的提升，发展生产力是为了发展国民经济。邓小平着重指出，"不管你搞什么，一定要有利于发展生产力。发展生产力要讲究经济效果"[⑤]，贫穷不是社会主义，"科学技术主要是为经济建设服务的"[⑥]，建设科学技术现代化的首要目的就是发展国民经济。

3.实现可持续发展，提升综合国力

经济发展与技术进步息息相关。在20世纪，由于各行业科技的全面进步与发展，科技在相当程度上改变了人类的生产方式、生活方式乃至思维方式。江泽民指出："科学技术作为第一生产力，已经成为经济发展以及社会进

① 《邓小平文选》(第二卷)，人民出版社，1994年，第86页。
② 《邓小平文选》(第二卷)，人民出版社，1994年，第86页。
③ 《邓小平文选》(第三卷)，人民出版社，1993年，第117页。
④ 《邓小平文选》(第三卷)，人民出版社，1993年，第129页。
⑤ 《邓小平文选》(第二卷)，人民出版社，1994年，第312页。
⑥ 《邓小平文选》(第二卷)，人民出版社，1994年，第240页。

步的最具革命性的推动力量。"[①]2001年，江泽民在多个场合反复强调，"科学技术是第一生产力，是先进生产力的集中体现以及主要标志"[②]，指出在发展先进生产力过程中科学技术的关键地位及决定性作用，并再次确立了"科学技术是第一生产力，科技进步是经济发展的决定性因素"这一重要论断。[③]

技术进步对于提升我国的综合国力发挥着重要作用。江泽民明确提出，加强技术创新对提高整个国民经济的质量和效率，提高整个社会的劳动生产率及提高中国的国际竞争力具有决定性意义。[④]所以，我们必须发展科学技术，"为经济建设以及社会进步提供强大的动力与保障"[⑤]，"使科学技术成为我国跨世纪发展的强大推动力量"[⑥]。技术进步在推进我国农业发展中具有积极影响，江泽民强调，要"坚定不移地实施科技、教育兴农的发展战略"[⑦]。他在分析我国农业科技现状的基础上指出："我们的农业科技必须有一个大的发展，必然要进行一次新的农业科技革命。"[⑧]技术进步能够增强我国军队的战斗力、提升国防能力，江泽民指出，适应世界军事变革的趋势，必须实施科技强军战略，"要提高武器装备的科技含量"[⑨]，要依靠科学技术成果优化军队体制编制，全面提升官兵科技素质，并提出要大力促进国防科技工业创新，实现国防科技建设的技术跨越。

技术进步有助于我国实现可持续发展。可持续发展是在对过去发展方

---

① 江泽民：《论科学技术》，中央文献出版社，2001年，第214页。

② 江泽民：《在中国科协第六次全国代表大会上的讲话》，《人民日报》，2001年6月23日。

③ 江泽民：《论科学技术》，中央文献出版社，2001年，第92页。

④ 江泽民：《论科学技术》，中央文献出版社，2001年，第148页。

⑤ 江泽民：《论科学技术》，中央文献出版社，2001年，第215页。

⑥ 江泽民：《论科学技术》，中央文献出版社，2001年，第200页。

⑦ 《毛泽东邓小平江泽民论教育》，中央文献出版社、人民教育出版社、北京师范大学出版社，2002年，第238页。

⑧ 江泽民：《论科学技术》，中央文献出版社，2001年，第81页。

⑨ 中共中央文献研究室：《江泽民论有中国特色社会主义》（专题摘编），中央文献出版社，2002年，第460页。

式及发展道路反思的基础上提出来的,是人类立足今天、放眼未来努力追求的目标。江泽民结合中国的国情,对以科技进步促进可持续发展的问题进行了深刻阐述。我国人口众多,满足人民生产生活需要巨大的能源资源消耗,相对巨大的需求来说我国的能源资源是显得不足的，而且为了子孙后代将来的生存发展,在现代化建设中,我们必须考虑资源的节约、充分利用及生态环境的保护问题,提高科学技术水平以确保可持续发展战略的实施,这不仅仅是一个关乎中国的问题,也是一个全球性的问题。江泽民根据当今世界科技革命发展的趋势，高瞻远瞩地指出,“科学研究应更加重视与人类前途命运攸关的全球性问题”[①],信息科学、生命科学、材料科学以及资源环境科学研究领域对中国未来的可持续发展至关重要。他认为,可持续发展“对中国的科技进步提出了紧迫的要求”[②],提出“要把控制人口、节约资源、保护环境放到重要位置”[③],江泽民对环境保护、资源合理开发利用、减灾防灾、人口控制、人民健康等社会发展领域的科技问题提出了具体要求及指导,对为改善生态环境、提高人民的生活质量及健康水平,促进经济及社会的持续协调发展给予了高度的重视。[④]

胡锦涛进一步继承并发展了江泽民关于技术进步能够提升综合国力以及实现可持续发展的思想。以胡锦涛同志为主要代表的中国共产党领导人,从21世纪、新阶段党和国家事业发展全局出发,面对中国在发展中日益积累的矛盾和问题及日益激烈的国际竞争，提出了科学发展观和要求实现经济又好又快发展的思想。胡锦涛对提升我国自主创新能力提出了更进一步的要求，另外也要求科技创新必须服务于也只能服务于我国社会经济发展

---

① 江泽民:《论科学技术》,中央文献出版社,2001年,第214页。

② 江泽民:《论科学技术》,中央文献出版社,2001年,第207页。

③ 中共中央文献研究室:《十四大以来重要文献选编》(中),中央文献出版社,1997年,第1463页。

④ 江泽民:《论科学技术》,中央文献出版社,2001年,第54页。

的重要任务，科学技术的发展方向应该与我国经济发展一致，着重解决那些严重影响我国经济发展的关键性科技问题。胡锦涛特别对我国能源资源短缺、生态环境保护方面的影响可持续发展的问题给予了高度关注，要求把解决这些问题放在优先位置。[①]科学技术是人类改造自然的强大力量，是人类解决自身面临问题的重要途径，也是经济社会发展的主要驱动力。在推进技术进步的过程中，胡锦涛强调，要“把在国民经济、社会发展、国防安全中重点发展、亟待科技提供支撑的产业以及行业作为重点领域”[②]，科技的进步可以解决目前限制我国经济发展的关键性技术瓶颈，从而全面提升我国的综合实力和自身安全保障能力，并且能进一步推动我国经济的可持续发展，提升我国的竞争力，胡锦涛指出，“从根本上说，增强发展后劲，增强我国经济国际竞争力，取决于科技进步以及创新”[③]，并强调“自主创新能力是国家竞争力的核心”[④]。坚持科学发展观，实现经济又好又快发展，是可持续发展之路，也“是紧紧抓住发展机遇、实现综合国力整体跃升的必由之路”[⑤]。

4.实现经济社会高质量发展，全面建成社会主义现代化强国

党的十八大以来，在党中央坚强领导下，我国科技事业密集发力、加速跨越，实现了历史性、整体性、格局性重大变化，科技实力正在从量的积累迈向质的飞跃、从点的突破迈向系统能力提升，科技创新取得新的历史性成就。习近平指出，科技创新是人类社会发展的重要引擎，是应对许多全球性挑战的有力武器，也是中国构建新发展格局、实现高质量发展的必由之路。[⑥]

---

① 《胡锦涛文选》(第二卷)，人民出版社，2006年，第405页。

② 《胡锦涛文选》(第二卷)，人民出版社，2006年，第405页。

③ 《胡锦涛文选》(第二卷)，人民出版社，2006年，第43页。

④ 《胡锦涛文选》(第二卷)，人民出版社，2006年，第404页。

⑤ 《胡锦涛文选》(第二卷)，人民出版社，2006年，第545页。

⑥ 习近平：《让多边主义的火炬照亮人类前行之路——在世界经济论坛“达沃斯议程”对话会上的特别致辞》，学习强国，https://www.xuexi.cn/lgpage/detail/index.html? id=3739761832398095338&item_id=3739761832398095338。

党的二十大从科技创新的角度，明确提出了中国共产党的中心任务就是团结带领全国各族人民全面建成社会主义现代化强国、实现第二个百年奋斗目标，以中国式现代化全面推进中华民族伟大复兴。为实现这个奋斗目标，党的二十大报告对加快实施创新驱动发展战略作出重要部署，强调坚持面向世界科技前沿、面向经济主战场、面向国家重大需求、面向人民生命健康的“三个面向”，加快实现高水平科技自立自强。

技术进步是推动经济社会发展，提升国际竞争力的关键因素。党的二十大强调，高质量发展是全面建设社会主义现代化国家的首要任务。我们必须完整、准确、全面贯彻创新、协调、绿色、开放、共享新发展理念，坚持以推动高质量发展为主题，着力提高全要素生产率，着力提升产业链供应链韧性和安全水平，推动经济实现质的有效提升和量的合理增长。习近平深刻认识到技术的经济、社会功能，以及新的历史时期技术进步在激烈的国际竞争中所处的战略地位。在日趋激烈的国际竞争局势中，科技的战略地位自然是不言而喻的，习近平指出：“综合国力竞争说到底是创新的竞争。”[①]在中共中央政治局第九次集体学习时，他着重强调了科技进步对于我国实现两个一百年伟大奋斗目标和推动社会进步的重要性。在2014年“两院”院士大会上，习近平集中论述了技术进步的作用，指出“科技是国家强盛之基，创新是民族进步之魂”。历史证明，在每一次的科技革命中，抓住科技革命机遇的国家都能在科技发展、经济增长、军事实力增强及国际竞争力的提高方面取得优势，比如，英国的崛起就是因为在第一次科技及产业革命中占据了先机，而错失了科技革命机遇的国家的国际竞争力则通常会变弱。因此，习近平指出，科技发展水平及科技创新能力关乎国家及民族命运，当今世界政治经济力量对比的变化主要由各国的科技实力来决定。从我国来看，工程科技在近

---

① 《习近平关于科技创新论述摘编》，中央文献版社，2016年，第7页。

几十年取得了很大的提升及发展，在提升我国十几亿人民生活水平及生活质量方面起到了举足轻重的作用，使我国的工业、农业、国防等方面都得到了增强。习近平在2016年的全国“科技三会”上，再一次着重强调了科技对民族、国家、社会的重要作用，指出“科技是国之利器，国家赖之以强，企业赖之以赢，人民生活赖之以好。中国要强，中国人民生活要好，必须有强大的科技”[①]。在漫漫历史长河中，我们可以很容易发现科技进步与社会经济发展是同步进行的，其内部蕴含了极为强大的推动力，能够深层次地对人类生产生活的各个方面产生影响。

经济全球化使各国之间的联系更加紧密，改变了国与国之间竞争与合作的方式，当今时代，一个国家想要在全球化的经济发展中领先于其他国家，科技竞争力是关键因素，占据着主导地位。在国民经济中，现代科技的成果所占比重也愈发增加，已经是推动社会生产力不断发展的关键动力。因此，习近平提出，要尤为重视工程科技的进步，指出“工程科技的每一次重大突破，都会催发社会生产力的深刻变革，都会推动人类文明迈向新的更高的台阶”[②]，在经济和社会发展过程中，工程科学技术和创新的进步在决定社会生产力的发展和劳动生产率的提高中起着日益突出的作用，在教育、文化、体育、保健、艺术和其他行业中的发展也有着重要影响。除此之外，现代科学技术特别是军事科技水平在综合国力中，也是实力的重要体现，各国在竞争中都把军事科技作为焦点。现代国家都致力于通过提升科技增强国力，争取国际话语权。习近平总结历史经验教训，指出，“近代史上，我国落后挨打的根子之一就是科技落后”[③]，要求我们要在科技兴军上作出努力，以科技创新

① 习近平：《为建设世界科技强国而奋斗——在全国科技创新大会、两院院士大会、中国科协第九次全国代表大会上的讲话》，人民出版社，2016年，第6页。

② 薄贵利：《强国宏略——国家战略前沿问题研究》，人民出版社，2016年，第315页。

③ 习近平：《在中国科学院第十七次院士大会、中国工程院第十二次院士大会上的讲话》，人民出版社，2014年，第4页。

提高军队战斗力，用强大的科技支持军队建设。

技术进步是实现民族复兴的核心力量。党的十八大以来，立足实现中国梦这一中华民族伟大复兴的历史重任，中国人民同心协力，努力奋斗。近百年来，中国人民的一切奋斗，归根到底是为了实现社会主义现代化及中华民族伟大复兴。“两个翻番”“两个一百年”的奋斗目标都需要强大的科技作为支撑，国家强首先必须科技强。习近平将推动技术进步放在了更为重要的位置上，强调：“实现建成社会主义现代化强国的伟大目标，实现中华民族伟大复兴的中国梦，我们必须具有强大的科技实力以及创新能力。”[①]新一轮科技革命及产业变革为后发国家的科技发展及赶超提供了难得的机遇，中国必须抓住这一关键性的历史机遇，将科技创新作为国家发展的核心政策，科技创新提高了社会生产力，增强了国际竞争力，增强了国家实力，还必须在保护国家安全方面发挥全面的战略支持作用。党的十八大明确提出实施创新驱动发展战略，要求“必须集中力量推进科技创新，真正把创新驱动发展战略落到实处”[②]。

技术进步是保障国家安全的关键基础。新时代的国家安全范围广阔，不仅包括传统的政治、军事、国土等，还包括经济、科技、网络、生态、资源、核、生物、太空、深海、人工智能等诸多领域，具有牵一发而动全身的影响。这些领域安全的维护，需要依靠技术的进步来得以保障。为此，习近平多次作出重要指示，比如，2022 年 4 月在海南考察时，习近平着重提出粮食安全和海洋、能源安全问题，指出要实现种业科技自立自强、种源自主可控，用中国种子保障中国粮食安全，鼓励农业科研工作者发扬胸怀祖国、服务人民的优秀品质，拿出十年磨一剑的劲头，勇攀农业科技高峰，“要推动海洋科技实现高

---

① 习近平：《在中国科学院第十九次院士大会、中国工程院第十四次院士大会上的讲话》，人民出版社，2018 年，第 2 页。

② 《习近平关于科技创新论述摘编》，中央文献版社，2016 年，第 23 页。

水平自立自强”,“加强原创性、引领性科技攻关,把装备制造牢牢抓在自己手里”,“努力用我们自己的装备开发油气资源,提高能源自给率,保障国家能源安全”。①

习近平对加强科技创新的重要性及紧迫性极为重视,2018 年 11 月 6 日在上海考察时指出,科学技术对国家前途命运及人民生活福祉具有前所未有的深刻影响,今天的中国正处在实现民族伟大复兴的关键时刻,科技创新的作用尤为关键,必须尽快加强科技创新能力的提升,以推动中国创新驱动发展战略的实施及新旧动能转换的进程。

党的十八大以来,我国科技创新不断取得新突破,已进入创新型国家行列,在此基础上,党的二十大明确提出下一步的目标,即到 2035 年,我国的科技实力要实现大幅跃升,实现高水平科技自立自强,进入创新型国家前列,基本实现新型工业化、信息化,建成科技强国。科技创新是我国推进中华民族伟大复兴的重要战略支撑,科技强则国强,把握住了科技创新,就把握住了我国建成社会主义现代化强国、实现全体人民共同富裕、使人民过上幸福生活的重要基础。

(二)技术进步的途径

技术进步总是通过一定的途径及过程得以实现,技术进步路径的选择密切关系着技术进步目标的实现。从历史发展来看,一个国家的技术进步可以是通过学习其他国家的先进技术来推进,也可以是通过自主探索进行创新来推进。但是采用何种技术进步的途径,与国家已有的技术水平和基础、技术条件及国际交流合作的情况等密切相关。

---

① 《习近平 2022 年 4 月 10 日至 13 日在海南考察时的讲话》,学习强国,https://www.xuexi.cn/lgpage/detail/index.html? id=14441428072441241766&item_id=14441428072441241766。

1.自力更生为主,争取外援为辅

倡导学习外国先进技术。20世纪40年代末期,世界处于一个新的科技革命即将来临的时期,欧洲科技已经相当发达,而新兴的中国百废待兴,现代科技还是一片空白。此时,毛泽东高瞻远瞩地提出要向外国学习,向发达国家学习的正确思路。毛泽东提出:“我们接受外国的长处,会使我们自己的东西有一个跃进。”[①]刚刚建立的新中国,迫切渴望向外国学习。毛泽东主张:“我们的方针是,一切民族、一切国家的长处都要学,政治、经济、科学、技术、文学、艺术的一切真正好的东西都要学。”[②]然而我们的热情却并没有得到积极的回应,西方资本主义列强对中国实施全面禁运及封锁政策,竭尽所能阻止先进技术进入中国。当时,放眼全球,也只有苏联,向中国提供了真诚而有力的援助,对中国科技事业的开拓以及发展起了重要作用。毛泽东一直都主张学习各国的先进科技,他即使在“文化大革命”这样严峻的国内形势下,也力主引进先进的西方设备。正如毛泽东所说:“我不是反对西方的一切,而只是反对那些帝国主义压迫人、欺侮人的东西。他们的文化科学我们要学习。”[③]

要把立足点放在自力更生的基础上。1955年前后,苏联在社会主义建设过程中犯下了重大错误。毛泽东结合我国建设社会主义过程中探索的经验,提出了“发展科技还是要以自己东西为主”的重要论断。[④]由于我国前期的科技建设主要来自苏联的全面援助,在科技发展过程中,缺乏独立自主思想,依赖思想盛行。1956年,毛泽东在对党的八大报告进行修改的过程中,对于这种观点提出了极为严厉的批评:“那种丧失信心,以为自己什么也不行,决

① 中共中央文献编辑委员会:《毛泽东著作选读》(下册),人民出版社,1986年,第751页。
② 中共中央文献编辑委员会:《毛泽东著作选读》(下册),人民出版社,1986年,第740页。
③ 《毛泽东文集》(第八卷),人民出版社,1999年,第159页。
④ 《毛泽东著作选读》(下册),人民出版社,1986年,第746页。

定中国命运的不是中国人自己,因而一切依赖外国的援助,这种思想是完全错误的。"[①]随着中苏关系恶化,1959 年 6 月,苏联政府片面撕毁了中苏国防新技术协定,1960 年 8 月,苏联从中国撤走了全部在华专家,带走了全部技术资料。另外,任何国际合作都是有条件,有保留的。苏联在对华援助上同样也是有限制及保留的,"在帮助中国建设工厂的整个时期,总是有一部分最关键的技术不告诉我们"[②]。1959 年起,其在国防尖端技术上对中国加紧限制的趋势更是越来越明显。苏联的背信及西方的封锁,使中国共产党深刻地认识到,发展科技事业同发展经济、文化及其他事业一样,最可靠的就是走自力更生的道路。中苏关系破裂后,毛泽东批准的科技规划,确定科技发展方针是"自力更生,迎头赶上"。毛泽东认为:"我们这些国家,要以自力更生为主,争取外援为辅。对外援要争取,但哪个为主,要考虑。自力更生好办事,主动。"[③]自中苏关系破裂以来,从 1955 年到 1975 年之间的 20 多年时间里,中国基本上失去了所有的外国援助。所有的科技体系都开始重新进行自行建设,正是由自己建立的科技体系,完成了我国科学技术的关键基础建设,并成功实现了"两弹一星"的研制,掌握了尖端武器。

自力更生并不排斥外援,不搞闭关锁国。自力更生是新中国科技方针的核心内容,中国科学技术的发展必须坚持"以我为主"的原则,但是也不能排外,闭关自守。不自力更生,不独立自主,不研究出自己的东西,是没有出息的。但是如果已有的成果可以利用而不去利用,耽误时间,造成损失,这不是自力更生,这是愚蠢。不能把自力更生理解为一切可以利用的现成成果不必利用了。中苏科技合作发生困难后,毛泽东、周恩来等一致同意在自力更生

---

① 中共中央文献研究室:《建国以来毛泽东文稿》(第 6 册),中央文献出版社,1992 年,第 148页。

② 中共中央文献研究室:《建国以来毛泽东军事文稿》(下卷),军事科学出版社、中央文献出版社,2010 年,第 173 页。

③ 《毛泽东文集》(第八卷),人民出版社,1999 年,第 158 页。

的基础上，积极寻求世界各国的技术支持，千方百计学习先进科技、利用先进科技，推进中国的技术创新。在处理自力更生及学习外国这一对矛盾中，毛泽东认为，学习国外技术，不能跟着别人亦步亦趋，或者一味依赖外国的现成技术，必须进行自己的探索及创造，要有独创精神。毛泽东提出，“外国有的东西，都要学到，用来改造以及发扬中国的东西”[①]，“吸收外国的东西，要把它改变，变成中国的”[②]，在学习外国经验中，也要通过发扬自力更生的精神，进行吸收及转化，用于实际并有所发展。

新中国虽然是在积贫积弱的情况下起步，但正是因为遵循了“自力更生为主，争取外援为辅”的方针，才不断取得科技经济的进展，顶住了西方的封锁及霸权主义的侵扰，坚定不移地走上了社会主义道路。回看过去的历史，毛泽东所提出的“自力更生为主，争取外援为辅”的科技方针，是正确的，是推进我国技术进步事业的科学指南。

2.开放引进，注重消化吸收

新中国成立后，前30年的技术进步历程已经证明，推进中国的技术进步事业，必须依靠中国自己的力量，在学习外国的基础上进行赶超及创新。但由于“文化大革命”期间受“左”的思想的影响、苏联背信及西方国家封锁，不能广泛开展国际交流与合作，基本上割断了与世界各国的联系，导致了中国国民经济走到了崩溃的边缘，给中国的技术进步事业造成了不可估量的损失，拉大了同世界先进水平的差距。“文化大革命”结束后，邓小平重申，发展科技还是要“坚持独立自主、自力更生方针”“还要学习人家的长处”。[③]深刻阐明了推进我国技术进步事业，科技兴国的根本方针是把自力更生与开放引进统一起来，自力更生为主，争取外援为辅。邓小平明确提出，在自力更

① 《毛泽东著作选读》(下册)，人民出版社，1986年，第751页。

② 《毛泽东著作选读》(下册)，人民出版社，1986年，第753页。

③ 《邓小平文选》(第二卷)，人民出版社，1994年，第91页。

生的基础上，通过对外开放，充分利用外国先进的科学技术成果及科学管理方式，促进我国社会主义现代化建设的快速发展。

开放引进，克服落后。20 世纪 80 年代之后，科学技术迅猛发展并得到广泛运用，国际化发展到了一个新阶段，国与国之间经济文化交流日益扩大。由于我国还处于社会主义初级阶段，人口众多，经济基础薄弱，与发达国家还有很大差距，在进行社会主义建设的过程中，我们还面临着资源相对不足、资金严重短缺、科学技术及管理比较落后、企业经济效益低等许多困难，既缺少经验及知识，也缺乏各方面的专业人才。鉴于这种情况，邓小平提出："不开放不行，不加强国际交往不行，不引进发达国家的先进经验、先进科学技术成果以及资金不行。关起门来是不行的。这叫对外开放。"[①]党的十一届三中全会公报还提出了"在自力更生的基础上积极发展同世界各国平等互利的经济合作，努力采用世界先进技术以及先进设备"。1983 年，邓小平在党的十二届二中全会上又明确指出，对外开放"要长期坚持"。邓小平提出的对外开放政策，为我们学习先进，引进利用外国的先进科技成果及科学管理方法，改变落后状况，加快我国的社会主义现代化建设奠定了基础。邓小平指出："我们现在要实现四个现代化，有好多条件，毛泽东同志在世的时候没有，现在有了。中央如果不根据现在的条件思考问题，下决心，很多问题就提不出来、解决不了。比如毛泽东同志在世的时候，我们也想扩大中外经济技术交流，包括同一些资本主义国家发展经济贸易关系，甚至引进外资、合资经营等。但是那时候没有条件，人家封锁我们。"[②]因此，我们引进吸收国外的先进科学技术成果、科学管理方法，让它服务于社会主义现代化建设，不仅是应该的，而且是必要的。

提出引进人才及智力的思想。邓小平提出了要有计划地引进先进的科

① 邓小平：《建设有中国特色的社会主义》（增订本），人民出版社，1987 年，第 105 页。
② 《邓小平文选》（第二卷），人民出版社，1994 年，第 127 页。

学技术成果，以及引进科学的经营管理知识，此外，还提出了“要利用外国智力”[①]的思想。利用外国智力主要包括两个方面：一方面是从国外引进智力及人才；另一方面是派人出国留学、考察、进修。1977年，邓小平就提出要接受华裔学者回国及派人出国留学等想法。1983年7月，邓小平又进一步指出：“要利用外国智力，把外国人请来参加我们的重点建设以及各方面的建设，办教育，搞技术改造。”[②]邓小平提出“利用外国智力”的思想，其意义在于破除过去的封闭自守、夜郎自大的旧观念，把我国科技人才的开发和利用纳入改革开放的轨道。利用外国智力，引进国外人才，可以促进一个国家的科技及经济的迅速发展，这已为不少国家的经验所证明。我国是一个发展中国家，在独立自主、自力更生的基础上积极引进利用外国智力，有利于加速国内智力资源的开发，更新我国科技人员的知识，提高自己的水平，缩短我们在许多方面摸索前进的时间。

坚持自力更生为主、争取外援为辅。邓小平在谈到开放引进问题时，总是强调要坚持自力更生的方针，他说：“提高我国的科学技术水平，当然必须依靠我们自己努力，必须发展我们自己的创造，必须坚持独立自主、自力更生的方针。但是，独立自主不是闭关自守，自力更生不是盲目排外。科学技术是人类共同创造的财富。任何一个民族，一个国家，都需要学习别的民族、别的国家的长处，学习人家的先进科学技术。我们不仅因为今天科学技术落后，需要努力向外国学习，即使我们的科学技术赶上了世界先进水平，也还要学习人家的长处。”[③]不能把开放引进理解为一切依靠外援，之前的经验教训已经证明，没有以自力更生为基础，只靠外援，是不可能实现我国经济科技进步的目的的。必须把自力更生与开放引进统一起来。从外国引进新技术

---

① 邓小平：《建设有中国特色的社会主义》（增订本），人民出版社，1987年，第20页。

② 邓小平：《建设有中国特色的社会主义》（增订本），人民出版社，1987年，第20页。

③ 《邓小平文选》（第二卷），人民出版社，1994年，第91页。

是完全必要的，但是不能照搬照抄，要有所改造、有所创新，从而跨越科学技术的某些发展阶段，以带动整个国民经济的发展。

自力更生与争取外援都是能够推动技术进步的有效途径，两者既相互依存，又相互转化，在不同的情况下对技术进步的作用不同。在中国探索自己的现代化道路中，虽然我们在改革开放时期大量地学习国外先进技术，但是我们不能让自己国家技术进步的事业全都依赖于对国外的技术引进上，学习国外的先进科学技术，是为了建设中国自己的先进科学技术体系，这是我们引进内容、方式及时间的根本指针。推进我国的技术进步事业，贯彻“自力更生为主、争取外援为辅”的方针，就必须把“科技兴国”的基点建立在自力更生的基础上，有分析有批判地学习外国技术，抵制腐朽思想的侵蚀。必须从我国的实际出发，制定适合我国国情的政策。邓小平在党的十二大开幕词中郑重宣告：“独立自主，自力更生，无论过去、现在以及将来，都是我们的立足点。”表达了中国在新形势下继续坚持走自力更生为主的发展道路的明确路线方针，也是对正确处理自力更生与改革开放辩证统一关系的指导。

3.扩大对外开放，提升自主创新能力

在迎接新千年之际，随着世界经济科技的发展及进步，国际科技合作不断增长，加强国际交流及合作，成为世界科技发展的重要趋势，也是各国应对科技全球化浪潮、推进科技进步与创新的必然选择。作为发展中国家，我国经济及科技实力与发达国家还存在较大差距。

扩大对外开放，充分利用国际科技资源。科学技术，是世界各国人民共同创造的人类文明成果，也能够为世界各国人民的生产及生活带来便利，技术后发国家通过实行对外开放，虚心向全世界学习，有助于科学技术的较快进步，并缩短其与技术先进国家的差距。江泽民强调：“不能搞闭关锁国，要引进先进技术。”[①]江泽民在参观国防军工展览时指出：“如果关起门来搞建

① 江泽民：《论科学技术》，中央文献出版社，2001年，第70页。

设,拒绝学习国外先进的东西,是不可能实现现代化的,必须面向世界,跟上世界科技进步的潮流。"[①]改革开放多年来的科学技术及经济发展的事实,以及此前的经验和教训都证明,在我国科学技术水平较为落后的情况下,只有扩大开放,通过积极参与国际科技交流与合作,充分发挥后发优势,才能进一步缩小与发达国家之间的科技差距,最终实现社会生产力的跨越式发展。江泽民指出,我国对外开放的水平及质量都必须得到进一步的提升,还必须重视国际的科技资源利用,加强国际科技交流与合作,"积极引进国外智力,吸收以及借鉴世界各国先进的技术以及管理经验以及其他一切文明成果"[②],以加快发展我国的科技。每一个国家都有自己科技方面的长处,对其他国家技术的引进和学习,并不是只在落后的情况下才有必要。江泽民强调:"即使我们实现了现代化,也还是要不断向其他国家学习,取长补短。"[③]因此,我们必须抓住有利时机,有选择地引进先进的技术装备及管理办法。

开展国际科技交流与合作,还要加强研究开发,不断提高自主创新能力。在1989年国家科学技术奖励大会上,江泽民从如何对待引进国外先进技术的角度,逐步地提出科技创新的问题,指出要"做好引进项目特别是重大项目的可行性研究,做好引进技术的消化吸收以及国产化工作,在高起点上创新,增强自主开发能力"[④]。

在开展国际科技交流与合作的过程中,必须始终把坚持自力更生为主与国际合作为辅有机结合起来,坚持独立自主的基本原则,以开放态度积极引进全球先进的科技成果。江泽民曾说:"要对引进国外先进技术与国内自主研究开发工作统筹规划,做到有机结合。"[⑤]就是说,在引进上必须有规划,

① 江泽民:《论科学技术》,中央文献出版社,2001年,第212页。
② 江泽民:《论科学技术》,中央文献出版社,2001年,第94页。
③ 江泽民:《论科学技术》,中央文献出版社,2001年,第55页。
④ 江泽民:《论科学技术》,中央文献出版社,2001年,第9页。
⑤ 江泽民:《论科学技术》,中央文献出版社,2001年,第56页。

不可盲目引进一些不适应我国发展需求的技术，或者重复引进某些技术造成资源的浪费。另外,引进是为了能够在最节省时间及资源的情况下发展科技,但这对一个国家科技发展的帮助和作用是有限度的,因此我们不能只是依靠技术引进,还必须尽可能地加强自主研究开发,坚持不懈地着力提高国家的自主研究开发能力。尤其是“在一些战略性、基础性的重大科技项目上，我们必须依靠自己,必须拥有自主创新的能力以及自主知识产权”①。江泽民强调:“要不断提高我们自己的研究开发能力,提高创新能力,使我国跻身国际科技发展的先进行列。”②

我们还必须清醒地认识到，能够买得到的技术都是其他国家已经发展成熟的,因此其他国家会愿意出让以获得相当的经济利益,但对于关系国民经济命脉的最先进技术,各国基于自身的发展都会考虑予以保留。若一个国家的自主创新能力始终无法提高,那么就犹如无根之萍,单纯依靠引进外国的资金与技术是无法从根本上解决科技落后问题的。在技术上没有创新能力的国家,在国际上是不可能有很强竞争力的,因此我们要实现强国梦,必须加强技术创新,将科技的发展掌握在自己手里。

胡锦涛继承并发展了江泽民的技术进步思想，提出进一步扩大科技开放合作,增强自主创新能力。胡锦涛指出,在科技迅猛发展及经济全球化不断深入的背景下,要打开全球视野,抓住国际科技资源加快流动及重组的重要机遇,积极开展全方位、多层次、高水平的国际科技合作,提高中国科技发展的国际化水平,促进高起点创新。要求重视各种形式的国际和区域科学技术的交流与合作，加强对全球科学技术资源的利用，加强技术的引进与合作,引进、消化、吸收和创新。并要求我国着眼于国家战略需要,着眼于重大国际科技项目,鼓励我国科学家发起和组织国际科学技术合作项目,并支持

① 江泽民:《论科学技术》,中央文献出版社,2001 年,第 212 页。

② 江泽民:《论科学技术》,中央文献出版社,2001 年,第 56 页。

科研机构在国外建立研发机构。并且要加强启动和发展国家科技项目合作，为了在中国建立研发机构，并为国内外的大学和研究机构建立联合研究平台，有必要集中精力支持国际学术机构和跨国公司。重点应放在改善政府间科学技术合作机制，提高外国科学技术合作水平，促进外国科学技术合作和加强民间科学技术合作上。①

2010年1月，胡锦涛视察中国商用飞机有限责任公司上海飞机制造有限公司时，提出："一定要注重自主创新，我们在高新技术上与国外还存在距离，要在较短的时间内赶上外国，就要比他们走得快，要坚持自主创新，努力在核心关键技术上取得突破。要通过开展多种形式的国际合作，积极引进国外技术成果，在消化、吸收的基础上再创新，以缩短赶超时间。"②2012年，胡锦涛在上海合作组织成员国元首理事会上的讲话中指出，要把上海合作组织建设成为地区经济发展的推动力量，呼吁各成员国要努力建成铁路、公路、航空等领域的互联互通，要加强科技、文化、教育、卫生等领域合作，开发高技术产品，发展高技术产业，全面提高我国经济在未来全球经济中的竞争力。

4.扩大国际科技交流合作，走自主创新道路

走自主创新道路，是中国在新时期推进技术进步的必然选择，是由中国技术在目前历史发展阶段的时代特点决定的。党的十八大之后，随着科技经济体制改革，我国在众多领域的相关技术得到了充分支持，从而实现了弯道超车，进一步缩小了与国外先进技术水平的差距，部分技术甚至领先于世界水平，我国技术开始由之前的跟跑逐渐向并跑甚至领跑转变。引进先进技术的红利进一步缩小，自主创新能力的提升达到前所未有的重要程度。

自主创新是在新的历史阶段推动我国技术进步的需要。习近平指出："过去三十多年，我国发展主要靠引进上次工业革命的成果，基本是利用国

① 《胡锦涛文选》(第三卷)，人民出版社，2006年，第604页。

② 《胡锦涛文选》(第三卷)，人民出版社，2006年，第309~310页。

外技术,早期是二手技术,后期是同步技术。如果现在仍采用这种思路,不仅差距会越拉越大,还将被长期锁定在产业分工格局的低端。在日趋激烈的全球综合国力竞争中,我们没有更多选择,非走自主创新道路不可。"[①]我国在科学技术领域与发达国家还存在较大的差距,尤其是在创新能力上的差距更为明显。新中国成立尤其是改革开放以来,我国的技术进步更多的是靠引进国外先进技术,但是对引进技术的消化并不充分,没有充分地把引进的技术变成自己的创新能力,以至于落入"引进—落后—再引进"的恶性循环。随着如今全球科技进步迭代的速度进一步加快,新技术的更新周期越来越短。如果我国一直依赖技术引进,缺乏自主创新,那么将永远无法实现超越,尤其是关键核心领域受制于人的状况也会难以改变,如中兴、华为等企业近年的遭遇,因而最终影响到我国经济的发展和中华民族伟大复兴目标的实现。

掌握关键核心技术必须自主创新。习近平指出:"实践告诉我们,真正的核心关键技术是花钱买不来的,靠进口武器装备是靠不住的,走引进仿制的路子是走不远的。我们要在激烈的国际军事竞争中掌握主动,就必须大力推进科技进步以及创新,大幅提高国防科技自主创新能力。"[②]尤其是在国家安全领域要加强关键核心技术的自主创新工作,核心技术是国之重器,关系国家核心安全和关系国民经济命脉的关键核心技术不可能在市场中获得,即便是有钱也买不来,只能通过自主研发。习近平要求广大科技工作者要摒弃幻想,要靠自己,自力更生、自主创新,"自力更生是中华民族自立于世界民族之林的奋斗基点,自主创新是我们攀登世界科技高峰的必由之路"[③]。而且,我国科技已经具备通过自主创新发力加速的基础。我国经过几十年的努

① 《习近平关于科技创新论述摘编》,中央文献版社,2016 年,第 35 页。

② 《习近平关于科技创新论述摘编》,中央文献版社,2016 年,第 43 页。

③ 习近平:《在中国科学院第十七次院士大会、中国工程院第十二次院士大会上的讲话》,人民出版社,2014 年,第 10 页。

力，已经建立了完备的科研体系，各个领域的科技发展都具备了相当水平；通过教育及科学技术实践，培养了宏大的科技人才队伍；在国家的支持、号召及广大科技工作者的努力之下，我国的科学技术、工程及产业的自主创新能力正在不断增强。

自主创新扩大科技国际交流合作，必须充分利用全球资源。党的十八大以来，国家对扩大科技国际交流合作投注了更多重视。党的二十大报告指出，要"扩大国际科技交流合作，加强国际化科研环境建设，形成具有全球竞争力的开放创新生态"[①]。为加强国际科技交流合作，我国从国家层面，积极搭建平台，多次召开有关互联网、人工智能等高技术的国际交流会，并为加强国际科技人才交流出台了大量新的举措。

习近平在党的二十大报告指出，科技创新要坚持面向世界科技前沿，"我们强调自主创新，绝不是要关起门来搞创新"，我们"要深化国际交流合作，充分利用全球创新资源，在更高起点上推进自主创新，并同国际科技界携手努力，为应对全球共同挑战作出应有贡献"[②]，加强自主创新与加强国际交流并不矛盾，应该是相得益彰的。闭门造车是不切实际的，也是完全没有必要的。当我们可以学习国外先进技术时，没有必要一定要从头开始进行研究开发，我们要通过国际科技交流与合作积极开展工作，在充分发挥主动性及创造性的基础上，把国际国内对我国技术进步有利的资源都利用好。习近平指出，科技成果应该造福全人类，表示中国将以更加开放的思维和举措推进国际科技交流合作，同各国携手打造开放、公平、公正、非歧视的科技发展环境，促进互惠共享。[③]

① 《习近平著作选读》(第一卷)，人民出版社，2023 年，第 29 页。

② 《习近平关于科技创新论述摘编》，中央文献版社，2016 年，第 43 页。

③ 习近平：《让多边主义的火炬照亮人类前行之路——在世界经济论坛"达沃斯议程"对话会上的特别致辞》，学习强国，https://www.xuexi.cn/lgpage/detail/index.html?id=3739761832398095338&item_id=3739761832398095338。

在自主创新的基础上强调加强对外交流，不仅能够获得需要的资源，而且能够开拓我们的视野，有利于我国技术进步事业的推进。因此一定要持有开放的心态，“我们强调自主创新，不是关起门来搞研发，一定要坚持开放创新，只有跟高手过招才知道差距，不能夜郎自大”①，更何况，新技术是人类的文明成果，我们没有理由、也不应该拒绝任何有益于我国社会发展、人民生产生活水平提高的新技术。

今天中国的科技综合实力已经大大提高，我们的学习可以更加主动，完全照搬的领域可以更加缩小。进入21世纪，以科技创新能力为核心的综合国力竞争日趋激烈，只有树立更加坚定的民族自信心，坚持走以自主创新为主的科技发展道路，中国的科技事业才能实现新的跨越。

（三）技术进步的主体

马克思主义认为，任何事物的运动、变化及发展都有其主体。技术进步是人类重要的社会实践，主体就是对其实施推动的行为者。我国技术进步的主体以其组织的方式可以分为个人、群体及全体；以其对技术进步的影响方式，可分为现实主体与潜在主体，还可分为直接主体与间接主体。重视技术进步，就不能不重视技术进步的主体。技术进步事业的推进必须要靠人才。我们党历来重视人才工作，高度重视发挥人才在技术进步事业中的重要作用。随着技术进步的推进，我国技术进步主体的认知也在历史进程中呈现阶段性的特征。

1.重视科技人才、队伍的建设

无产阶级要有自己的技术队伍。早在革命战争年代，毛泽东就提出：“为着扫除民族压迫以及封建压迫，为着建立新民主主义的国家，需要大批的人

---

① 习近平：《在网络安全以及信息化工作座谈会上的讲话》，人民出版社，2016年，第13页。

民的教育家以及教师，人民的科学家、工程师、技师、医生、新闻工作者、著作家、文学家、艺术家以及普通文化工作者。”[①]在新中国成立后，他又指出，若想要从根本上改变我国科技、文化及经济领域的落后局面，“决定一切的是要有干部，要有数量足够的、优秀的科学技术专家”[②]。毛泽东还在1956年的知识分子问题会议上发表了指示，要求在科技及文化领域进行一次彻底革命，改变愚蠢无知状况，提出必须依靠知识分子来建设社会主义国家。毛泽东还指出，“无产阶级没有自已的庞大的技术队伍以及理论队伍，社会主义是不能建成的”[③]，基于科技人员严重短缺的问题，他又提出，要建设一支强大的科技队伍，发展科学技术，服务于工人阶级和社会主义建设。

“尊重知识，尊重人才”是邓小平的科学技术人才与教育思想的核心，正是从“尊重知识，尊重人才”的目的出发，邓小平挺身而出，拨乱反正，坚决推翻了“四人帮”强加在广大知识分子头上的“两个估计”，深刻地阐明了从事脑力劳动的人也是劳动者，知识分子是工人阶级的一部分，进而提出了建设四化必须依靠知识及人才的论断。知识分子是科学实践的主体。在我国社会主义条件下，进行现代化建设，大力发展社会生产力，向新科技革命进军，尤其需要知识及人才。“尊重知识，尊重人才”思想的提出，对转变人们的思想观念、转变社会风气起了极大的促进作用。

在改革开放进入新时期后，邓小平进一步强调要尊重知识、尊重人才。邓小平指出：“改革经济体制，最重要的、我最关心的，是人才。改革科技体制，我最关心的，还是人才。”[④]邓小平对发展教育及培养人才有深刻的认识，指出：“一个十亿人口的大国，教育搞上去了，人才资源的巨大优势是任何国

① 《毛泽东选集》(第三卷)，人民出版社，1991年，第1082页。

② 《毛泽东文集》(第七卷)，人民出版社，1999年，第2页。

③ 《毛泽东文集》(第七卷)，人民出版社，1999年，第309页。

④ 《邓小平文选》(第三卷)，人民出版社，1993年，第108页。

家比不了的。有了人才优势,再加上先进社会主义制度,我们的目标就有把握到达。"[①]目前,我国的科学技术从总体上来看还比较落后,其突出表现及重要原因就是我国的科技人才缺乏,已经无法满足日益增长的科技发展需求,所以,如何能够更好地建设科学技术队伍,就成为我们必须考虑的一个重要问题。

要把我国科学技术搞上去,除了要有正确的方针政策外,一个关键的因素就是要拥有一支强大的科学技术队伍。邓小平正确地分析了我国科技队伍的现状,阐明了搞好科技队伍建设的重要性,并就如何发现、培养及引进人才,改善科技人员的工作和生活条件等问题提出了具体措施及明确要求,表现了邓小平对科技队伍建设的重视和无微不至的关怀,对人才的高度重视,对科学技术发展趋势及时代特点的深刻理解及准确把握,对我们搞好科技队伍建设,促进科学技术的发展,有着重要的指导意义。

人才是第一资源,努力建设一支宏大的高素质科技人才队伍。江泽民从世界科技发展的趋势、国际竞争的态势及我国科技工作的实际情况出发,对科技人才问题予以高度重视,提出新生产力的开拓和发展、科技知识的传播、社会主义现代化建设,科技人才都是重要的骨干力量。党的十三届四中全会以来,江泽民反复强调:"人才资源是第一资源。"[②]并指出,"当今以及未来世界的竞争,从根本上说是人才的竞争"[③]。江泽民在接见出席第三届中美工程技术研讨会华人专家及会议代表时阐述了他关于人才的思想,"人才是科技进步以及经济社会发展最重要的资源,智力是活的知识力量","中国的改革以及建设,需要一批又一批、一代又一代既具有独立创新精神,又善于

① 《邓小平文选》(第三卷),人民出版社,1993年,第120页。
② 《江泽民文选》(第三卷),人民出版,2006年,第319页。
③ 江泽民:《论科学技术》,中央文献出版社,2001年,第197页。

向别人学习的优秀人才,这是我们各项事业发展的主要智力支撑”。[①]1997年9月，江泽民在中国共产党第十五次全国代表大会上作的报告中特别指出，人才作为引领科技进步,推动社会经济发展的重要动力之一,我国应建立一套有利于人才培养及使用的激励机制,积极引进外国科技工作者,并且鼓励留学人员学成归国或以其他合适的方式为我国的科技进步服务。

加强科学技术人才队伍建设,实施人才强国战略。胡锦涛在全国人才工作会议上明确提出要实施人才强国战略。胡锦涛提出:“国以才立，政以才治,业以才兴。人才问题是关系党以及国家事业发展的关键问题。”[②]并反复强调:“推动科技进步以及创新,关键在人才。”[③]胡锦涛认为,人力资源能够加速知识创新、技术创新及产业创新,已成为一个国家最重要的战略资源。归根结底,国家之间的竞争就是人才竞争。任何拥有人才的国家就自然拥有了竞争优势。谁能将人才的优势进一步转化为知识、技术及产业上的优势,谁就能够在激烈的竞争中赢得主动。[④]胡锦涛在庆祝载人航天飞行圆满成功大会上的讲话中表示:“当今世界的综合国力竞争,本质上是一场人才竞争。科技竞争,说到底也是人才竞争。加快发展教育以及科技事业,不断壮大人才队伍,是提高我国科技实力以及国家竞争力的关键所在。”[⑤]

人才是我国社会主义建设事业能够取得胜利的重要智力保证，创新型人才更是实现科学技术自主创新的关键。胡锦涛指出:“走中国特色自主创新道路,必须培养造就宏大的创新型人才队伍。”[⑥]建设创新型国家需要大批受过良好教育的创新型人才,要“把培养以及引进结合起来,不拘一格广纳

---

① 江泽民:《论科学技术》,中央文献出版社,2001年,第94页。

② 《胡锦涛文选》(第二卷),人民出版社,2006年,第123页。

③ 《胡锦涛文选》(第二卷),人民出版社,2006年,第178页。

④ 《胡锦涛文选》(第二卷),人民出版社,2006年,第124页。

⑤ 《胡锦涛文选》(第二卷),人民出版社,2006年,第389页。

⑥ 《十六大以来重要文献选编》(上卷),人民出版社,2006年,第502页。

群贤，建设一支规模宏大、结构合理、素质优良的创新人才队伍，逐步实现由人力资源大国向人才强国转变”[①]。

深入实施人才强国战略，大力培养造就创新型科技人才。当前新兴科技产业迅猛发展，对人才的需求量巨大。虽然我国目前已是人力资源大国，人才数量位居世界前列，但是“尖端”人才和科技领军人才较为匮乏，创新型人才的培养跟不上科技经济飞速发展的需要。人才资源是创新的第一资源。“功以才成，业由才广”，只有在创新实践中发现人才、培育人才、凝聚人才，把人才的积极性、创造性激发出来、调动起来，才能形成磅礴的创新力量，为人才强国和科技强国建设注入不竭动力。

要加快建设国家战略人才力量，加强科技领军人才、拔尖人才的培养。党的二十大报告指出，人才是科技创新的根本，培养造就大批德才兼备的高素质人才事关国家和民族长远发展大计，虽然当前我国研发人员总量位居世界首位，但我们仍然需要重视创新人才的培养。实施创新驱动，从本质上来看，其实就是实施人才驱动，没有科技型创新人才，就根本谈不上何为创新驱动。因此，习近平不断强调，人才资源是第一资源，也是创新活动中最为活跃、最为积极的因素。要把科技创新搞上去，建设科技强国，就必须“建设规模宏大、结构合理、素质优良的人才队伍”[②]，人才是科技发展的核心所在，要将人才资源开发放在首要的位置。

习近平在2014年“两院”院士大会上的讲话中着重谈到对人才的培养及人才队伍的建设问题：“我国要在科技创新方面走在世界前列，必须在创新实践中发现人才、在创新活动中培育人才、在创新事业中凝聚人才，必须大力培养造就规模宏大、结构合理、素质优良的创新型科技人才。”[③]党的二

① 《胡锦涛文选》(第三卷)，人民出版社，2006年，第602页。

② 《习近平著作选读》(第一卷)，人民出版社，2023年，第30页。

③ 习近平：《在中国科学院第十七次院士大会、中国工程院第十二次院士大会上的讲话》，人民出版社，2014年，第17页。

十大报告更是着重提出，要“努力培养造就更多大师、战略科学家、一流科技领军人才和创新团队、青年科技人才、卓越工程师、大国工匠、高技能人才”[①]。目前，世界各国都在抓紧发展高新科技，我国社会主义现代化进程也在不断加快，各国在综合国力的竞争过程中都十分注重高素质科技人才的培养。因为高素质科技人才对于国家进步，经济实力及生产力发展都起了至关重要的作用。

注重创新型青年科技人才的培养。青少年是祖国创新的未来，是支撑我国未来科技创新事业的后备军。人才是进行国家社会事业建设的关键，对高素质科学技术人才的培养，特别是对创新型人才及青年科技人才的培养，与我国经济发展及科技进步事业的长远发展紧密相关，在党的十九大报告中，习近平指出，“青年兴则国兴，青年强则国强”[②]。科技创新不仅需要高度重视现实主体的发展与壮大，还要高度重视潜在主体的培育、培养，这是确保我国科技创新接班人的质量和可持续发展的必然选择。习近平强调，要创新人才培养机制，充分把握科技创新人才在成长过程中的规律，只有拥有海量的科技创新青年人才，才能不断提升我国的科技创新活力，推动科技的不断创新发展，青年是科技创新的富有朝气、生机及活力的重要现实主体，推动科技创新和可持续发展，要注重培养青年科技人才。

我们不但要“要深化教育改革，推进素质教育，创新教育方法，提高人才培养质量，努力形成有利于创新人才成长的育人环境”，培养大批符合时代发展需要的高素质创新型人才及青年科技人才，还要“积极引进海外优秀人才，制定更加积极的国际人才引进计划，吸引更多海外创新人才到我国工作”[③]。习近平指出：“要发挥好现有人才作用，同时揽四方之才，择天下英才

---

① 《习近平著作选读》(第一卷)，人民出版社，2023年，第30页。

② 习近平：《决胜全面建成小康社会夺取新时代中国特色社会主义伟大胜利——习近平同志代表第十八届中央委员会向大会作的报告摘登》，《人民日报》，2017年10月19日。

③ 《习近平关于科技创新论述摘编》，中央文献版社，2016年，第111页。

而用之。”[①]就当前来说，我国在人才方面是存在较大缺陷的，虽然我国已成为第一科技人力资源大国，但“拔尖人才”严重不足。为此，习近平强调，要更好发现及培养拔尖人才，“要大兴识才爱才敬才用才之风，为科技人才发展提供良好环境”[②]，指出人才资源开发是科技创新的重中之重，要把人才培养、引进、使用等机制做进一步的改进和完善，使我们国家能够培养、造就出在世界上处于领先水平的科学家、科技领军人才、工程师及高水平创新团队，并且要将我们的人才工作的重点任务放在青年科技人才及一线创新员工上。

人才是科技强国的关键，要加强人才的国际交流。习近平强调，要“加强人才国际交流，用好用活各类人才。深化人才发展体制机制改革，真心爱才、悉心育才、倾心引才、精心用才，求贤若渴，不拘一格，把各方面优秀人才集聚到党和人民事业中来”[③]。要加强海内外人才的引进，使国内人才真正和国外人才流动起来，加强各个地区的经济发展，同时着重加强对国内创新型人才的培养，因为人才是推动科技创新的先行者，只有人才够多、够强，才能更好地推动科技创新的发展，才能更好地促进经济发展。

人才是创新的根基，是创新的核心要素，尽快形成一支极具创新精神，数量庞大且敢打敢拼的科技创新人才队伍，对我国科技与经济社会发展极为重要。

2.发挥企业、科研院所及学校作用，构建高效协同的创新体系

技术进步的关键在于科技创新。党的二十大报告提出，推进科技创新，要“优化国家科研机构、高水平研究型大学、科技领军企业定位和布局”[④]，为

① 《习近平关于科技创新论述摘编》，中央文献版社，2016年，第116页。

② 习近平：《为建设世界科技强国而奋斗——在全国科技创新大会、两院院士大会、中国科协第九次全国代表大会上的讲话》，人民出版社，2016年，第16页。

③ 《习近平著作选读》（第一卷），人民出版社，2023年，第30页。

④ 《习近平著作选读》（第一卷），人民出版社，2023年，第29页。

发挥企业、科研院所及学校的作用,构建高效协同的创新体系给出了重要指示。2022年《政府工作报告》提出,要着力培育“专精特新”企业,在资金、人才、孵化平台搭建等方面给予大力支持。

中国共产党对技术进步主体及技术进步主体系统作用的思想,也是随着科技、经济的进步及世界科技发展局势的发展而发展着的。新中国成立初期,我国的科技事业刚刚起步,主要是由政府主导。改革开放时期,逐步开始发挥市场的作用,部分企业开始引进吸收国外的先进技术进行产业化,政府的作用更多地偏向管理,政府在技术进步中的作用有弱化的趋势。江泽民指出:“切不可以为搞社会主义市场经济,就可以忽视政府在领导科技进步中的作用。”[①]当然,同时也必须重视市场及企业在技术进步中的作用。在社会主义市场经济体制下,注重发挥企业技术主体作用的市场机制与注重发挥政府服务职能的宏观管理体制都是技术进步不可或缺的手段。对于中国这样一个处于发展中的国家来说,必须将两种手段有机结合、正确运用,才能更快实现技术进步及经济发展。市场机制及宏观管理在科技领域中承担的角色及发挥的作用是不同的,与经济建设密切相关的技术开发及成果推广等活动应以市场机制为基础,政府可以给予必要的政策支持。基础研究、应用研究、高技术研究、社会公益性研究,以及涉及国家整体和长远利益的重大科技研究活动,则要以政府投入为主,并由少数重点科研院所和高等学校的科研机构稳定地从事这些方面的研究与开发工作,当然也要注重与市场需求的对接。

过去,我国的科技创新发展往往忽视了企业、市场和高校等关键性科技创新因素的作用,而是主要依赖政府部门的行政管理,但是在其角色的决定下,政府通常将重心放在服务地方区域经济发展,只偏重于科技创新管理实

---

① 江泽民:《论科学技术》,中央文献出版社,2001年,第57页。

践和其产生的效益上，以至于科技与经济脱节现象严重，各地区、各部门之间也缺少沟通和联系，各自构建一套科研体系，导致分工过细、机构重复、力量分散，而且造成科研课题的重复研究，浪费了本来就很宝贵的资源，同时也使得科技成果转化率对经济发展的贡献率较低。2015 年 11 月，《中共中央关于制定国民经济和社会发展第十三个五年规划的建议》强调，要推动政府职能从研发管理向创新服务转变，强化企业创新主体地位及主导作用，深化科技体制改革，扩大高校和科研院所自主权。党的二十大报告明确提出，“加强企业主导的产学研深度融合，强化目标导向，提高科技成果转化和产业化水平”①。

首先，要发挥企业创新主体作用。党的二十大报告明确指出，要“强化企业科技创新主体地位，发挥科技型骨干企业引领支撑作用，营造有利于科技型中小微企业成长的良好环境”②。在社会主义市场经济体制下，公司与企业是市场竞争过程中的主体。技术进步则是市场竞争过程中的重要手段之一，因此，在技术进步中公司与企业扮演着至关重要的角色。但是在新中国成立以来的很长时间内，受我国长期计划经济体制的影响，科技创新的主体一直是政府建立的科研机构。而我国企业受到经济粗放型增长方式的影响，普遍存在重资本要素的外延扩张，轻视技术进步的内涵突破的倾向，还没有成为技术开发的主体。这是造成我国科技与经济脱节的主要症结之一。

1997 年 9 月，江泽民提出，要“充分发挥市场以及社会需求对科技进步的导向以及推动作用，支持以及鼓励企业从事科研、开发以及技术改造，使企业成为科研开发以及投入的主体”③。在武汉主持召开国有企业改革及发展座谈会时，江泽民对国有企业的技术改造和技术创新寄予了高度期望，强

① 《习近平著作选读》（第一卷），人民出版社，2023 年，第 29 页。

② 《习近平著作选读》（第一卷），人民出版社，2023 年，第 29~30 页。

③ 江泽民：《论科学技术》，中央文献出版社，2001 年，第 93 页。

调了国有企业的中心地位，促进科技创新机制的加快形成，对企业在技术创新中的作用的发挥提出了具体要求："国有大型企业要建立自己的技术开发中心，加强技术开发力量以及资金投入，抢占技术制高点，增加技术储备，保持发展后劲。要引进先进技术，更要提高消化、创新能力，鼓励开发有自主知识产权的先进技术。"①并且我国开始注重构建科技创新体系，提出"有条件的科研机构以及大专院校要以不同形式进入企业或同企业合作，走产学研结合的道路，解决科技以及教育体制上存在的条块分割、力量分散的问题"，要求加强政府、科研机构、大学及企业之间的分工与协作，使科研机构及大学充分发挥在国家知识创新体系中的作用，同时促进技术创新成果更快更好地转化为现实生产力。江泽民还提出了要加强军民科研体系之间的融合。

胡锦涛指出："必须充分发挥企业在科技进步以及创新中的重要作用，使之真正成为进行技术创新以及科技成果转化的主体。"②胡锦涛提出，必须促进科技力量整合，打破部门分割，强化组织协调，实现产学研相结合，形成推动科技进步及创新的强大合力，加强公司、企业在技术创新方面的领先地位，加快建立公司、企业主要的技术创新体系，紧密整合生产、研究与开发，建立以公司、企业为主导的工业技术研发及创新体系，公司、企业需要建立技术研究与开发中心、发展机构；吸引公司、企业参与国家科技项目决策，增强企业的技术研发能力与攻坚克难水平，促进企业研发组织的技术和人力资源创新，培育并扩大创新型企业，促进生产、研究及应用决策，推动公司以创新决策、研发投入、科技机构和成果转化为主体。③

随着社会主义市场经济的不断发展及国际科技竞争力的增强，企业由于其与科技前沿的密切关系，在科技创新及技术进步中担负着越来越重要

---

① 江泽民：《论科学技术》，中央文献出版社，2001 年，第 131 页。

② 《胡锦涛文选》（第二卷），人民出版社，2006 年，第 178 页。

③ 《胡锦涛文选》（第三卷），人民出版社，2006 年，第 601 页。

的角色。习近平多次强调,“企业是创新的主体,是推动创新创造的生力军”[①],为了改变企业主体作用不明显的现象,进一步强调公司和企业在创新工作中的关键地位。习近平认为,企业直接面向市场,处在创新第一线,处在掌握民众需要的第一线,市场感觉敏锐,创新需求敏感,创新愿望强烈。应该鼓励及支持企业成为研发主体、创新主体、产业主体,鼓励和支持企业布局前沿技术,推动核心技术自主创新,创造及把握更多机会,参与国际竞争,拓展海外发展空间。培育一批具有突出核心技术能力及综合创新能力的创新型龙头企业,完善政策支持,要素进入,激励保障,服务监控,新技术新产品等长期机制,促进新形式的积极发展。[②]要更加重视发挥国有企业在推进技术进步事业中的原创性作用。习近平 2022 年 2 月在中央全面深化改革委员会第二十四次会议上明确提出,要推动国有企业完善创新体系、增强创新能力、激发创新活力,促进产业链创新链深度融合,提升国有企业原创技术需求牵引、源头供给、资源配置、转化应用能力,打造原创技术策源地。

发挥企业的技术进步主体作用,对加快创新成果转化应用,实现技术突破、产品制造、市场模式、产业发展的瓶颈至关重要。

此外,要发挥科研院所及高等学校的创新主体作用。1949 年新中国刚成立,我国便成立了中国科学院,发挥科研“火车头”的作用;1956 年后陆续成立了各类科研机构及相关管理部门及社团;1956 年前后对高等教育进行院系调整,以加强高校对科学技术研究方面人才的培养并承担一定的科研任务,形成了中国科学院、国防科研机构、高校、中央各部委科研机构及地方科研机构等五路大军。改革开放时期,邓小平除重视科研院所在科技进步中的

① 习近平:《为建设世界科技强国而奋斗——在全国科技创新大会、两院院士大会、中国科协第九次全国代表大会上的讲话》,人民出版社,2018 年,第 15 页。

② 习近平:《在中国科学院第十九次院士大会、中国工程院第十四次院士大会上的讲话》,人民出版社,2018 年。

作用外,对高等学校的科技力量也非常重视,他在20世纪50年代时就多次提出:“今后大学有三大任务,一是学习,二是生产,三是科学研究。三者互相联系,互相促进,不可偏废。”[①]还强调:“科学院以及大学可以多搞一些基础科学,但也要搞应用科学,特别是工科院校。”[②]有力推动全国高校纷纷走上教学、科研、开发协同并进的轨道。胡锦涛也进一步提出,务必解决科技发展水平与经济发展水平不一致的问题,使科研院所及高等学校提高服务经济社会发展的能力,要不断激发科研机构在推动经济社会发展过程中的引领作用与骨干作用,持续对科研院所进行深化分类改革,不断健全现代科技管理制度,引导和鼓励民办科研机构发展,加快世界一流大学及高水平大学建设步伐,发挥高等学校学科人才优势,培育跨学科、跨领域科研教学团队,提高高等学校科技创新能力。[③]习近平非常重视高校在科技创新中的重要作用,将一流大学看作是基础研究的主力军和重大科技突破的策源地,提出要完善大学创新体系,强调发挥大学在产生一流学术成果和培养一流人才、攻克“卡脖子”的关键核心技术方面的重要作用。[④]

3.重视政府作用,提升国家创新体系整体效能

新中国成立以来,政府在我国技术进步事业中展示出越来越强的引领作用。在技术进步中,政府有效发挥其主体作用,对我国技术进步事业非常重要。在现如今的知识经济时代,国家的创新能力主要包括知识创新及技术创新能力,是决定该国在国际竞争及世界格局中地位的重要因素。党的二十大指出,要“健全新型举国体制,强化国家战略科技力量”,“提升国家创新体

① 中共中央办公厅调研室宣传组:《向新科技革命进军的强大思想武器》,《科技日报》,1991年9月6日。

② 《邓小平文选》(第二卷),人民出版社,1994年,第53页。

③ 《胡锦涛文选》(第三卷),人民出版社,2006年,第601页。

④ 《习近平2021年4月19日在清华大学考察时的讲话》,学习强国,https://www.xuexi.cn/lgpage/detail/index.html? id=9409650215493625980&item_id=9409650215493625980。

系整体效能”。国家创新体系的建设,政府发挥着更为重要的作用,政府应发挥好宏观调控作用,不断地创造条件、平台和环境,提供资金政策支持、制定法律法规,提供政策指导和服务,促进各战略科技力量之间及国际交流与合作。

政府在我国技术进步事业中重要作用的发挥，基于社会主义制度的优越性。习近平指出,我国在推进科技体制改革的过程中,有一个重要法宝,那就是在社会主义制度下能够高效配置资源，集中力量办大事。依靠这个法宝,我国取得了许多重大科技突破。我们要继续发挥这个法宝的作用,做到真正根据国家发展需求设定目标，在市场失灵的领域实现对资源的有效配置及整合,更好地发挥政府的作用。[①]政府在宏观调控及组织管理方面的作用是我们需要发挥的优势,习近平强调:“要加快转变政府科技管理职能,发挥好组织优势。”[②]在科技创新中,有少数关系国家发展的重大创新项目,通常需要强大的组织及资金支持，且缺少即时的经济效益，一般企业难以承担,但由于其在国家发展中具有战略性、全局性、前瞻性的重要特点,必须要靠政府力量,整合社会资源,规划、动员与组织人力物力,集中力量来抓好。政府还要做好促进企业创新的法规、政策等的建设工作,包括加强知识产权保护、完善促进企业创新的税收政策,以及对创新主体的激励政策等。在创新成果转化方面,政府要加快建立技术创新成果的机制,使市场能充分发挥对技术创新成果的评价作用。[③]

新中国成立初期,我国组建了较为完备的科研系统,科研机构被划分为中国科学院系统、国防军工系统、高校系统、各部门、各地方五大块。但块与

① 习近平:《在中国科学院第十七次院士大会、中国工程院第十二次院士大会上的讲话》,人民出版社,2014年。

② 习近平:《在中国科学院第十九次院士大会、中国工程院第十四次院士大会上的讲话》,人民出版社,2018年,第15页。

③ 《习近平关于科技创新论述摘编》,中央文献版社,2016年,第60页。

块之间自成一体，相互封闭，协调性差，无法形成整体合力。同时，许多科研机构的设置追求“大而全”“小而全”，结果造成科研机构重复、科技力量分散、科研成果低水平重复等弊端。为此，江泽民指出，要对科技力量、资源的布局及配置进行优化，加强政府、科研机构、大学及企业之间的有机联系与分工合作，使技术创新成果更快更好地转化为现实生产力，加速高新技术产业的发展及传统产业的升级，[①]并在党的十六大报告中明确提出并强调，要“推进国家创新体系建设”[②]。胡锦涛继承了这一思想，在全国科学技术大会上的重要讲话中，首次提出了需要对我国的科学技术体系进行改革的战略构想，提出所有创新组织都需要发挥作用，实现分工合作，其中包括在科学技术资源分配中起根本作用的市场、在经济活动中起主导作用的政府、在技术创新中起主要作用的公司与企业，以及起骨干、主导作用的国家科研机构、大学与研究所，利用所有可以调动的一切力量，不断强化我国科技创新的整体实力。[③]

习近平十分重视科技创新体系在技术创新中的重要作用，2018 年 11 月 6 日在上海考察时指出，要以全球视野和国际标准推动张江综合性国家科学中心的建设，建设国际先进的研究所、研发机构、研究型大学，并加快世界一流的主要技术基础设施集群的建设。2016 年，习近平在中国科协第九次全国代表大会的讲话中指出，中国科学院、中国工程院是国家高端智库，科研院所及研究型大学是我国科技发展的主要基础所在，也是科技创新人才的摇篮，要高标准建设国家实验室，推动大科学计划、大科学工程、大科学中心、国际科技创新基地的统筹布局及优化，科研院所及高校是我国科技创新的

① 江泽民：《论科学技术》，中央文献出版社，2001 年，第 155 页。

② 江泽民：《全面建设小康社会，开创中国特色社会主义事业新局面》，人民出版社，2002 年，第 22 页。

③ 《胡锦涛文选》（第二卷），人民出版社，2006 年，第 406 页。

科学以及人才基础，在科学研究及探索中具有不同的特点，机构研究更注重目标导向，而大学研究更注重自由探索，我们需要加强两者之间的联系，相辅相成，形成互利合作的教育研究新模式。[①]习近平强调，要“明确企业、高校、科研院所创新主体在创新链不同环节的功能定位，激发各类主体创新激情以及活力”[②]，要求各创新主体明确自身定位，政府层面最重要的是进行制度设计及政策安排，创造良好环境；企业是创新投入及收益的主体，主要组合生产要素去开发新产品、新工艺，开辟新市场；研究机构要提供源源不断的技术发明、技术成果，提供有效的科学基础及技术支撑；高等学校固然也要提供技术发明与成果，但更重要的是培育和提供人才。用户是最直接感知需求的人群，也是创新推动的重要力量。习近平指出，必须“着力构建以企业为主体、市场为导向、产学研相结合的技术创新体系”[③]，最大限度发挥高校、科研院所、企业、政府的各方面优势，协同创新，形成推进科技创新的整体合力；加强自主创新团队建设，搞好科研力量及资源整合，依靠团队力量集智攻关，“推进产学研用一体化，支持龙头企业整合科研院所、高等院校力量，建立创新联合体”[④]，提出将政府、企业、科研机构、学校及用户纳入一个更为系统的创新体系中。

强化国家战略科技力量是提升国家创新体系整体效能、实现高水平科技自立自强的必然选择。党的十八大以来，我国国家战略科技力量得到持续强化。“十四五”规划纲要指出，加快构建以国家实验室为引领的战略科技力量，聚焦量子信息、光子与微纳电子、网络通信、人工智能、生物医药、现代能

① 习近平：《为建设世界科技强国而奋斗——在全国科技创新大会、两院院士大会、中国科协第九次全国代表大会上的讲话》，人民出版社，2016 年。

② 习近平：《在中国科学院第十九次院士大会、中国工程院第十四次院士大会上的讲话》，人民出版社，2018 年，第 15 页。

③ 《习近平关于科技创新论述摘编》，中央文献版社，2016 年，第 55 页。

④ 《习近平 2018 年 7 月 13 日在中央财经委员会第二次会议上的讲话》，学习强国，https://www.xuexi.cn/4351d2a4aea496a7769571ff6ec4e0fe/e43e220633a65f9b6d8b53712cba9caa.html。

源系统等重大创新领域组建一批国家实验室,重组国家重点实验室,形成结构合理、运行高效的实验室体系。并指出要推进科研院所、高等院校和企业科研力量优化配置和资源共享。党的二十大报告进一步强调,强化国家战略科技力量,优化配置创新资源,优化国家科研机构、高水平研究型大学、科技领军企业定位和布局,形成国家实验室体系。

党的十八大以来,在党中央坚强领导下,我国科技事业密集发力、加速跨越,实现了历史性、整体性、格局性重大变化,科技实力正在从量的积累迈向质的飞跃、从点的突破迈向系统能力提升,科技创新取得新的历史性成就,我国科技事业站在了新的历史起点上。

(四)技术进步的保障条件

技术进步是在一定的社会生产力条件下产生、发展,并通过技术转化为生产力这个基本途径来实现的。习近平 2014 年 8 月在中央财经领导小组第七次会议上的讲话指出:"要想让科学家多出成果,必须给他们创造条件。"与此同时,技术如何才能够迅速提升并有效转化为生产力,不仅涉及技术自身,还取决于是否有一个合理的技术进步环境和良好的保障条件。技术的改进、创新和技术转化为生产力能否顺利实现,都有赖于是否具有良好的保障条件。习近平提出:"要挖掘创新增长潜力,共同加强知识产权保护,在充分参与、凝聚共识的基础上制定规则,为科技发展打造开放、公平、公正、非歧视的环境。要深化创新交流合作,推动科技同经济深度融合,加强创新成果共享,努力打破制约知识、技术、人才等创新要素流动的壁垒,让创新源泉充分涌流。"[①]中国共产党在领导中国技术进步事业的过程中,随着实践经验的

① 《习近平 2022 年 5 月 18 日在庆祝中国国际贸易促进委员会建会 70 周年大会暨全球贸易投资促进峰会上的致辞》,学习强国,https://www.xuexi.cn/lgpage/detail/index.html? id=8418566556086313449&item_id=8418566556086313449。

积累和对技术进步保障条件认知的提升，采取了一系列有力举措，形成了关于改革科技体制、建设创新文化、完善科技伦理、健全科技法等改进和完善技术进步保障条件的丰富思想。

1.改革科技体制

进行科技体制的改革，目的是进一步解放我国的社会生产力，并且解决科学技术发展水平与我国社会经济发展水平不相符的问题。为此，中共中央于 1985 年颁布了《关于科学技术体制改革的决定》。邓小平指出，改革科技体制，是为了解放生产力。[①]总体而言，20 世纪 50 年代我国建立起来的经济体制及科技体制是基本适应我国生产力发展水平的。正因为如此，我们在很短时间里，以较少的资金和比资本主义国家更快的速度建立了比较完整的工业体系及科研发展体系，拥有一支数量可观、实力雄厚的科技队伍，成功研制出以“两弹一星”为代表的一批高技术成果，在航天技术、核技术、计算机技术、农业科学等一些领域领先或接近世界先进水平。实践证明，我国的社会经济制度及科技制度是优越的，是具有生命力的。不过，随着中国经济社会的发展，特别是改革开放以来，中国开始进入市场经济发展的新局面，日益暴露原有经济技术体系的弊端及不足。其主要缺点之一是技术与经济之间的脱节。显然，这种情况不能满足社会主义现代化及现代社会激烈竞争的要求。

为此，中国制定了具有长期领导意义的战略政策。换句话说，经济建设必须依靠科学技术，科学技术工作必须面对经济建设；做出了科技体制改革的决定并付诸实施，为我国科技工作打开了新的局面；提高了企业技术吸收以及开发能力；成功地制定并执行了“星火计划”“火炬计划”“863”计划等科技发展计划，“星火计划”是 1985 年 5 月国家科委向国务院送交的《关于抓

① 《邓小平文选》(第三卷)，人民出版社，1993 年，第 108 页。

一批“短平快”科技项目促进地方经济振兴的请示》报告中提出的，推动农村发展以科技为支柱的产业是发展我国社会主义商品经济的宗旨，“火炬计划”是国务院1988年8月批准、由国家科委组织实施的一项推动高新技术产业发展的计划，“863”计划是1986年3月3日，王大珩、王淦昌、杨嘉墀、陈芳允等四位科学家对跟踪世界战略性高技术发展提出建议，后经全面论证及反复修改，于1986年11月中央政治局及国务院批准了的“高技术研究发展计划纲要”，即“863”计划。以上这些举措的实施，致力于推进科研院所面向市场，对进一步解决经济与科技相脱节，促进经济与科技相结合，产生了重要作用。

通过科技体制改革，建立一个能与我国现如今社会主义市场经济体制及经济发展、科技发展水平相适应的新型科技体制，推动企业成为创新主体。1993年，江泽民在接见全国科技工作会议代表时，谈道：“处理好社会主义市场经济体制以及技术创新机制的关系，这是一个很重要的问题。”[①]科技体制改革是我国科技工作中的难点及关键环节。由于我国科学技术与经济建设存在着脱节现象，科技成果的转化率还不够高，不少企业，特别是大中型企业还缺乏积极、主动应用高新科技成果的机制，一些科研单位在分配上还存在严重的平均主义现象。江泽民指出，我国科技体制改革的目标，是建立一个能与我国现如今社会主义市场经济体制及经济发展、科技发展水平相适应的新型科技体制。他强调，要按照“稳住一头，放开一片”的方针及分类改革的原则，优化科技力量布局。要加快建设技术创新体系，推动企业成为科技创新的主体，应用开发型科研机构改革为企业化管理体制，改革社会公益类及基础研究类科研机构的建制及管理，建设高水平的科研基地。科技中介服务体系需要适应网络社会的特点进行完善，加强并完善对创新型高

---

① 江泽民：《论科学技术》，中央文献出版社，2001年，第39页。

新技术企业的培育。并且要加快科技体制创新步伐，为深化科技体制改革提供制度保障；建立竞争机制及激励机制，完善科研人员管理制度；建立有利于技术创新及科技成果转化为现实生产力的投融资体制；建立开放式科技体系，扩大国际交流与合作。同时还要改革人才管理体制，推动体制创新，促进机制转换，形成有效的竞争、激励机制，努力营造宽松和谐的环境，以利于创新人才的涌现。建立和完善人才资源市场的宏观调控体系，优化人才资源结构。采取吸引人才的灵活措施，有效利用国外人才资源。加大教育投入，提高受教育的综合素质。所有这一切，都需要有良好的科技体制做保障。

深化科技管理体制改革。深化科技体制改革必须要有科学的思路，随着对改革科技体制重要性的认识，胡锦涛为深化科学技术体制改革提出了明确的指导方针："要始终把科学管理作为推动科技进步以及创新的重要环节，不断提高科技管理水平。"[①]并指出要着力深化科技管理体制改革，完善统筹协调的科技宏观决策体系，构建完善国家科技核心决策制度，改进地方以及中央，科技相应单位与一些单位之间的协调互动机制，构建完善科技工作实施、决策、考评彼此督促、相对脱离的操作机制。[②]因此，要着力完善科技经费管理制度，建立健全科技项目公平竞争及信息公开公示制度，深化科技评价及奖励制度改革，注重科技创新质量及实际贡献，树立正确的科研导向及激励机制。目前国内的建设工作表明，越是高科技，越是现代化，越应当强化科学管理。就像胡锦涛强调的，必须一直将科学管理当作是促进科技创新与发展的关键过程，逐步增加科学管理能力。

党的十八大以来，党中央更加注重扫除技术进步壁垒，通过不断深化科技体制改革，推动建设规模宏大的国家级创新体系，不断提升创新体系整体效能。党的二十大报告指出，通过坚决破除科技创新领域体制机制弊端，我

① 《十六大以来重要文献选编》(下卷)，人民出版社，2006年。

② 《胡锦涛文选》(第三卷)，人民出版社，2006年，第602页。

国在科技创新领域的基础性制度框架基本建立，实现历史性变革、系统性重塑、整体性重构。建立国家科技创新体系，既要充分发挥每一类创新主体的作用，更要能够互相协调、互相促进，发挥协同创新的关键性作用。务必摆正公司企业在创新发展中的主体作用。习近平指出，要通过深化改革，使科学技术及经济社会发展渠道进一步开放，市场逐渐成为真正分配创新资源的原动力，使公司及企业成为真正的创新支柱。[①]另外，国家创新体系协同创新作用的有效发挥，必须突破原有制度桎梏以创新思想，进一步处理好政府与市场有形、无形之手之间的关系，大力促进科学技术推动经济发展。在科技改革与社会经济改革上，习近平提出进一步对二者进行深度整合、有效融合，对我国科技创新战略规划与科技资源体系配置进行改革，充分完善科技考核体系与创新激励机制，从而有效促进了相关产业的发展。习近平更明确地指出，有必要深化研究机构之间的合作并加快解决方案，解决好这个限制科学技术成果转化的重要问题。[②]为了更好地提升创新体系整体效能，2022年《政府工作报告》提出了实施科技体制改革三年攻坚方案，强化国家战略科技力量，发挥好实验室和全国重点实验室的作用，推进科研院所改革，改进重大科研项目立项和管理方式。

我国科技体制改革的总体目标是，建立一个能与社会主义市场经济体制及经济发展、科技发展水平相适应的新型科技体制。从目前来看，科技与经济的体制改革发展并不平衡，科技与市场“两张皮”问题仍然没有得到真正解决。所以，应当加强科技机制创新，构建完善具有活力、有效科学、更有质量的改革体系，提升整个社会的改革活力。我国要通过科技体制改革的推

① 《敏锐把握世界科技创新发展趋势，切实把创新驱动发展战略实施好》，《人民日报》，2013年10月2日。

② 习近平：《在中国科学院第十七次院士大会、中国工程院第十二次院士大会上的讲话》，人民出版社，2014年，第15页。

进，使科技创新重点领域改革实现多点突破，国家战略科技力量得到强化，中国特色国家实验室体系加快构建，高水平研究型大学、科研院所在实施国家重大科技任务关键性作用得到更好发挥，进一步提升企业科技创新主体地位。建立一个能与社会主义市场经济体制相适应的新型科技体制，加强政府宏观管理机制体制的改革，形成政府部门同市场领域的交流关系，全面促进经济制度创新与科技制度创新，核心举措为"构建开放、互动、竞争、协作的科研协同创新机制"[①]。

科技自主创新作为推动我国科技工作不断进步的强大力量，是我国改革开放进入深水区后仍然能够不断发展的助推器。我国技术进步的推进情况滞后于美国等发达国家，其原因是多层面的，除了历史的原因之外，科技管理活力不够、制度僵化等现象的出现也是很关键的一类因素。所以，必须构建健全高效、更有质量及具有活力的科技制度，加强科技制度创新，提升科技成员创新活力。习近平在中央政治局第九次集体学习时强调："要加快科技体制改革步伐，破除一切束缚创新驱动发展的观念以及体制机制障碍。"[②]2016年，习近平在"科技三会"上提出，要以推动科技创新为核心，引领科技体制及相关体制深刻变革；要加快建立科技咨询支撑行政决策的科技决策机制，加强科技决策咨询系统，建设高水平科技智库，要求着力改革、创新科研经费使用及管理方式，让经费为人的创造性活动服务，而不能让人的创造性活动为经费服务；要对如今的科技评价制度进行彻底的改革，以质量、贡献、绩效为导向，建立全新的科技创新分类评价体系，正确评价科技创

① 李文胜、景枫：《深化科技体制改革 助推科研协同创新》，《河北经贸大学学报》，2013年第3期。

② 《敏锐把握世界科技创新发展趋势，切实把创新驱动发展战略实施好》，《人民日报》，2013年10月2日。

新成果的科学价值、技术价值、经济价值、社会价值、文化价值。[①]

党的十八大以来，我国不断深化科技体制改革，提出在全国内实施创新驱动型发展的战略构想。2012 年，中共中央、国务院印发《关于深化科技体制改革加快国家创新体系建设的意见》，并于 2016 年发布了一系列有关加强体制创新，加快改革实施和开放发展战略的建议。这些科技制度创新文件的颁布，对国内科技制度创新进行了全面部署与顶层开发，有助于有效维护知识产权，提供公平、公开、公正的技术环境，提升科技人员改造力，强化高技能青年技术人才以及领军人才的培训，支持国民经济转型及产业升级。改革科研项目和经费管理制度，完善人才评价体系。通过科技体制改革，创造符合当前发展的制度环境是增强我国技术创新能力的重要保障。党的二十大报告指出，要深化科技体制改革，大力培育创新文化，健全科技评价体系和激励机制。深化科技体制改革，将推进我国创新体系整体效能得到显著提升。

2.建设创新文化，弘扬科学家精神

创新是客观条件的具备及主观努力的共同结果，良好的创新文化可以创造鼓励创新的文化氛围，从而激发科技工作者的创新意识与创新行为，是有助于创新的良好的空气。

全社会都要树立创新意识。在 1995 年全国科学技术大会上，江泽民分析历史发展趋势，强调了“创新是一个民族进步的灵魂，是国家兴旺发达的不竭动力”[②]的重要论断，把创新提到了前所未有的高度，表明我们对创新的作用及意义有了更加清醒的认识。同时，江泽民号召全党全社会都要树立创新意识。

促进创新文化的大发展，应大力弘扬改革创新精神。胡锦涛强调，对于

---

① 习近平：《为建设世界科技强国而奋斗——在全国科技创新大会、两院院士大会、中国科协第九次全国代表大会上的讲话》，人民出版社，2016 年，第 14 页。

② 江泽民：《论科学技术》，中央文献出版社，2001 年，第 55 页。

一个国家来讲，其创新文化与科技改革存在彼此激荡、彼此推进的紧密关系。“创新文化孕育创新事业，创新事业激励创新文化”[1]，推动技术进步，成立创新型国家，应该竭尽所能强化民族自尊、自强精神，尽量提升整个社会的改革创新活力，以实事求是、解放思想、与时俱进的原则为指引，经过理论改革，逐步促进文化改革、制度改革，为科技创新提供良好的机制土壤、科学理论及良好的社会氛围。以改革创新和爱国主义为核心的民族精神为指引，弘扬积极进取的时代精神，强化持之以恒、敢于攀登全球科技巅峰的胆量与信念，提升民族自豪感与自信心。必须在整个社会形成创新观念，强调改革精神，健全改革机制，尽量倡导敢冒风险的勇气，尽量创造扶持、激励科技成员创新的有益条件。必须在全社会弘扬科学精神、科学思想，推广科学研究方法，让广大人民群众产生爱科学、讲科学、用科学的社会风气。

发展创新文化，不但要全面汲取国际文化科学成果，也要努力发扬与传承优秀传统文化。胡锦涛指出，建设创新文化，就是要“倡导创新光荣，鼓励独立思考，保障学术自由，营造宽松包容、奋发向上的学术氛围，厚植创新土壤”[2]。我们应该将科技创新与普及科学知识看作同样重要的两个课题，提高全民族的科学文化素质，让广大群众更多地了解及应用科技知识，弘扬中华民族的创新精神，不断在全社会营造热爱科学、重视科学，用科学激发全社会创新活力的良好氛围。

必须大力弘扬科学家精神。进入新时代，习近平高度重视创新文化的培育和科学家精神的弘扬，党的二十大报告提出，要“培育创新文化，弘扬科学家精神，涵养优良学风，营造创新氛围”[3]。习近平指出，科技文化是科技创新的文化支撑，是科技创新的精神动力。培植科技文化，首先要在全社会广为

---

① 《胡锦涛文选》(第二卷)，人民出版社，2006年，第409页。

② 《胡锦涛文选》(第三卷)，人民出版社，2006年，第603页。

③ 《习近平著作选读》(第一卷)，人民出版社，2023年，第29页。

传播科学文化,“要结合贯彻落实今后10年全民科学素质行动计划纲要,围绕提高全民族科学文化素质,在全社会广为传播科学知识、科学方法、科学思想、科学精神,进一步形成讲科学、爱科学、学科学、用科学的社会风尚”[①]。其次,务必重视创新文化,形成创新理念。创新精神反映了科学认识与发展规律。没有创新,就没有发展。正由于产生了创新精神,人类才能够不断发展,社会历史潮流才会生生不息。除了对社会创新氛围的营造,创新精神的形成也尤为关键,习近平强调,“广大青年科技人才要树立科学精神、培养创新思维、挖掘创新潜能、提高创新能力,在继承前人的基础上不断超越”[②],“要在全社会积极营造鼓励大胆创新、勇于创新、包容创新的良好氛围,既要重视成功,更要宽容失败”[③]。在建设创新文化的过程中,习近平格外重视科学家精神的弘扬,指出“科学成就离不开精神支撑,科学家精神是科技工作者在长期科学实践中积累的宝贵精神财富”[④]。在农业、高新技术、基础研究、航空航天等各领域取得重大成绩时,习近平总是高度肯定和赞扬科学家们所发扬的孜孜求索、攻坚克难、永攀世界科技高峰的精神,习近平多次提出,要大力弘扬“两弹一星”精神、载人航天精神、探月精神、载人深潜精神等,并提出“我国广大科技工作者要勇于担当、勇于超越、找准方向、扭住不放,牢固树立敢为天下先的志向以及信心,敢于走别人没有走过的路,在攻坚克难中追求卓越,勇于创造引领世界潮流的科技成果”[⑤],习近平的讲话为从各个

① 习近平:《科技工作者要为加快建设创新型国家多作贡献》,《人民日报》,2011年5月28日。

② 习近平:《在中国科学院第十七次院士大会、中国工程院第十二次院士大会上的讲话》,人民出版社,2014年,第19页。

③ 习近平:《在中国科学院第十七次院士大会、中国工程院第十二次院士大会上的讲话》,人民出版社,2014年,第18页。

④ 《习近平2020年9月11日在科学家座谈会上的讲话》,学习强国,https://www.xuexi.cn/lgpage/detail/index.html? id=7740700147423427984&item_id=7740700147423427984。

⑤ 习近平:《在中国科学院第十七次院士大会、中国工程院第十二次院士大会上的讲话》,人民出版社,2014年,第13页。

方面加强创新精神和创新文化的建设提出了指导意见。加强科技文化建设对创新型国家具有重要意义。要建设创新型国家,我们必须创新文化氛围。加强自主创新,建设创新型国家,应当有效提升整个民族的创新精神,在整个社会尽量强调创新文化。科技创新作为一类创新工作,是前人没有走过的路。增加自主创新能力,强化科技改革创新,必须尽量强调敢冒风险的精神,"营造鼓励创新、宽容失败的氛围"[①]。在创新文化方面,其基本任务与条件是必须提供一类崇尚创新、激励创新、支持创新、敢于创新的文化环境及精神状态。创新文化有利于培育自主创新精神,使广大民众崇尚创新,积极投身于创新活动,更大程度地激起人们的进取心与创造欲。创新文化的建设,一方面使创新主体要敢于探索及冒险、勇于标新立异、善于开拓进取,坦然面对挫折及失败,忍受创业的艰苦;另一方面,在创新主体间要形成团结协作、公平竞争、宽容和谐的良好文化氛围,共同寻求突破与创新。

对科技创新发展环节而言,自主创新总是随着创新文化的浓厚而活跃,技术竞争力也随之更强。反之,若一个国家没有创新文化的氛围,对于那些具有创新能力的社会精英就会失去吸引力,失去创新氛围的凝聚力,从而在根本上导致其失去自主创新能力。

3.完善科技伦理

科技伦理问题并不是什么新问题,古今中外的思想家们对之早已有所认识。但是由于科技发展水平、人类实践能力的局限,在很长一个时期内人们并没有真正认识到这个问题的重要性。随着科学技术的不断发展,尤其是20世纪新科技革命以来,科学技术进入了加速创新的新时代。同时,科技作为一种改变自然和社会生活的方式和手段,其运用所导致的伦理问题也日益尖锐和复杂。比如,20世纪中叶以来,诸如原子弹、工业化学品、计算机和

① 习近平:《为建设世界科技强国而奋斗——在全国科技创新大会、两院院士大会、中国科协第九次全国代表大会上的讲话》,人民出版社,2016年,第17页。

基因工程所产生的后果均表明，科学技术是把双刃剑，具有双重的社会和生态效应。

科技伦理问题是人类在21世纪必须解决的重大问题之一。江泽民总揽时代和科技发展的全局，以政治家特有的历史责任感和政治远见，就科技伦理问题提出了一系列重要思想。江泽民曾提出，进入21世纪以后，科学技术发展必定更为迅速，深深地影响着人类社会及人类自身的发展。江泽民对科技伦理问题进行了深入思考，指出，科技对人类控制自然能力的提升及人类自身能力的提高起着不可忽视的作用，社会诸多问题都可以利用科学技术一一解决，其作用愈发突出。工业发展造成水、空气污染；大规模的开采和过度放牧造成森林与草原的生态破坏；生命科学、信息科学的发展，让世界人类开始重视与人自尊、遗传、健康息息相关的问题，使人类更加重视环保及生态安全。总而言之，科技运用于社会产生了伦理问题，江泽民特别提到了其中的三类问题，即生态伦理问题、生命伦理问题及网络伦理问题。生态伦理问题是由当今时代面临的主要环境问题——空气污染严重、世界性水源危机、森林破坏、物种减少及臭氧层破坏等提出的，生态伦理以尊重和保持生态环境为宗旨，以可持续发展为着眼点，强调人与自然环境之间的相互依存、相互促进，主张科技发展融合生态环境保护，结合人类所需的生活内在尺度与生态环境规律的外在尺度，能动地改造自然，使自然更好地为人类服务。生命伦理问题随着现代生命科学技术、分子遗传学和生物医药技术的发展，生命伦理越来越凸显，越来越多的人将面临技术和伦理的“两难选择”。网络伦理问题是20世纪90年代以来，随着信息网络化迅速发展而凸显的，互联网在为人类带来了无数便利的同时，也带来了许多负面影响，比如网上黑客和网上犯罪事件。因此，为了提升和加强人们对伦理问题的关注，江泽民在谈到这个问题时指出：“我们现在直接面对来自各界的信息，但要确保一点，即所有的事实都不应被歪曲。互联网也是如此。不然，人们就会问，如何在网上区别事实与歪曲呢？”[①]

科技伦理必须为科技的发展指明方向。科技伦理要求科技发展不可以威胁人类本身而必须为人类服务。江泽民强调，技术伦理的“核心问题是，科学技术基本应服务于全人类，服务于世界和平、发展与进步的崇高事业，而不能危害人类自身”[②]。这个论断揭示了科技活动最根本的价值原则和取向，一方面肯定了科技本身对人类社会的进步作用；另一方面也是对人类历史，特别是20世纪历史经验教训的一个总结，具有很强的现实意义。

科技伦理的建设必须注重科学发展。胡锦涛从可持续发展的角度强调了科技伦理的建设，强调了以人为本的可持续发展观，其提出的生态文明理念是尊重并顺应自然的，同时要保护自然，在充分保护环境的基础上节约资源，坚持的环保准则是节省资源、保护优先，以促进自然恢复，尽量推动循环发展、绿色发展及低碳发展，产生保护环境及节省资源的产业框架、空间分布、生活形式及生产模式。科技伦理必须致力于“从源头上扭转生态环境恶化趋势，为人民创造良好生产生活环境，实现中华民族永续发展，为全球生态安全作出贡献”[③]。

科技伦理建设要求依靠绿色科技创新促进绿色发展。习近平依照目前科技发展中最突出、最紧急的问题，将科技伦理建设的重心主要聚焦在生态伦理方面，非常重视依靠科技创新推进绿色发展，促进生态文明建设。中国长久以来通过高能耗、高投入与高污染的粗放式发展模式，使自然环境破坏问题严峻、生态资源耗费过度、经济领域发展和环境保护之间存在的分歧逐步突出。为了在“新常态”下处理社会、经济领域发展和自然环境分歧的问题，就应当执行一种凭借科技创新有益于绿色发展的方案。习近平强调，面

① 江泽民：《论科学技术》，中央文献出版社，2001年，第186页。

② 江泽民：《论科学技术》，中央文献出版社，2001年，第217页。

③ 《胡锦涛文选》（第三卷），人民出版社，2006年，第610页。

对全球挑战，要确保可持续发展战略能实现，人类必须发展科学技术。在新的时代，工程科技不论是创新还是发展都有新的使命。这里所说的科学技术的实质就是绿色科技。在习近平看来，“绿色科技成为科技为社会服务的基本方向，是人类建设美丽地球的重要手段”①。绿色科技作为一类适应自然准则，有益于减少自然损害和环境污染，节约资源。在人和自然协调的前提下，进行的科技发展，包含了从清洁加工至末端处理的一切科技。绿色技术能维护、优化环境与节省资源，既作为变更经济发展模式、推动自然文明建设、发展绿色经济的关键途径，又作为促进可持续发展的武器。作为一种技术创新模式，绿色科技创新可以帮助人与自然实现协调发展，能够满足可持续发展要求，有利于处理人类应对的能源及资源日益不足，可以有效维护自然环境。

事实上，习近平在党的十八大以前就注重强化绿色科技改革的关键性。他强调：“要加快开发低碳技术，推广高效节能技术，提高新能源和可再生能源比重。”②在中国实施绿色科技创新启动绿色发展方案，让中国绿色经济不断发展，能够利用有限的资源，在不破坏自然环境、不污染环境的前提下，增加资源运用率，促进我国生态文明建设。在博鳌亚洲论坛 2010 年年会开幕式上，习近平指出：“要加快开发低碳技术，推广高效节能技术，提高新能源和可再生能源比重。”③2016 年，习近平在“科技三会”上强调，“绿色发展是生态文明建设的必然要求，代表了当今科技和产业变革方向，是最有前途的发展领域。人类发展活动必须尊重自然、顺应自然、保护自然，否则就会受到大

① 《习近平关于科技创新论述摘编》，中央文献出版社，2016 年，第 98 页。

② 习近平：《携手推进亚洲绿色发展和可持续发展：在博鳌亚洲论坛 2010 年年会开幕式上的演讲》，《青海科技》，2010 年第 2 期。

③ 习近平：《携手推进亚洲绿色发展和可持续发展：在博鳌亚洲论坛 2010 年年会开幕式上的演讲》，《青海科技》，2010 年第 2 期。

自然的报复”[①]，“依靠科技创新破解绿色发展难题，形成人与自然和谐发展新格局”[②]。创新绿色技术，加以设计，将其融入生产的各个环节中，有利于在生产环节中避免污染物及废弃物的出现，促使其转化成合理的商品或资源，形成开发商品的绿色化与生产环节的零排放。在技术视角看来，绿色科技的发展能够促进低碳循环的发展，进而发展成为我国科技的根基。在世界范围内，不论是发达国家还是发展中国家，都在日益恶化的国际环境压力与资源耗竭的风险下尽量促进绿色科技创新，设计清洁加工技术，努力推动绿色发展。唯有通过绿色科技创新才会有利于解决发展问题，才可以形成生活形式和生产模式的绿色化，才会有益于形成人和自然协调发展的新局面。

习近平 2021 年 12 月 17 日在中央全面深化改革委员会第二十三次会议上的讲话中指出，科技伦理是科技活动必须遵守的价值准则，要坚持增进人类福祉、尊重生命权利、公平公正、合理控制风险、保持公开透明的原则，健全多方参与、协同共治的治理体制机制，塑造科技向善的文化理念和保障机制。

2019 年 7 月 24 日，中共中央全面深化改革委员会审议通过《国家科技伦理委员会组建方案》，表明我国的科技伦理建设开始进入顶层设计层面，将为推进我国科技创新体系建设提供更有益的规范和指导。

4.健全科技法制

现代科技的发展是一个复杂的系统，推进技术进步、科技的良好发展，需要科技、经济与社会发展的协调。随着科技不断进步，科技法制建设对技术规范的影响和作用也越来越重要。

中国共产党历来重视对科技工作进行规范。在革命战争和新中国成立

---

① 习近平：《为建设世界科技强国而奋斗——在全国科技创新大会、两院院士大会、中国科协第九次全国代表大会上的讲话》，人民出版社，2016 年，第 12 页。

② 习近平：《为建设世界科技强国而奋斗——在全国科技创新大会、两院院士大会、中国科协第九次全国代表大会上的讲话》，人民出版社，2016 年，第 12 页 。

初期，中国共产党对科技工作的规范主要通过政策来进行，例如，在《中国人民政治协商会议共同纲领》第五章中提出的"文化教育政策"就有如下要求："中华人民共和国的文化教育为新民主主义的，即民族的、科学的、大众的文化教育。"等到党的十一届三中全会之后，邓小平的"科学技术是第一生产力"思想才得以确立，迎着改革开放的春风，科技法制建设才得以重新起步，1982 年的宪法总纲、公民的基本权利和义务等章中，开始对技术进步进行了归纳性、原则性的规范。

加强科技法制建设，为科技进步与创新提供法制保障。随着社会主义市场经济体制目标的确立，科技在经济社会建设中的重要作用愈益凸显。科技创新和发展召唤着科学技术法治建设，科学技术法治建设维护着科技创新和发展。江泽民明确提出科技法制建设问题，对科技法制建设作出了一系列重要论述，有力推进了我国科技法制建设的发展。江泽民认为："适应科技发展的客观规律，把国家的重大科技政策通过立法程序上升为法律，可以大大推进科技进步。"[①]他指出，我们必须"大力加强科技法制建设，为实施科教兴国战略提供坚实的法制保障"[②]，"在我国加强科技法制建设，就是要按照依法治国、建设社会主义法制国家的要求，努力建设有中国特色的科技法制，保证党和国家的科技工作方针得到全面贯彻落实，推动建立适应社会主义市场经济体制和科技自身发展规律的新的科技体制，促进科技生产力的解放和发展，充分发挥科学技术对经济社会发展的巨大推动作用"[③]。在我国，为适应构建市场化经济制度的总体任务，1993 年颁布的《中华人民共和国科学技术进步法》，强调科学技术作为第一生产力的价值实现，强化科技领域要为推动经济发展服务，同时为发展高技术领域与高技术研究提出了详细

---

① 江泽民:《论科学技术》，中央文献出版社，2001 年，第 96~97 页。

② 江泽民:《论科学技术》，中央文献出版社，2001 年，第 96 页。

③ 江泽民:《论科学技术》，中央文献出版社，2001 年，第 97 页。

的指导和要求,表明我国科学技术管理制度进入新时期,走向法制化。我国于1996年试行《中华人民共和国促进科技成果转化法》,这是技术体制创新的新进展,有助于我国加快高科技成果转变成生产力的速度。

江泽民于1997年在《大力加强科技法制建设》的讲话中,就强化国内科学技术法制建设课题,要求"各级干部特别是领导干部,都要深刻认识科技法制建设的重要意义,切实加强对这方面工作的组织和领导",且强调要"认真研究运用法律手段促进我国科学技术进步同经济发展紧密结合的理论与实践问题"。江泽民强调:"要把我国科技事业发展的成功经验,特别是在改革开放中形成的、实践证明是行之有效的新机制和新体制,用法律形式确定下来,并继续加以完善。"[①]展望未来的技术发展,提出"要把握世界科技发展的趋势,充分估量未来科技发展对综合国力、社会经济结构和人民生活的巨大影响,增强对科技前沿领域的重要立法的预见性和系统性"[②],要"加大科技执法力度"[③]及"完善知识产权保护制度"[④]。江泽民有关科技法制建设的思想极大地推动了我国科技法制建设的繁荣与发展。

胡锦涛对于江泽民科技法制思想作了进一步的阐述。2006年,胡锦涛在全国科学技术大会上的讲话中要求,强化针对知识产权的维护力度,完善知识产权维护的相关法律平台,改进我国知识产权制度,有效开展知识产权维护的执法以及司法工作。同年,《关于实施科技规划纲要 增强自主创新能力的决定》正式颁布施行,其中提出了法治环境建设的课题,主要是要建立健全知识产权保护法,健全法律制度,严厉打击各种违反知识产权法的行为,为知识产权的产生、转移提供法律保障;高度重视自主知识产权的应用和保

---

① 江泽民:《论科学技术》,中央文献出版社,2001年,第97页。

② 江泽民:《论科学技术》,中央文献出版社,2001年,第97~98页。

③ 江泽民:《论科学技术》,中央文献出版社,2001年,第98页。

④ 江泽民:《全面建设小康社会,开创中国特色社会主义事业新局面》,人民出版社,2002年,第22页。

护，支持以我为主形成重大技术标准。知识产权法是对创新成果进行保护的专门法律，对知识产权的有效保护是保障科技创新环境的重要环节。

《中华人民共和国科学技术进步法》于2007年12月29日由人大常委审议修订之后，于2008年7月1日施行。修订后的《中华人民共和国科学技术进步法》将原有的与科学技术发展相关的战略、方针、目标等全部上升到法律地位，强化了科技工作的统筹协调和资源共享，突出了企业的技术创新主体地位，明确了科技创新知识产权工作的目标和措施，确立了科研诚信和宽容失败的制度，完善了科研机构管理制度和对科技人员的激励机制，从财政、金融、税收、政府采购等各方面构建促进自主创新的制度体系。这次修订是在贯彻落实党的十七大精神的新形势下的一次全面修订，给创新型国家的建设提供了重要的法律保障。

党的十八大以来，我国不断健全知识产权法规制度体系和保护体系，加大知识产权保护力度，知识产权事业得到了重大发展。为了应对知识型经济时期的挑战，在党的十八大报告中对实施创新驱动发展方案作了强调，也明确要求"实施知识产权战略，加强知识产权保护"。所以，在知识产权保护方面，我国的执法、立法工作获得了逐步的改进与加强，有助于科学技术生产力的发展。习近平针对当今时代技术创新发展中出现的情况，对知识产权的发展作出重要指示，提出要"抓紧修改完善相关法律法规，尽快完成促进科技成果转化法的修订，加快标准化法、反垄断法、公司法以及知识产权保护等方面的法律法规修订工作，研究制定商业秘密保护法、职务发明条例、天使投资条例等"[①]，以及要努力开展技术安全预警测试平台建设工作，针对基因编辑与人工智能，以及无人机与自动驾驶等方面，有效开展相应立法工作。[②]

① 《习近平关于科技创新论述摘编》，中央文献出版社，2016年，第68页。

② 《习近平在省部级主要领导干部坚持底线思维着力防范化解重大风险专题研讨班开班式上发表重要讲话 强调提高防控能力着力防范化解重大风险保持经济持续健康发展社会大局稳定》，《人民日报》，2019年1月22日。

并强调“要加大知识产权保护执法力度，完善知识产权服务体系”①，“要加强知识产权保护工作，依法惩治侵犯知识产权和科技成果的违法犯罪行为”②。

党的十八大以来，党中央全面加强知识产权的顶层设计。《深入实施国家知识产权战略行动计划（2014—2020 年）》《国务院关于新形势下加快知识产权强国建设的若干意见》《关于强化知识产权保护的意见》等一系列重要文件的出台，对深入推进知识产权建设，作出了明确部署。2020 年 11 月，十九届中央政治局第二十五次集体会议上，习近平提出要全面加强知识产权保护工作，部署制定《知识产权强国建设纲要（2021—2035 年）》，为我国知识产权事业的发展进一步绘制蓝图。党的十八大以来，知识产权已连续两次被纳入国家“十三五”“十四五”专项规划。

知识产权保护对科技创新至关重要，关系到创新环境和营商环境的建设和优化，保护知识产权就是保护创新。在 2023 年 4 月 26 日世界知识产权日，习近平向中国与世界知识产权组织合作五十周年纪念暨宣传周主场活动致贺信，指出中国始终高度重视知识产权保护，深入实施知识产权强国建设，加强知识产权法治保障，完善知识产权管理体制，不断强化知识产权全链条保护。国家知识产权局明确表示，将推进各类知识产业法律法规和制度规则的制定和修订工作。

---

① 习近平：《在中国科学院第十九次院士大会、中国工程院第十四次院士大会上的讲话》，人民出版社，2018 年，第 16 页。

② 《习近平关于科技创新论述摘编》，中央文献出版社，2016 年，第 59 页。

二、中国化马克思主义技术进步思想的主要特征

（一）时代性与实践性相一致

在我国，马克思主义技术进步思想在不同的发展时期，其理论的关注点存在差别，这是因为时期不同，面临的历史环境也不同。马克思主义在我国不断创新发展，体现了在中国不同发展阶段技术进步的现状，也体现了不一样的历史阶段对技术进步的不同要求。中国化马克思主义技术进步思想的发展进程充分展现了中国科技发展的时代特性。中国在促进国家科技进步事业不断前进的过程中，总是与时俱进地改进并形成正确的科学认知，审时度势地制定符合中国国情的科技发展战略。

20 世纪中期，新中国成立之后，应对严重的全球经济以及政治局势的压力，毛泽东关注到科技的价值，深入地了解到科技作为社会发展的强大助推器，对新中国的建设具有强大的推进作用。毛泽东强调，科技既具有强大的物质动力，同时也具有强大的精神动力，对中国的国防及生产力等具有重要作用。20 世纪 80 年代，和平与发展开始成为时代课题，我国在科技领域的发展既面对着外国开展竞争的冲击、也面临着国内改革带来的压力，邓小平恰恰是在这一时代环境下强调“科学技术是第一生产力”的观点，拓展了马克思主义技术进步理念。20 世纪末期，知识经济初露头角，全世界各地区各个国家竞争力的重点是科技领域，所以，江泽民强调“科学技术是第一生产力，而且是先进生产力的集中体现和主要标志”的观点，有效明确了科技发展对生产力进展状况的决定作用。21 世纪，经济全球化及科技竞争国际化，胡锦涛强调，要提高国内的自主创新水平、提升我国的科技竞争力及建设创新型国家的思想。习近平更是指出：“科学技术是世界性的、时代性的，发展科学

技术必须要具有全球视野、把握时代脉搏。”[①]习近平在“科技三会”上立足经济全球化推进及新科技革命到来的时代背景，结合我国实现中华民族伟大复兴中国梦的目标，认为：“要在我国发展新的历史起点上，把科技创新摆在更加重要的位置，吹响建设世界科技强国的号角。”[②]党的十八大以来，面临以信息技术为核心的新一轮科技革命的到来，习近平审时度势提出了贯彻创新驱动发展、依靠科技创新破解绿色发展难题及推动实现经济高质量发展，建设世界科技强国，以中国式现代化推进中华民族伟大复兴的发展战略。提出要推动战略性新兴产业融合集群发展，构建新一代信息技术、人工智能、生物技术、新能源、新材料、高端装备、绿色环保等一批新的增长引擎。[③]可见，从毛泽东、邓小平、江泽民、胡锦涛到习近平，中国化马克思主义技术进步思想始终是时代的产物，其鲜明的时代性便是佐证。

中国化马克思主义技术进步思想也表现出突出的实践性。中国化马克思主义技术进步思想主要来自我国推进技术进步的实践经验总结，然后用于进一步指导我国国内科技发展实践，其实践性极强。中国化马克思主义技术进步思想是伴随着中国社会主义建设工作而逐渐产生的，在充分反映时代需求的基础上，立足马克思主义立场，既坚持了马克思主义技术进步思想，毛泽东、邓小平、江泽民、胡锦涛、习近平等领导人又结合我国的国情，进一步发展了马克思主义技术进步思想，在理论研究、科技发展理念改革等方面都有所创新。毛泽东、邓小平、江泽民、胡锦涛、习近平等领导人都极为重视在我国社会主义现代化建设的实践中发挥马克思主义技术进步思想的指导作用。

---

① 习近平：《论科技自立自强》，中央文献出版社，2023年，第82页。

② 习近平：《为建设世界科技强国而奋斗——在全国科技创新大会、两院院士大会、中国科协第九次全国代表大会上的讲话》，人民出版社，2016年，第13页。

③ 《习近平著作选读》（第一卷），人民出版社，2023年，第25页。

在革命战争时期，毛泽东首先把自然科学看作是人们争取自由的一种武装。新中国成立后,毛泽东反复强调科技对于发展生产力的重要性,提出一定要打好科学技术这一战,不搞科技,生产力就无法提高。毛泽东对尖端科技的发展拥有一种异于常人的重视度,因为尖端科技可以增强国防实力,他指挥“两弹一星”的研制,取得了辉煌的成就。毛泽东将时代的需求和中国的建设实际相结合,对中国的科技作出了比较全面的长远规划,建构起了服务经济建设和国防建设的实用型科技体制。改革开放以来,邓小平基于中国经济科技与西方发达国家的强大差距,提出以经济建设为中心、建设四个现代化的思想,邓小平认为,科学技术是第一生产力,是发展生产力的工具性手段,只有运用在社会主义的实践中才能体现出科学技术的价值,农业、工业、国防的建设都需要以科学技术为基础。江泽民立足我国科技发展的实践和他本人领导科技工作的实践经历,基于全面建设小康社会、实现社会主义现代化的宏伟目标,科技的作用由此展现出来。以此为基础,江泽民对科技进步、生产力发展、经济技术之间的关系进行系统阐述,并针对新情况、新问题,提出了一系列新举措,以促进科技体制改革,全面加大我国科技事业实践力度。胡锦涛立足中国技术进步的实践,深入分析当代中国发展中的主要问题,提出了用科学发展观来统领,改进发展模式、改善资源环境与技术进步的矛盾,保证发展的可持续性。习近平在国际格局深刻演变、新一轮科技革命和产业变革突飞猛进的时代背景下,提出我国科技创新要“坚持面向世界科技前沿、面向经济主战场、面向国家重大需求、面向人民生命健康”,实现高水平科技自立自强,以科技创新推动经济社会实现高质量发展。习近平针对新科技革命形势中中国技术进步的现实问题,从科技体制改革、加强原创性引领性科技攻关、加强科技基础能力建设、塑造发展新动能、培养创新型人才、健全新型举国体制、提升国家创新体系整体效能等各个方面对中国技术进步事业进行了科学指导。

新中国成立以来,我国科技事业的发展与成就是有目共睹的,与世界先进科技水平的差距越来越小，科学技术在社会经济发展中发挥了日益突出的作用，中国不仅在科技领域，也在国民经济的各个领域中取得了丰硕成果。党的十八大以来,中国在科技创新领域取得历史性成就和突破性进展,使我国实实在在地进入创新型国家行列之中，下一步我们将为进入创新型国家前列,建设科技强国而奋斗。这些事实充分证明,中国化马克思主义技术进步思想能够顺应时代特点、紧跟时代步伐,致力于指导中国社会主义建设实践,深具时代性和实践性的特点。

(二)科学性与人民性相统一

中国化马克思主义技术进步思想是符合中国发展实际、符合技术进步客观规律的思想,具有极强的科学性。技术进步是有其自身规律的,简单来说,技术进步是技术实践、技术实体、技术知识等诸要素相互促进的过程和结果,体现了这些要素的内在统一。在推进技术进步的实践活动中,技术进步必定是建立在已有技术基础上的,这个基础决定了技术进步的起点,某项技术的进步总是需要具备相应的生产工具、材料等相关技术物质条件,需要掌握相关技术知识、懂得相关技术操作和技术技能的技术实践主体。任何技术进步的实践活动的顺利进行,都不可能忽略技术自身的发展现状。

中国化马克思主义技术进步思想总是基于当时的国际形势和国内所具备的技术基础，进而提出对技术进步事业的规划和指导。在新中国成立前后,技术基础极其薄弱的时期,根据我国科技进步的实际情况,毛泽东提出,应当发动群众,开展技术革命,以革新技术加强群众中的科学普及,倡导学习外国,积极寻求外援,为中国的技术进步尽可能创造较好物质基础和知识条件,我们接受苏联的援助,迅速发展的技术事业构建起较为完备的工业体系,为技术的全面进步打下了良好基础。改革开放时期,良好的国际交流环境使我们选择了在自力更生基础上大力开放引进先进技术的政策，强调要加强消化吸收，这是基于中国和国际先进技术水平巨大差距的现实，选择的最有利于我国技术进步的路径。随着我国技术进步的推进，与发达国家的技术差距渐渐缩小，我国在某些科技领域也开始由跟跑向并跑、领跑转变。21世纪，以信息技术为龙头的新一轮科技革命兴起，为了抓住科技革命的机遇，实现科技赶超，江泽民、胡锦涛等都认为必须加大自主创新力度，同时，为加速技术进步创造良好内外条件，提出科技体制改革、科教兴国及扩大对外开放等举措。到2035年，我国的科技实力要实现大幅跃升，实现高水平科技自立自强，进入创新型国家前列；基本实现新型工业化、信息化；建成科技强国，到本世纪中叶，要把我国建设成为综合国力和国际影响力领先的社会主义现代化强国。这些都体现了中国化马克思主义技术进步思想对技术进步规律的把握和推进技术进步过程中的辨证方法，反映出其科学性的特点。

进步是一个需要体现事物发展规律的事实，同时也包含了人们在其中的价值选择。技术进步"为什么人"的问题是一个根本性、方向性的问题，是决定技术进步性质的无法回避的核心问题。中国化马克思主义技术进步思想在反映技术进步规律性的同时，也突出体现了其价值选择方面深刻的人民性，是科学性和人民性的统一。

毛泽东指出，新中国的科技事业是人民的事业，"科学研究应当为国家建设服务，这是不能有任何疑问的"。新中国成立初期，中国人民在中国共产党领导下着手建设一个新社会和新国家，要把中国从一个农业国建设成为工业国，科技始终要围绕国家工业化目标而开展，然而国家所面临的战争威胁又要求科技提供强大的国防力量，世界人口最多国家的国情更要求用科技解决民族的生存和健康问题。因此，毛泽东认为，国家建设主要包括工业、农业、国防和科技建设，而工业、农业、国防的现代化，关键是科技现代化。改革开放时期，邓小平也从人民的生活幸福出发，强调在社会主义初级阶段，发展生产力是国家的根本要务，社会主义的优越性就是其生产力发展比资本主义更快、更高，且能够在发展生产力的同时，改善人民群众的物质生活。[①]以此为基础，邓小平最终提出了“科学技术是第一生产力”。

2002年5月，江泽民在讲话中把科技创新与“三个代表”重要思想联系起来，他指出，生产力发展需要科技进步、科技创新，推动我国科学技术创新发展，可以促进先进文化、先进生产力的发展，我国维护最广大人民群众利益的根本手段就是发展生产力。在江泽民看来，全面贯彻“三个代表”要求是促进科技领域创新的关键，科教兴国作为国家战略，可以促进科技创新，利用科技创新推动先进文化、先进生产力发展，为维护最广大人民群众的根本利益尽一份绵薄之力。就像他所强调的那样：“大力推进我国的科技进步和创新，是我们发展先进生产力和先进文化的必然要求，也是我们维护和实现最广大人民根本利益的必然要求。”科技发展是为了更好地服务于人民群众的生产生活，适应民众利益需要，改善人民群众生活质量。江泽民还强调，科技进步的历史进程向我们证明，一切科技工作，其出发点和落脚点都是以认识自然社会为基础，最终目的是推动社会经济发展，帮助国家提高物质文明和精神文明，全面提升人民群众的生活质量。要选取那些和民众生活质量、国民经济领域发展紧密关联的科技问题，尽快攻关，有效维护广大民众的利益。

胡锦涛在推进技术进步的过程中，同样坚持了技术进步的人民性。胡锦涛尤其关心民生，也由此更加关心与民生息息相关的科技，他认为，大力发展科技，可着力解决关系民生的重大科技问题。在“两院”院士会议上，胡锦涛强调，坚持以人为本，大力发展科学技术，尤其是与民生息息相关的科技，为改善民生、加快社会主义建设提供动力，结合科技进步、创新与人民群众

① 《邓小平文选》(第三卷)，人民出版社，1993年，第63页。

生活质量提升的需求，让人民的科学文化素养和健康素质紧密联合在一起，以解决与民生相关的一系列科技问题，尽可能保证民生安全，提高公共服务质量，改善民生环境。[①]为建设国家创新体系，胡锦涛还提出：科技创新要以民生发展为依托，加大投入力度、健全相关体系，让科技创新进入人口健康、防震减灾、生态环境、安全生产、食药品安全、天气变化等领域之中，研发公益性民生科技并加以推广，促进相关产业发展，加大文化科技创新力度，建立健全科技支撑体系，让科技创新成果惠及广大人民群众。[②]胡锦涛重点强调以人为本的科学发展观也反映了服务人民、以人为本的宗旨。胡锦涛认为，在科学发展观视野下，科学技术的发展就是要把人民群众的利益放在首位，让科学技术发展的成果有益于民众的生产，增进民众生活的便利和幸福。胡锦涛强调："坚持以人为本，让科技发展成果惠及全体人民。这是我国科技事业发展的根本出发点和落脚点。建设创新型国家是惠及广大人民群众的伟大事业，同时也需要广大人民群众积极参与。要坚持科技为经济社会发展服务、为人民服务的方向，把科技创新与提高人民生活水平和质量紧密结合起来，与提高人民科学文化素质和健康素质紧密结合起来，使科技创新的成果惠及广大人民群众。"[③]

习近平继承和发扬了胡锦涛的科技民生思想，倡导利用科技发展来促进民生发展，让科技更好地服务于广大人民群众，做到为民谋福祉。习近平反复倡导必须将科技创新和改善民众生活水平与品质融为一体，使科技成果为民众带来更多益处。2016年，习近平在"科技三会"上强调："要想人民之所想、急人民之所急，聚焦重大疾病防控、食品药品安全、人口老龄化等重大

① 《胡锦涛文选》(第三卷)，人民出版社，2006年，第403页。

② 《胡锦涛文选》(第三卷)，人民出版社，2006年，第600页。

③ 胡锦涛：《坚持走中国特色自主创新道路，为建设创新型国家而努力奋斗》，《人民日报》，2006年1月10日。

民生问题,大幅增加公共科技供给,让人民享有更宜居的生活环境、更好的医疗卫生服务、更放心的食品药品。要依靠科技创新建设低成本、广覆盖、高质量的公共服务体系。要加强普惠和公共科技供给,发展低成本疾病防控和远程医疗技术,实现优质医疗卫生资源普惠共享。要发展信息网络技术,消除不同收入人群、不同地区间的数字鸿沟,努力实现优质文化教育资源的均等化。"①

科技进步与发展必须以民众的呼声与需求作为基点。习近平强调,改革开放以来,通过四十多年的发展,社会生产的落后状况有了实质性的转变,民众对"物质文化需要"的要求也越来越高。所以,应当"要把满足人民对美好生活的向往作为科技创新的落脚点,把惠民、利民、富民、改善民生作为科技创新的重要方向"②。习近平教导我们,必须一直遵从民众的立场,侧重于民生问题,强化公共技术投入,在技术分享和技术改革发展中,使人民拥有主体优势。党的二十大指出,科技要面向人民生命健康,要把增强人民群众的健康福祉作为科技创新的重要导向。这些理念深刻体现了习近平为以人民为中心的人文情感与为人民服务的政治决心,也突出体现了中国化马克思主义技术进步思想的人民性。

中国化马克思主义技术进步思想的科学性为人民性的实现提供了手段和途径,而其人民性为其科学发展提供了方向和动力。在中国技术进步事业的进程中,中国化马克思主义技术进步思想的科学性和人民性是相互促进,统一在推进技术进步事业的实践中的。

---

① 习近平:《为建设世界科技强国而奋斗——在全国科技创新大会、两院院士大会、中国科协第九次全国代表大会上的讲话》,人民出版社,2016 年,第 13 页。

② 习近平:《在中国科学院第十九次院士大会、中国工程院第十四次院士大会上的讲话》,人民出版社,2018 年,第 12 页。

（三）自主性与开放性相结合

中国化马克思主义技术进步思想深刻体现了时代特色，立足我国技术进步的现实情况，反映技术进步的规律性，也因此形成了其自主性与开放性相结合的特点。

“自力更生为主，争取外援为辅”是我国在着手进行社会主义事业建设时，毛泽东为我国科技事业发展确定的一条基本方针。既要发挥自身的主观能动性，坚持自力更生，又要努力学习其他国家的先进知识，积极引进其先进技术，做到“洋为中用”，毛泽东的科技民生思想便是如此。新中国刚成立的时候，毛泽东就大力倡导，提出要学习外国，但由于西方国家对我国实行全面的封锁，我们只能向苏联学习，在苏联的帮助下，我们很快建立了较为完整的工业体系。虽然我们的科技基础非常薄弱，但毛泽东还是反复强调要坚持独立自主的原则，提出各国应该从自己国家的实际情况出发，制定合适的方针政策，一定要有自己的自主性：“照抄别国的经验是要吃亏的，照搬是一定会上当的。这是一条重要的国际经验。”[①]关于中国科技如何更好发展，毛泽东认为，世界各国技术发展的老路并不适合中国，在别人身后缓慢爬行是无法快速发展的。我国只能选择打破常规，利用先进技术，在不长的时间内把中国建设成为社会主义现代化强国。[②]上述论述充分说明毛泽东在指导技术进步过程中，一方面主张自力更生，一方面也十分注重对外国科学技术的学习和借鉴，既独立自主，又不闭门造车，注重将开放性与自主性相结合。

改革开放时期，在中国倡导向世界全方位开放的同时，也还是强调要发挥自主性。在经济全球化的时代背景下，改革开放为我们全方位学习外国先进技术、知识和管理经验，引进国外资金、物质资源、人才，加强交流与合作

---

① 《毛泽东文集》（第七卷），人民出版社，1999年，第64页。

② 《毛泽东文集》（第八卷），人民出版社，1999年，第341页。

提供了良好的基础和条件。邓小平强调,我们在引进国外先进技术的时候,要发挥自主性,注重引进、消化、吸收,将国外的先进技术、科学知识和管理经验变成自己的东西。随着我国技术水平的迅速提高,我国和国外先进技术水平的差距逐步缩小,江泽民明确提出了在开放引进的基础上进行自主创新的思想。胡锦涛继承了这一思想,一方面坚持开放引进,一方面提出了要走中国特色自主创新道路。这表明在不同时期,中国化马克思主义技术进步思想在指导中国技术进步事业的过程中,虽然随着内外国情的变化,具体内容也在发展变化,但自主性和开放性相结合的特点仍保持不变。

党的十八大以来,习近平更是将自主性和开放性提升到一个全新的层次。2018 年 5 月,习近平在讲话中明确提出,要处理好"自主创新"与"开放创新"的辩证关系,指出科学技术是世界性的、时代性的,发展科学技术必须具有全球视野,"自主创新是开放环境下的创新,绝不能关起门来搞,而是要聚四海之气、借八方之力"[①]。随着我国科技的迅猛发展,科技水平与国外的差距进一步缩小,在部分科技领域甚至已经领先于世界。习近平特别强调,要加强自主创新能力建设,掌握关键核心技术,要发挥我国科技工作者的自信心、发扬自主创新精神,抓住新科技革命的历史机遇,实现我国科学技术的赶超,实现弯道超车。为此,习近平在基础研究、自主创新能力建设、前沿技术创新、创新型人才培养等方面作出了一系列的指导,实施了一系列科技体制改革的举措。在全方位倡导加强自主创新的同时,习近平提出,"我们不能把自己封闭于世界之外,要积极开展对外技术交流,努力用好国际国内两种科技资源"[②],强调"中国将在更大范围深化工程科技领域国际交流合作",并在"一带一路"建设的推行中,制定具体政策措施,完善与参与共建国家在基

---

① 习近平:《在中国科学院第十九次院士大会、中国工程院第十四次院士大会上的讲话》,人民出版社,2018 年,第 21 页。

② 《习近平关于科技创新论述摘编》,中央文献出版社,2016 年,第 46 页。

础设施方面的互联互通,在能源资源方面的合作开发利用,建设有利于各个合作国家的经贸产业合作区、在产业核心技术研发支撑等方面设立重点项目,予以重点支持,将开放性提升到了一个全新的高度。

当今时代,国际科技交流与合作日益广泛,人才跨国流动更加频繁。党的二十大报告提出,要扩大国际科技交流合作,加强国际化科研环境建设,形成具有全球竞争力的开放创新生态。科学是人类文明的成果,本身就具有由人类共享的特质。在经济全球化的过程中,由于各国各地区技术发展的不平衡性,参与全球竞争与合作能更好促进各个国家技术水平的提升。经济全球化为科学技术成果的流通提供了便利，没有哪个国家靠采取封闭政策能获得更好的发展,只有在全球的交流与合作中,既发挥自己的自主性,又适当引进其他国家的先进技术,才能实现或保持科技领先水平。因此,我们要深化国际科技交流合作,在更高起点上推进自主创新。要提高国家科技计划对外开放水平,积极参与和主导国际大科学计划和工程,既加强科技交流共享,也加强本土科技创新能力的建设。

第四章　中国化马克思主义技术进步思想的意义和启示

新中国成立以来,我国技术进步事业的蓬勃发展,证明中国化马克思主义技术进步思想是指引我国技术进步各项工作的科学指南,是推动技术进步事业前进、建设科技强国的强大武器,对我国推进技术进步事业实现新跨越、再创新辉煌具有重大理论和实践价值及深远历史意义。

一、中国化马克思主义技术进步思想的意义

(一)继承和发展了马克思主义技术进步思想

马克思主义理论是开放的思想体系,与时俱进、不断创新是马克思主义技术进步思想的本质特点。马克思主义技术进步思想的产生、形成和发展,都是时代的产物,随着历史条件的变化而与时俱进,每一个阶段的新发展都是在继承上一阶段合理思想的同时又依据时代的特点有所创新。当今时代,随着经济社会的发展,社会的物质基础和生产关系都发生了很大的变化,科学技术也发展到了前所未有的水平,马克思主义技术进步思想必然会随着时代和实践的发展而发展。中国化马克思主义技术进步思想是马克思主义技术进步思想发展的新阶段,马克思、恩格斯、列宁、毛泽东、邓小平、江泽

民、胡锦涛、习近平关于技术进步的论述是一脉相承的，这个“脉”就是辩证唯物主义和历史唯物主义。中国化马克思主义技术进步思想继承了马克思主义技术进步思想中的基本观点、立场和分析问题的方法，在不同的历史发展阶段上，都有依据新的时代特点和要求作出的创新，根据我国技术进步事业在不同时期的发展实际，毛泽东、邓小平、江泽民、胡锦涛和习近平等为主要代表的中国共产党人在继承中多方面发展了马克思主义技术进步思想。

1.继承和发展了马克思主义关于技术功能的思想

马克思主义创始人马克思和恩格斯，以及他们事业的继承人列宁通过研究人类社会发展规律，以及领导无产阶级革命运动的实践，发现了技术进步对社会进步有着巨大的推动作用，曾高度评价了技术进步在历史上的推动作用。马克思认为，科技是“历史的有力的杠杆”，是“最高意义上的革命力量”[①]。马克思、恩格斯从人类社会的基本矛盾的角度，提出生产力是人类社会发展的最终决定力量，同时又提出科学技术是生产力的思想。“科学技术是生产力”是马克思、恩格斯技术进步思想的核心内容，是建立在历史唯物主义基础上的，有着非常丰富的理论内涵，是马克思主义技术进步思想的重要组成部分。列宁曾说：“要建设共产主义，就必须掌握技术，掌握科学，并为更广大的群众运用它们。”中国共产党几代主要领导人继承和发展了这一观点，历来重视技术进步在经济社会发展中各个方面的推动和促进作用，不仅重视其在生产力的发展、国家安全方面起的重要作用，而且越来越重视技术进步在社会治理、精神文明建设、国际竞争中起的核心关键作用。

新中国成立初期，根据中国社会主义建设的需要和经验，毛泽东指出中国应当依靠科学技术的进步进行社会建设，要求全党把发展科学技术事业摆到各项工作的突出位置，提出要“向科学进军”，并提出“科学技术这一仗

① 《马克思恩格斯全集》(第19卷)，人民出版社，1963年，第372页。

一定要打，而且必须打好，不搞科学技术，生产力就无法提高”的论断，号召开展“技术革命”。邓小平根据科技在经济增长中的贡献率愈来愈大的新情况，提出了“科学技术是生产力，而且是第一生产力”的新观点，赋予马克思主义原理与时俱进的新内容。从20世纪90年代开始，由于个人电脑、互联网和手机的兴起，以信息通信技术领域的变革为核心带动了世界科学技术的迅猛发展，中国在国际上面临的压力和竞争日趋激烈，江泽民以其对科技的敏锐洞察，对技术进步问题更为重视，在继承“科学技术是第一生产力”思想的基础上，提出“科学技术是第一生产力，而且是先进生产力的集中体现和主要标志”[①]，强调了在先进生产力发展中，科学技术具有最为关键的作用。在此基础上，江泽民还提出并多次强调加强科学技术创新的重要性，指出：“一个没有创新能力的民族，难以屹立于世界先进民族之林。”[②]进入21世纪，世界科技在高科技领域的竞争日益激烈，我国的科技进步压力更大，科技创新的重要性进一步提升，胡锦涛指出自主创新能力决定国家的核心竞争力，提出建设创新型国家的思想，强调“科技创新是提高社会生产力和综合国力的战略支撑，必须摆在国家发展全局的核心位置”[③]。针对中国在推进技术进步过程中产生的资源环境等严重问题，胡锦涛还强调，要大力发展节约资源和保护环境的科学技术，实现可持续发展，为技术进步的具体发展方向作出进一步的指导。习近平在中国特色社会主义进入新时代的背景下，深刻把握新形势下世界科技革命带来的新机遇、新挑战，强调必须“把创新摆在国家发展全局的核心位置”[④]，指出在全面建设社会主义现代化国家的事业中，科技创新起着关键和中坚作用[⑤]，强调创新在我国现代化建设全局

① 《江泽民文选》（第三卷），人民出版社，2006年，第275页。

② 江泽民：《论科学技术》，中央文献出版社，2001年，第55页。

③ 胡锦涛：《胡锦涛文选》（第三卷），2016年，第629页。

④ 《习近平关于科技创新的重要思想摘编》，中共中央文献研究室，2016年，第9页。

⑤ 《习近平2021年2月3日至5日赴贵州看望慰问各族干部群众时的讲话》，学习强国，https://www.xuexi.cn/lgpage/detail/index.html? id=12905383978908811375&item_id=12905383978908811375.

中的核心地位，根据时代发展的需要，从国家民族命运的高度，围绕科技创新作出了一系列论述，指出“自古以来，科学技术就以一种不可逆转、不可抗拒的力量动着人类社会向前发展”[①]，进一步发展了马克思关于科学技术是生产力的论断，强调了技术进步的重要作用。

这些思想充分说明了党的几代主要领导人都十分重视技术进步在社会经济生活等各个领域中的功能，继承和发展了马克思技术进步思想中关于技术进步与经济发展、社会变迁、生态环境及人的发展之间的辩证关系的思想。随着我国经济社会的发展，党的几代主要领导人对技术进步思想的认识逐渐提高，并不断深化。既坚持了马克思主义的科技观，又紧密联系我国社会主义现代化建设的现实需要，把对技术进步的功能和作用的认识提到了新的高度，对马克思主义技术进步学说作出了崭新的发展。

2.继承和发展了马克思主义关于技术进步主体的思想

马克思不仅对工人在推动技术进步过程中的作用非常重视，认为一些来自工人推动的技术进步也会对人类社会的发展产生重要影响，甚至引起整个技术系统的变革；也承认资本家和企业经营者技术主体的地位，认为资本家和企业经营者源于市场竞争的压力、资本对剩余价值尤其是对超额剩余价值无止境的追求，谋求通过技术进步在激烈的竞争中取胜，对技术进步具有重要的促进和推动作用。在《雇佣劳动与资本》中，马克思提道：为了在竞争中处于有利地位，资本家竭力设法扩大分工和增加机器，并尽可能大规模地使用机器。[②]马克思还提到组织作为技术进步主体的作用，指出在资本主义生产中，科学因素被有意识地予以广泛应用[③]，因此，职业创新者和科研机构在推动社会进步过程中发挥着越来越大的作用。此外，马克思还注意到

① 习近平：《在中国科学院第十七次院士大会、中国工程院第十二次院士大会上的讲话》，人民出版社，2014 年。

② 《马克思恩格斯全集》(第 6 卷)，人民出版社，1963 年，第 1961 页。

③ 马克思：《机器。自然力和科学的应用》，人民出版社，1978 年。

国家在推动技术进步中的作用，马克思认为，随着技术活动的扩展，出现了世界市场，使得国家作为技术进步主体的特征变得明显。可见，中国化马克思主义技术进步思想对作为技术进步主体的人才的重视，对于发挥科研院所、学校在技术创新中的主体作用，以及重视发挥政府的作用，建设国家创新体系以利于技术进步的构想，同样是对马克思技术进步主体思想的继承，并顺应时代特点与中国推进技术进步的实际进行了新的发展。

邓小平关于知识分子是工人阶级的一部分的论断，是以马克思主义关于知识分子问题的基本观点作为理论依据的。马克思、恩格斯在《共产党宣言》中指出："资产阶级抹去了一切向来受人尊崇和令人敬畏的职业的灵光。它把医生、律师、教士、诗人和学者变成了它出钱招雇的雇佣劳动者。"[①]1893年，恩格斯在《致国际社会主义者大学生代表大会》一文中使用了"脑力劳动无产阶级"[②]一词，并将知识分子与无产阶级联系在一起。斯大林在《致教师代表大会》的信中曾指出："人民教师的队伍是我国正在按社会主义原则建设新生活的劳动大军中的一个最必需的部分。"[③]毛泽东在新中国成立后曾多次指出，工人阶级必须有自己的技术干部队伍，必须有自己的教授、教员、科学家、新闻记者、文学家、艺术家和马克思主义的理论队伍。关于知识分子的问题，1956年，周恩来在《关于知识分子问题的报告》中第一次明确地宣布："他们中间的绝大部分已经成为国家工作人员，已经为社会主义服务，已经是工人阶级的一部分。"[④]由此可见，"从事脑力劳动的人也是劳动者""知识分子是工人阶级的一部分"等论断符合马克思主义关于知识分子问题的历来的观点。邓小平关于知识分子是工人阶级的一部分的论断，不仅坚持了

① 《马克思恩格斯全集》(第18卷)，人民出版社，1965年，第585页。

② 《马克思恩格斯全集》(第22卷)，人民出版社，1965年，第487页。

③ 《斯大林全集》(第7卷)，人民出版社，1958年，第5页。

④ 《周恩来选集》(下卷)，人民出版社，1984年，第162页。

马克思主义关于知识分子问题的基本观点，而且富有时代特色，是马克思主义关于知识分子问题的理论在新的历史条件下的新发展。

党的十八大以来，习近平在新时代更是在实现民族复兴的目标下，更加注重各重要科技创新主体协同发力，提出优化国家科研机构、高水平研究型大学、科技领军企业定位和布局，深入实施人才强国战略的思想。[①]

3.继承和发展了马克思主义关于知识是技术进步的根本源泉的思想

中国化马克思主义关于技术进步途径的思想继承并发展了马克思关于知识是技术进步的根本源泉这一思想。马克思通过对技术进步史进行考察，认为技术进步从根本上源自新思想的诞生，新思想来自知识的积累，知识是技术进步的根本源泉。比如，马克思认为，在人类社会早期，知识的积累与生产实践有密切关系，人们从生产实践中获得丰富的经验知识，推动技术的改进和完善。这些经验知识主要来自狩猎、捕鱼、种植、驯养、耕作、栽培、天文、地理、数学、石器、青铜器、铁器、手工操作等。[②]中国化马克思主义技术进步思想中有关技术进步途径的选择——无论是开放引进还是自主创新思想，都离不开对技术知识的重视。毛泽东时期倡导学习外国，主要是强调要学先进科技知识，也强调对重要技术资料进行购买，“凡可购买的重要技术资料，应从西方国家千方百计地买到；买不到，应另行设法搞到”[③]。邓小平提出，技术引进要注重消化吸收，使其变成自己的东西，要注重引进国外人才，要“尊重知识，尊重人才”，并强调要抓教育。江泽民、胡锦涛重视实施科教兴国战略，提倡自主创新。习近平在党的十九大报告中指出，要“掌握核心技术”“必须把教育事业放在优先位置”[④]，在全国教育大会上，习近平特别提到，要“坚

① 《习近平著作选读》（第一卷），人民出版社，2023 年，第 29~30 页。

② 马克思：《摩尔根〈古代社会〉一书摘要》，人民出版社，1965 年。

③ 《周恩来文化文选》，中央文献出版社，1998 年，第 568 页。

④ 习近平：《决胜全面建成小康社会夺取新时代中国特色社会主义伟大胜利——在中国共产党第十九次全国代表大会上的报告》，《人民日报》，2017 年 10 月 18 日。

持把优先发展教育事业作为推动党和国家各项事业发展的重要先手棋”[①]。推进技术进步，进行技术的改进和创新，都需要以知识为基础，无论对教育的重视，还是对人才的重视，归根到底源于知识对技术进步的重要性。

4.继承和发展了马克思主义关于技术进步影响因素的思想

马克思始终认为，技术进步并不是一个单纯的提高效率的问题，也不是一个自我封闭、自我发展的孤立系统，技术进步是置身于社会大系统中，受到生产关系、物质基础、阶级斗争、社会交往状况、生产要素的聚集程度等多种因素影响的一种特殊的社会活动。[②]中国化马克思主义技术进步思想非常重视技术进步的保障条件，致力于通过改革科技体制、创新科技文化、完善科技伦理、健全科技法制等为技术进步除去障碍，营造氛围，提供保障。

中国共产党的主要领导人依据不同时期对技术进步的影响因素的认识，结合当时的时代条件，提出了不同的政策方针和举措，为技术进步创造了良好的环境。1949 年 11 月，新中国刚成立，就正式成立了中国科学院；1956 年至 1958 年又组建了国防科研机构、高校和中央各部委科研机构及地方科研机构，构建了现代科技体制。为适应改革开放的新形势，从 1985 年开始，正式启动科技体制改革，以拨款制度改革为起点，进行了科技运行机制、组织结构和人事制度的改革。1992 年，为解决科研和经济脱节的问题，开始进一步深化科技管理体制改革并促进绝大多数技术开发和技术服务机构逐步向企业化转制，并于 2000 年基本完成。在研究资金投入方面，从 1981 年开始，逐步改革研究拨款制度，形成开放竞争的科研资助体系。为优化科研力量，1998 年，国家开始实施知识创新工程，构建国家创新体系，并在此过程中，围绕科技进步的需要，开始提出并逐步完善科技伦理和科技法规。党的

① 习近平：《坚持中国特色社会主义教育发展道路 培养德智体美劳全面发展的社会主义建设者和接班人》，《人民日报》，2018 年 09 月 11 日。

② 武文风：《马克思技术进步理论研究》，经济管理出版社，2016 年，第 74~81 页。

二十大报告提出，要完善党中央对科技工作统一领导的体制，深化科技体制改革，深化科技评价改革，加大多元化科技投入，加强知识产权法治保障，形成支持全面创新的基础制度，提升国家创新体系整体效能。中国化马克思主义技术进步思想从各个层次对马克思主义关于技术进步的影响因素思想进行了发展，并成功地指导了新中国的技术进步实践。

（二）为我国技术进步事业从跟跑向并跑、领跑转变提供强大思想武器

中国化马克思主义技术进步思想对于推进我国新时期的技术进步工作具有重要的指导作用。中国化马克思主义技术进步思想是在指导中国技术进步事业的过程中逐渐形成和发展的，准确把握了当代世界科技发展的新趋势和新特点，紧密围绕关系我国经济与社会发展全局性的实践环节，每一个论点，都有很强的现实针对性，为技术进步事业和整个现代化建设提供了科学的战略观和方法论。

1.指导我国技术进步事业建立较为完整的工业体系，成功研制“两弹一星”

中国化马克思主义技术进步思想在领导科技事业的探索实践中，充分发挥社会主义的优越性，举国家之力攻坚克难，运用“集中力量办大事”的办法，在全国范围内有效调动、配置各种资源，有效解决国家发展急需和长远发展所需的问题，有效指导我国建立了较为完整的工业体系，成功研制了“两弹一星”。

新中国成立初期，我国的工业和技术基础非常薄弱，处于一穷二白的面貌。1952年初，中央政府开始编制《发展国民经济第一个五年计划（1953—1957）》，以苏联援建的“156项工程”为核心，以921个大中型项目为主体，开展大规模的工业化建设。以“156项工程”为核心的建设项目使新中国构建了比较完整的基础工业和国防工业体系，奠定了工业化的初步基础。借助“156

项工程”,国家比较迅速地提升了技术水平,也带动了科学和教育的发展。

同时,为了加强科研能力,加快提升科技水平,我国开始着手构建现代科技体制。1949 年,新中国刚成立就马上成立了中国科学院,在科研方面发挥“火车头”作用。1956 年,开始加快建设各类科研机构及相关管理部门和社团,如国务院科学规划委员会(1956)、原子能委员会(1956)、中国医学科学院(1956)、中国农业科学院(1957)、中国科协(1958)、国家科委(1958)和国防科委(1958)等。工业部委和高等院校也纷纷建立学术研究和研发机构,形成了中国科学院、国防科研机构、高校、中央各部委科研机构和地方科研机构等五路大军。

用科技规划来领导技术进步。1956 年,党中央提出“向科学进军”的号召,并按照“以任务为经,以学科为纬,以任务带学科”的原则,编制了《1956—1967 年科学技术发展远景规划纲要》(简称《远景规划》)。《远景规划》从 13 个领域提出了 57 项任务,其中包括:原子能的和平利用;无线电电子学中的新技术;喷气技术;实现生产过程中的自动化,制造精密仪器;组织对石油等资源进行勘探和探寻矿物原料基地;等等。聂荣臻认为,《远景规划》对中国科研事业发展起了重要的推动作用,为党领导科研工作摸索和积累了一些经验,勾画了国家科技发展的蓝图,确定了重要领域和课题。通过制定规划,初步摸清了国际先进科学技术的状况,了解了组建机构、组织队伍、建立科研服务系统等发展科研事业所必备的基本条件。[①]同时,《远景规划》的制定还促进了中国科研体制的形成。

发展紧急和尖端科学技术,促进国防和工业现代化。针对一些急需的、重要的科技任务,科学规划委员会 1956 年制定了《发展计算技术、半导体技术、无线电电子学、自动学和远距离操纵技术的紧急措施方案》(简称“四大

① 《聂荣臻回忆录》(下册),解放军出版社,1984 年,第 778~779 页 。

紧急措施”)。原子能和喷气技术的研究及“四大紧急措施”带动尖端科学技术的发展,促进了国防和工业的现代化。1956 年 4 月 25 日,毛泽东在中央政治局扩大会议上强调中国要有原子弹,中国开始研制“两弹一星”。“两弹一星”是指 20 世纪中国研制原子弹、导弹和人造卫星的“大科学”工程。中共中央采取进一步缩短战线,集中力量,加强各方面对原子能工业的支援策略。1964 年 10 月 16 日, 中国原子弹爆炸成功,1967 年 1 月 17 日氢弹试爆成功,1970 年 4 月 24 日,人造卫星发射成功,在尖端科学技术领域取得了举世瞩目的突破性成就,极大地促进了中国工业体系的建立和完善。

2.指导我国技术进步事业顺应时代趋势不断前进

中国化马克思主义技术进步思想有效指导中国的技术进步事业不断解决前进中的问题。“文化大革命”使中国的技术进步事业遭受了严重挫折,在许多领域与发达国家的差距又进一步拉大了。1977 年,邓小平在北京主持召开全国科学和教育座谈会,恢复了高考。座谈会之后,中共中央下发《关于召开全国科学大会的通知》,指出四个现代化的关键是科学技术现代化。我们必须建设世界一流的科学技术队伍,拥有最先进的科学实验手段,在理论上有重大创造,在技术上有重大发明,在科学技术的主要领域接近、赶上和超过世界先进水平,促进我国国民经济进入世界前列。《关于召开全国科学大会的通知》对当时统一思想具有重要意义。1978 年 3 月,全国科学大会召开,邓小平在开幕式上强调,“科学技术是生产力”,科学技术的地位由此上升到一个新的高度。1978 年 12 月,中共中央召开十一届三中全会,作出由“以阶级斗争为纲”转向社会主义现代化建设、进行改革开放的重大战略决策,会上邓小平强调,要学习外国的先进技术,以缩小同世界先进科学技术水平的差距。以此为指导,中国开始与美国、德国、英国、法国、日本等国家开展广泛而深入的科技交流合作,并开始大批地派遣留学生出国学习,为提升中国的科技水平、培养优秀人才和推进工业化等作出了重要贡献。1982 年,党中央、国务院针对我国科技和经济脱节这一科技进步中的最主要问题，提出了“经济建设必须依靠科学技术，科学技术必须面向经济建设”的方针，为我国着手进行科技体制改革指明了方向。1985年，国家开启以改革拨款制度为起点的科技体制改革，以“稳住一头、放开一片”为指引，尝试通过改革运行机制、组织结构和人事制度，解决长期存在的科技、经济“两张皮”问题。随后，通过设立科学基金、建设开放实验室、实施“国家高技术研究发展计划”（“863”计划）和“国家重点基础研究发展计划”（“973”计划）等一系列举措，建立起开放、竞争的科研资助体系。

“863”计划从1987年开始实施，实行“军民结合，以民为主”的原则，坚持“有限目标，突出重点”的方针，最初选择生物、航天、信息、激光、自动化、能源、材料等7个领域的项目予以支持，1996年增加海洋高技术为计划的第8个领域。2000年，国务院决定在坚持原有计划的基础上，“863”计划将发展具有自主知识产权的高技术，培育高技术产业生长点，力争实现跨越式发展，为实现国家第三步战略目标服务。信息技术、生物技术和现代农业技术、新材料技术、先进制造与自动化技术、能源技术、资源环境技术、航天航空技术、先进防御技术等高技术领域的26个主题和若干重大专项成为“863”计划支持和发展的重点。2006年，“863”计划成为“统筹高技术的集成和应用，引领未来新兴产业发展的计划”，主要支持国家提出的前沿技术和部分重点领域中的重大任务。

“973”计划于1998年12月公布首批15个立项项目，以国家重大需求为导向，旨在解决我国经济建设、社会发展、国家安全和科技发展中的重大科学问题，以取得一批具有重大影响的原始性创新成果，提升我国基础研究自主创新能力。[①]

① 周光召：《973计划十年》，《前沿科学》，2007年第3期。

1997 年,我国为应对世界知识经济发展态势及其对中国的挑战,开始以中国科学院提出的知识创新工程为试点,着手构建面向 21 世纪的中国国家科研创新体系。中国化马克思主义技术进步思想是我们建设国家创新体系,提高我国的科技创新能力,实现可持续发展的指导方针。1999 年初,江泽民在中科院《迎接知识经济时代,建设国家创新体系》报告上的批示,揭开了我国建设国家创新体系的序幕, 开始把中国的科技体制改革推进到建设国家创新体系的新阶段。

中国化马克思主义技术进步思想指导我国技术进步事业在国际科技交流与合作中推进。1985 年,《关于科学技术体制改革的决定》将"对外开放,走向世界"作为我国发展科学技术的一项长期基本国策。在此基础上,我国的国际科技合作与交流工作坚持"引进来"与"走出去"相结合原则,形成了"以我为主、为我所用、互利共赢"和开放式自主创新理念。我国探索并形成了全方位、多层次的国际科技交流与合作新格局。截至 2016 年,中国已与 158 个国家和地区建立科技合作关系,签订了 110 个政府间的科技合作协定,形成了中国与非洲、东盟等的科技合作,以及中国与美国、俄罗斯、欧洲对话合作机制,中国参与国际大科学工程等全方位、多层次的国际科技合作新格局。①

改革开放之初,国家的技术引进主要通过引进生产线和生产设备,以填补中国装备制造和耐用消费品(如家电)等行业的技术空白。此后,顺应世界范围内产业结构调整和产业转移的趋势,转向主要通过利用外商直接投资,扩大生产能力,提高工业技术水平。比如,中国的家电、轿车和高铁,是中国人民生活水平迅速提高的标志,也是中国制造业快速发展的缩影。它们的发展,既是当今的全球化、国际技术溢出、技术转移和国际分工结构调整的结果,也是中国这样的后发国家通过知识积累、技术的引进与消化吸收、参与

① 阴和俊:《国家科技创新需要深化国际合作》,《河南科技》,2016 年第 18 期。

国际竞争的结果。尤其是这些年已逐渐成为“中国名片”的高铁，更是通过引进消化吸收再创新的典型。另外，通过各自不同的创新理念，一批新兴高技术企业崛起，如联想、华为。在农业领域，袁隆平发明的杂交水稻和李振声研究的小麦远缘杂交技术，不但解决了中国人的吃饭问题，也为世界的粮食生产作出了巨大贡献。40 多年来，中国的技术进步不仅促进了本国的经济增长，改善了本国居民的生活质量，而且也向全世界提供了丰富的产品。

3.指导我国进入创新型国家行列，并进一步向创新型国家前列奋斗

党中央、国务院在 2016 年 5 月印发了《国家创新驱动发展战略纲要》，明确提出实施创新驱动发展的战略目标和要求，即 2020 年进入创新型国家行列、2030 年跻身创新型国家前列、2050 年建成世界科技强国的“三步走”目标。实施创新驱动发展战略，是中央在新的发展阶段确立的立足全局、面向全球、聚焦关键、带动整体的国家重大发展战略。[①]中国共产党第十九次全国代表大会进一步阐明：创新驱动战略之所以提出，是因为中国正处在一个关键时期，经济已经由高速增长阶段转向高质量发展阶段。推动经济发展的质量变革、效率变革、动力变革，提高经济创新和竞争力，都必须依赖创新驱动发展战略。经过改革开放以来连续 40 余年的持续快速发展，我国的科学技术事业取得了令人瞩目的成就，当前，基础设施水平全面跃升，高技术产业、战略性新兴产业加快发展。[②]习近平指出：“我国科技事业实现了历史性、整体性、格局性重大变化，重大创新成果竞相涌现，一些前沿方向开始进入并行、领跑阶段，科技实力正处于从量的积累向质的飞跃、点的突破向系统能力提升的重要时期。”[③]随着技术进步事业的继续向前推进，党的二十大报

① 《国家创新驱动发展战略纲要》，人民出版社，2016 年，第 1 页。

② 《中华人民共和国国民经济和社会发展第十三个五年规划纲要》，新华网，http://news.xinhuanet.com/politics/2016lh/2016-03/17/c_1118366322.htm。

③ 习近平：《在中国科学院第十九次院士大会、中国工程院第十四次院士大会上的讲话》，人民出版社，2018 年。

告指出，基于我国在科技创新领域取得的历史性突破性成就，我国已进入创新型国家行列。我国将完善科技创新体系，加快实施创新驱动发展战略，深入实施人才强国战略，争取在2035年，使科技实力得到大幅跃升，实现高水平科技自立自强，进入创新型国家前列，基本实现新型工业化、信息化，建成科技强国。

这是对我国科技事业发展局势的科学判断，为我国未来的科技事业发展如何规划提供了重要依据和遵循。目前我国在基础前沿战略高技术领域已经取得了一大批具有国际影响的重大成就，很多创新型企业在国际上开始崭露头角。在我国重大专项和重大科技工程的带动下，高速铁路、特高压输变电、高难度油气田技术逐渐成熟，而且已经开始向国外出口。[①]党的十八大以来，我国在科技领域取得了一系列重大成果，天宫、天眼、蛟龙、嫦娥、悟空、墨子、量子通信、大飞机等重大成果都处于世界前列，这些成果的取得是和中国化马克思主义技术进步思想的正确指引，以及广大科技工作者的共同努力和社会各界的大力支持分不开的，而且我们完全有信心也有能力继续取得新的更大成就。2016年，美国国家科学基金会发布的《科学与工程指标2016》显示，中国已成为仅次于美国的世界第二研发大国，在研发投入、科技论文产出、高技术制造增加值等重要指标方面已居世界第二位。[②]党的二十大报告指出，我国科技研发经费支出已居世界第二位，研发人员总量居世界首位。基础研究和原始创新不断加强，一些关键核心技术实现突破，战略性新兴产业发展壮大，载人航天、探月探火、深海深地探测、超级计算机、卫星导航、量子信息、核电技术、新能源技术、大飞机制造、生物医药等取得重大成果，强调我国科技要面向世界科技前沿，加强原创性引领性科技攻关。

---

① 《国务院关于印发"十三五"国家科技创新规划的通知》，中华人民共和国科学技术部网，http://www.most.gov.cn/mostinfo/xinxifenlei/gjkjgh/201608/t20160810_127174.htm。

② 周才云、周丽萍：《我国高校科技创新能力的省际比较研究》，《技术经济与管理研究》，2019年第2期。

可见,我国的科技创新能力正在逐渐从“以跟跑为主”向“以并行、领跑为主”转变。新中国成立以来,我国通过改革和大规模引进先进技术,促成经济的高速发展,通过实施重大科技计划和改革体制机制,不断提升创新能力,指到实施创新驱动发展战略,推动中国高水平科技自立自强,使中国向科技强国目标迈进。

总之, 中国化马克思主义技术进步思想为我国技术进步事业的推进树立了坚定的自信,为我们实现世界科技强国的目标提供了强大思想武器,是我国赶超、引领世界科技创新潮流的科学指南。认真学习贯彻中国化马克思主义技术进步思想,是我国科技工作者一项重要的政治任务,对于推动我国科技事业全面进步具有重要的现实意义和深远的历史意义。

二、中国化马克思主义技术进步思想的启示

(一)明确技术进步的方向并给予支持至关重要

1.加强技术预测,把握技术进步的方向

中国共产党历来重视对前沿技术的把握。新中国成立时期,毛泽东就特别重视对科技发展进行规划。毛泽东认为,在科技落后的国家制定科技发展规划,立足点就是要赶超,要打破别的国家发展的常规,用赶超的办法,用不太长的时间赶上和超过科技先进国家的水平。20 世纪 40 年代的科技革命高潮的标志是电子计算机、原子能技术、航天技术,原子能给人类提供了无比强大的新的动力源泉, 电子学和其他科学的进步带动提高了劳动生产过程中的自动化水平。新中国在苏联的帮助下,给世界科技前沿把脉,结合我国的实际制定了重要科技发展规划, 为我国技术进步事业的推进初步提供了明确的方向。同时,毛泽东敏锐地洞察了新技术革命的高技术特点,在领导

新中国的科技实践活动中，尤其是在中国的尖端科技事业倾注了大量的心血，带头钻研原子能知识，在当时经济条件十分困难的情况下仍然提出并支持“两弹一星”的研制，而“两弹一星”的成功发射大大缩短了中国的科技与发达国家科技的距离。毛泽东还提出，要摆脱技术落后的局面不能跟在外国后面亦步亦趋，一味依赖外国技术，必须发挥自力更生的精神，自己探索和创造。

邓小平同志更是强调国民经济计划“必须充分估计到现代科学技术的发展趋势”[①]，提出“发展高科技，实现产业化”。充分估计和预测科学技术发展的趋势，使国民经济能充分反映现代科技发展趋势，必须深入研究、分析科技进步对国民经济所产生的多方面、巨大的影响作用，以及经济对科技发展的要求。在制定国民经济发展规划中，应该充分考虑科技发展的趋势和巨大影响。进入20世纪80年代后，邓小平对于世界高科技的发展予以极大关注，提出中国必须发展高科技，实现产业化，在世界高科技领域占有一席之地，为此，他领导了一系列重大项目的决策和科技计划的制定。邓小平多次强调，四个现代化，关键是科学技术的现代化，号召各行各业都要关心科技进步。

推动高科技发展及其产业化。江泽民指出：“要努力发展高科技，实现产业化，把高技术产业作为我国优先发展的产业，尽快建设一批对国民经济发展举足轻重、规模较大的高技术产业，使我国在世界高科技及其产业领域占领一席之地。”[②]高科技是指高技术及其相关科学研究的总称。一般来说，高技术是指含有现代尖端科学成就的新技术，体现了科学技术最主要的特点和发展趋势。[③]20世纪80年代末期，江泽民就把“跟踪高技术研究并推动其

---

① 《邓小平文选》(第三卷)，人民出版社，1994年，第108页。

② 江泽民：《论科学技术》，中央文献出版社，2001年，第55页。

③ 许先春、林振义：《江泽民科技思想研究》，浙江科学技术出版社，2002年，第193页。

产业发展”[①]作为我国科技工作三个层次的布局提了出来。科学技术,特别是高科技及其产业化,在综合国力的竞争中具有重要作用。面向21世纪,世界各国尤其是发达国家都在抓紧制定高科技发展战略,抢占科技制高点。对于我国如何实现生产力跨越式发展的问题,江泽民指出,我们作为发展中国家,应该更加重视运用最新技术成果,瞄准世界前沿。

把握科技创新的正确方向。习近平指出:“推进科技创新,首先要把方向搞清楚,否则花了很多钱、投入了很多资源,最后也难以取得好的成效。”[②]2014年8月习近平主持召开中央财经领导小组第七次会议时,提出实施创新驱动发展战略的基本要求之一是“把握正确方向,明确科技创新主攻方向和突破口”,强调要在把握世界科技创新发展趋势的基础上,对选准的技术目标超前规划布局,配套适当的政策举措和投入,抢占先机。党的二十大报告指出,要坚持面向世界科技前沿、面向经济主战场、面向国家重大需求、面向人民生命健康,加快实现高水平科技自立自强。还指出了推动技术进步的出发点和落脚点,并强调在实施创新驱动发展战略过程中,必须完整、准确、全面贯彻创新、协调、绿色、开放、共享新发展理念。要“增强预见性和前瞻性,提高原始创新水平”[③],为了实现关键技术重大突破、掌握关键技术,“要准确把握重点领域科技发展的战略机遇,选准关系全局和长远发展的战略必争领域和优先方向”[④]。习近平还提出,实施创新驱动发展战略,要抓好顶层设计,不能“脚踩西瓜皮,滑到哪儿算哪儿”,并着重指出在做顶层设计时要有世界眼光,一定要找准世界科技发展趋势。[⑤]

① 江泽民:《论科学技术》,中央文献出版社,2001年,第4页。

② 《习近平关于科技创新论述摘编》,中央文献出版社,2016年,第80页。

③ 《习近平关于科技创新论述摘编》,中央文献出版社,2016年,第58页。

④ 习近平:《在中国科学院第十七次院士大会、中国工程院第十二次院士大会上的讲话》,人民出版社,2014年,第12页。

⑤ 《习近平关于科技创新论述摘编》中央文献出版社,2016年,第15页。

科技创新是应对世界发展问题、中国问题发展的解决之道。为应对世界及我国资源环境严峻形势，党的十八大以来，党中央以碳达峰、碳中和为目标，以非凡的魄力部署了我国在清洁能源使用、绿色低碳技术领域的创新发展，我国在推动能源技术与现代信息、新材料和先进制造技术深度融合，探索能源生产和消费新模式，以及加快发展有规模有效益的风能、太阳能、生物质能、地热能、海洋能、氢能等新能源，统筹水电开发和生态保护，积极安全有序发展核电方面不断推进，并取得重大成就。当前，我国清洁能源的使用已居世界前列。2022 年 1 月中央政治局集体学习时，习近平强调要进一步加强对绿色低碳技术进行攻关。

明确科技创新的重点领域和关键环节。技术进步的历史和现实告诉我们，要发挥科技创新在创新驱动战略中的核心作用，走好科技创新先手棋，必须要科学研判世界经济科技发展大势和我国经济社会发展全局，找准关键掣肘，在重点领域和关键环节上先行先试。党的二十大报告指出，要以国家战略需求为导向，集聚力量进行原创性、引领性科技攻关，坚决打赢关键核心技术攻坚战，并提出要实施产业基础再造工程和重大技术装备攻关工程，推动制造业高端化、智能化、绿色化发展。推动战略性新兴产业融合集群发展，构建新一代信息技术、人工智能、生物技术、新能源、新材料、高端装备、绿色环保等一批新的增长引擎，为我国技术进步事业的发展给出了方向和重点。

当前，伴随着信息、生物和新材料等高技术的重大突破和迅猛发展，世界经济、产业格局正在发生重大变化，各大国都将发展高技术列为国家战略制高点。加强科学探索和技术攻关，形成持续创新的系统能力，需要明确把握发展的方向和重点。

技术预测是把握当今世界和我国经济、科技和社会发展的大趋势，也是找准技术前沿目标的重要环节和手段。我国要在世界科技迅猛发展的今天，努力抓住新一轮科技革命和产业变革的重大机遇，找到既瞄准世界科技前沿，同时又能推动我国社会生产力实现跨越式发展的突破性领域、突破性环节，显然，必须在国家层面加强技术预测。

技术预测兴起于20世纪40年代的美国，当时主要用于军事和航天领域。英国萨塞克斯大学(Vniversity of Sussex)科学政策研究所(Science Policy Research Unit)的马丁(Martin)教授定义："技术预测是对未来较长时期的科学、技术、经济和社会发展进行系统研究，其目标是确定具有战略性的研究领域，以及选择对经济和社会利益具有最大贡献的技术群。"[①]20世纪70—80年代，当德尔菲法开始流行并逐渐成为现代技术预测的最主要方法后，人们也将技术预测称为技术预见。近几十年来，人类取得的科技成果数量和科学技术知识的积累呈爆炸式增长，科技产业化加快，技术竞争日益激烈，人们越来越认识到需要通过预测未来，把握变化的发展过程，故而世界各国对技术预测的重视与日俱增。技术预测以科技、经济及社会发展的规律和相互作用为基础，采用科学、规范的调查方法进行系统性研究，以把握未来的技术发展方向，确定具有战略性的研究领域，并能动地影响或控制其发展，使其为社会和人类进步服务。[②]长期的历史经验证明，通过科学、规范的技术预测，人类有能力把握技术发展的总趋势，做到选择重点，减少失误。美国、日本、英国、德国和韩国等国家都高度重视开展技术预测和关键性技术选择等前瞻性研究，有效引导和促进了各国的技术创新，为各国在前沿技术领域的发展起到了重要作用。

我国是一个发展中国家，既面临当前世界新技术迅猛发展的巨大压力，也面临国内经济结构战略性调整、产业转型升级的重大挑战。随着第四次科

---

① Ben R. Martin, *Foresight in Science and Technology*, Technology Analysis and Strategic Management, 1995.

② 张永伟等:《国内外技术预见研究——学术研究与政府实践的区别与联系》,《情报理论与实践》,2019年第2期。

技革命的到来,我国高新技术产业面临更加严酷的竞争,同时也面临更加难得的发展机遇。因此,加强开展技术预测,能够为我国选择和重点突破国家关键技术、实现产业化提供科学的参照和导向,有利于我国制定合理的科技政策和发展战略,为我国选择优先发展领域及确定研发资金的投入方向提供指引,有助于我国科技、经济和社会的科学长远发展。技术预测不仅能够为广大公众了解未来科技发展的趋势提供全面信息,而且因为科学规范的技术预测需要技术进步主体的广泛参与,从而对促进政府、企业、研究机构、高校和社会公众之间的沟通有极大的帮助,有助于形成相互协调、充满活力的技术创新系统,也有利于解决科技和经济两张皮的问题,更好地实现国家的技术目标。

技术预测已成为各国最常用的把握未来科技发展方向与重点的工具。日本是世界上开展技术预测最具影响力的国家,每 5 年组织一次技术预测活动,每次预测跨度为 30 年,至 2016 年日本已经进行了十次技术预测。韩国也于 2017 年 3 月发布了第五次技术预测的成果。近年来,我国对技术预测活动日益重视起来,且技术预测活动也越来越广泛,最近有研究显示,中国、印度、欧洲及巴西已成为国际技术预测研究的核心。[①]虽然近年来发展较快,但由于我国技术预测活动起步较晚,技术预测体系还不够成熟,相关活动的开展还面临很多难题。在目前的发展阶段,技术预测活动需要政府更好地充当“组织者”和“管理者”的角色,并给予资金支持,加快技术预测机构的建立,建设一支符合技术预测需求的队伍,推动和完善技术预测活动。党的十八大以来,习近平坚持系统性、前瞻性思维,从科技战略力量的定位和布局、科技基础能力的建设等方面着手,全局性谋划、整体性推进,为提升国家创新体系整体效能作出了明确的指引。

① 李国秋、龙怡:《近十年(2004—2013)国际技术预见研究的热点及动向分析》,《图书情报知识》,2014 年第 3 期。

2.着力解决战略高技术领域问题

当今世界,新一轮的科技革命和产业革命正在日益兴起,科学和技术发展呈现新的态势:科技发展呈现多点突破、交叉汇聚的景象;信息技术、生物技术、能源、环境、人口健康、海洋资源利用、宇宙开发等关系人类可持续发展的重大问题成为全球科技创新的焦点;世界主要发达国家更加重视利用科技创新培育新的经济增长点,不约而同地选择新能源、新材料、信息网络、生物医药等重要领域加强战略布局。

目前,备受世界关注的重要科技领域发展大致上可以归纳为十个方面:一是信息领域的万物互联趋势、大数据、人工智能等;二是人口健康领域中的生物医药技术;三是新材料领域的个性化、复合化、多功能化趋势;四是先进制造领域的智能制造;五是能源领域可再生能源与新能源技术;六是生态环境领域新的高技术研发;七是空间领域中的空间科学探测与研究及空间技术问题;八是海洋领域的深海勘探技术和海洋资源的开发利用;九是农业领域中生产力提升、资源高效利用和可持续发展等;十是资源领域中矿产资源的勘探、开采和高效利用。

党的十八大以来,我国在这些重点领域已取得了大量突破性成就,发展状况得到根本改善,但在关键核心技术领域受制于人的局面依然存在。党的二十大提出,依据我国在关键核心技术领域实现的突破,战略性新兴产业的发展壮大,以及在载人航天、探月探火、深海深地探测、超级计算机、卫星导航、量子信息、核电技术、新能源技术、大飞机制造、生物医药等高技术领域等取得重大成果,我国科技实力实现历史性跃升,已经进入创新型国家行列。但我国在战略高科技领域,仍然存在诸多短板。在信息领域,我国虽然在大数据、云计算、物联网等方面取得较大进展,但整体上增量改进技术多,原创新成果少;优化技术多,关键技术少;核心装备建设严重不足。目前网络信息技术创新在全球竞争激烈,世界各主要国家都在抓紧进行研发投入和创新，把互联网作为经济发展、技术创新的重点和谋求竞争新优势的战略方向。网络信息技术在现代社会生产生活中的应用最广泛，对各个领域都产生了颠覆性的影响，对经济产生的辐射带动作用最为显著，也对世界各国在全球竞争中的经济、利益、安全局势产生重大而深刻的影响。信息领域代表当代生产力发展的新方向，加强信息技术领域的创新和发展，对我国实施创新驱动和建设世界科技强国具有举足轻重的作用。

另外，人工智能是新一轮科技革命和产业变革的重要驱动力量。随着网络信息技术、计算机技术、生命科学的高速发展，人工智能技术正在成为前沿技术的交叉集成体，技术革命已经到了喷发的前夜。世界各经济技术强国相继制定人工智能发展战略规划，力图在未来 10 到 20 年取得新一代人工智能领先地位。习近平也指出，人工智能是引领这一轮科技革命和产业变革的战略性技术，具有溢出带动性很强的“头雁”效应[①]，强调要“把新一代人工智能作为推动科技跨越发展、产业优化升级、生产力整体跃升的驱动力量，努力实现高质量发展”[②]。综观世界科技创新趋势，人工智能作为目前战略高技术领域的重大项目之一，深刻影响着当代的经济发展、社会进步和国际政治经济格局。我们必须加快人工智能领域的发展和创新，以便赢得全球科技竞争主动权，掌握先机，同时有助于推动我国科技跨越发展、产业优化升级和生产力整体跃升。[③]

中国在新一轮科技革命和产业变革中面临难得的机遇，即世界新科技革命和产业变革为后发国家在更高起点上赶超跨越提供的战略机遇；也面

---

① 《加强领导做好规划明确任务夯实基础，推动我国新一代人工智能健康发展》，《人民日报》，2018 年 11 月 1 日。

② 《习近平 2019 年 5 月 16 日致第三届世界智能大会的贺信》，学习强国，https://www.xuexi.cn/lgpage/detail/index.html? id=14258256161153544157。

③ 《加强领导做好规划明确任务夯实基础，推动我国新一代人工智能健康发展》，《人民日报》，2018 年 11 月 1 日。

临严峻的挑战,即我国创新能力和核心竞争力弱,产业发展水平总体上处于国际分工低中端,在一些重点领域还是以跟踪模仿为主,技术储备不足,大部分关键核心技术仍然受制于人。2018 年 4 月 20 日至 21 日,习近平在全国网络安全和信息化工作会议上的讲话中指出,目前我国信息技术发展整体依然处于追赶状态,核心技术不掌握在自己手中。政府、产业和个人长期存在的信息安全问题状况仍然没有根本性改变,我们应该在践行新发展理念上先行一步,要坚定不移支持网信企业做大做强,加强规范引导,促进其健康有序发展。必须建设支撑“互联网+”国家战略落地的信息基础设施,改变以跟踪研究和应用国外技术为主的技术路线,选择关键点加以突破并制定引领创新技术路线。

《中共中央、国务院关于加速科学技术进步的决定》和 1995 年全国科学技术大会都明确指出了发展高新技术产业对于增强我国的经济实力、提高综合国力及增强我国在国际经济和科技竞争能力方面的重要意义,并强调,要把发展高新技术产业纳入国家经济发展规划,摆在优先发展的位置。《中共中央、国务院关于加强技术创新,发展高科技,实现产业化的决定》指出:加强技术创新,发展高科技,实现产业化,是解决我国经济发展面临深层问题、进一步提高国民经济整体素质和综合国力、实现跨越式发展的紧迫要求,也是确保我国在国际竞争中能够占据优势地位的战略抉择。因此,我们必须积极推进高技术研究和高技术产业,努力占领科技制高点。

具有战略意义的高技术研究是指具有长远性和全局性,并且对提高综合国力、国际竞争力有重要影响的高技术研究。战略高技术研究一旦取得突破,将带动相关产业的高速发展,对我国经济和社会发展起重要的促进作用。《中共中央关于制定国民经济和社会发展第十个五年计划的建议》提出:“积极推进具有战略意义的高技术研究,集中力量在信息技术、生物技术、新材料技术、先进制造技术、航空航天技术等关键领域取得突破,在一些关系国家经济命脉和安全的高技术领域,提高自主创新能力。"[1]可见,应该对我国在这些重点领域的技术力量进行全面、透彻的剖析,集中一切力量推进。我国在这些战略高技术领域取得重大进展，必然增强国家高技术持续创新能力,培育新的高技术产业生长点,带动高技术及其产业的整体发展,促进新的产业革命的实现。

党的二十大报告依据我国近年来在科技创新领域取得的成就，提出以国家战略需求为导向,集聚力量进行原创性引领性科技攻关,坚决打赢关键核心技术攻坚战,加快建设制造强国、质量强国、航天强国、交通强国、网络强国、数字中国,到2035年,我国的科技实力要实现大幅跃升,实现高水平科技自立自强,进入创新型国家前列的奋斗目标。为我国战略高技术领域的发展指明了方向。

进入创新型国家前列,建设世界科技强国,我们必须敏锐地把握世界科技创新发展趋势,紧扣国家经济社会发展的重大战略需求,聚焦人民群众的健康福祉,前瞻设计重要领域科技战略布局,发挥科技创新在全面创新中的引领作用,重点围绕事关国家发展全局的重要领域,遴选最有基础、最有条件的重点方向作为切入点,重点部署、持续攻关,充分发挥科技创新的引领带动作用,力争取得突破并实现跨越式发展。

3.构建技术伦理为技术进步的未来提供保障

自从现代技术产生以来,人们越来越发现技术是一把双刃剑,既可以为人类的生活带来各种各样的便利,促进人类经济社会的发展;也可以对人类的生活带来不可估量的破坏与威胁，尤其体现在生态环境的破坏和毁灭性武器的发明和创造。技术在为人类造福的同时,加剧了人类对自然界的消极影响,加大了人类危害自身生存的可能性。随着新科技革命的到来,技术领

① 中共中央文献研究室:《十五大以来重要文献选编》(中),人民出版社,2001年,第1383页。

域正在产生急剧的变革,新技术呈现集群式突破的态势,新技术对人类的未来会产生什么样的正面或负面影响? 面对新技术的未来, 我们该如何去把握? 这些问题的产生,对技术伦理提出了新的要求。如果人类不顾伦理,盲目地发展技术,就有可能会造成技术权力的滥用,从而给人类自身带来永久性的伤害。

(1)技术伦理是技术进步的保证

技术伦理为技术进步的目的提供保证。技术进步是技术合规律性与合目的性的统一。技术进步有自身的规律性,人们必须遵循技术规律才能推进技术向前发展;同时,技术进步也是一种技术主体的选择,在符合技术发展规律的无数种可能中,选定最有利于人类普遍利益的技术,并将它实现。因此,技术进步,一方面体现在人工物的丰富、技术知识的积累以及技术效率的提升等技术事实中; 另一方面体现在技术事实符合人类普遍利益的价值承载中。故而,技术进步的题中应有之义便荷载着强烈的伦理意识,技术伦理使技术在发展的过程中,最大限度地遵循人类的利益需求,保证技术进步的实现。

现代技术的发展越来越迅猛, 对自然物质世界进行改造的力量也越来越强大,同时对人类社会产生的影响也越来越深远。前沿科技领域的生物技术、信息技术、量子技术、空天科技、深地深海技术等将更加深刻地影响和改变人类生存和发展的未来, 如何保证技术在飞速发展中朝着对人类有益的方向进步,离不开技术伦理的规范。

已有技术伦理难以满足技术进步的要求。已有的技术伦理,更多的是对技术产生的后果进行评判。随着新的技术时代的到来,这种滞后的评判显然已经越来越难以满足技术进步的要求。以互联网为基础的数字经济迅速发展带来的对人类隐私的挑战, 生物技术发展方面比如基因编辑等给人类自身物种带来的未知风险,核能的利用及其副作用,人工智能正在带来的各个领域的颠覆性变革……所有这些问题,都对技术伦理提出了全新的要求。不但要求技术伦理能够对技术活动、技术行为、技术成果作出价值评判,更需要技术伦理能够在事前融入推进技术进步的各个环节中，规范和引导技术活动的进行。

(2)培养技术主体的伦理意识

技术是人类的创造,人是技术进步的主体。人是技术的设计者、研发者和制造者,人对技术的产生和发展起主导作用,迄今为止,技术进步的每一步,都必须经由人来实现,这也是我们面对未知的技术未来,仍然能够充满信心的最重要原因。作为技术进步的主体,人在技术活动中的动机、利益、偏好等无时无刻不在影响着技术最终目标的实现。由技术的发展和应用引发的技术风险,即吉登斯提出的"人造风险",它来源于科学与技术不受限制的推进所造成的新的不确定性。"人造风险"的防范需要我们加强对技术的责任意识,注重责任的预防性、前瞻性、关怀性、远距离性和整体性。技术主体在技术活动中总是选择采取符合伦理的行为,是防范"人造风险"的重要保证。

在现实生活中，技术主体的伦理行为存在着没有遵守既有伦理规范或无特定伦理规范可遵守的失范现象。技术主体伦理行为的失范会造成危害他人和社会安全、浪费社会资源、加剧社会风气的恶化以及影响政府公信力等后果,同时也是"人造风险"产生的原因。

培养技术主体的技术伦理意识，保证技术主体能够自发自觉遵守已有的伦理规范。"技术主体的伦理行为是技术主体受自身伦理意识支配而作出的具有道德价值的技术行为。"[①]要使技术主体的伦理行为具有道德正价值，就应该对其进行伦理维度的规范和培养,与法律和物律等相比,只有伦理规

① 芦文龙:《技术主体的伦理行为——规范、失范及其应对》,人民出版社,2019年,第1页。

范可以内化为技术主体的自律性，是技术主体的德性之本。对技术主体伦理意识的培养，可以使技术主体在进行技术活动的过程中，始终遵循实现人们对秩序和幸福的追求，是一个从源头上加强技术伦理的有效方法。

芦文龙通过研究指出，技术主体伦理意识的培养，具体可从宏观和微观两个层面来分析。从宏观层面来说，要从根本上和整体上注重技术行为对人与人、人与自然、人与技术、人与未来之间的关系的伦理意识，就已有的人类理性认知来说，主要包括人本意识和可持续发展意识。人本意识把人作为目的，注重人的生命安危、价值和精神诉求，并造福于人类。技术伦理人本意识的养成，目的在于肯定人的地位，维护人的尊严，面向人的未来，实现人与自然的和谐。技术主体可持续发展意识的养成，要求技术行为具有促进人和环境可持续存在和发展的作用，统筹人与环境、自然的和谐发展，处理好经济发展、人口增长与资源利用、生态环境之间的关系。从微观层面来说，培养技术主体的伦理意识，必须养成预防与风险意识，自觉规避技术行为的风险和不确定性；必须培养其责任意识，使之对技术行为与其结果之间的因果联系有所认知；必须培养其公平意识，强调在技术的立项、发明、设计、建造和运用等每个环节，不应该刻意去侵犯、剥夺人们的公平权利；必须培养其诚信意识，技术主体要对其雇主诚信和技术产品的使用者、消费者等社会大众负有告知义务，并且有维护他们知情权的意识。[①]

培养技术主体的伦理意识，使技术主体形成对技术行为的伦理认知、伦理选择和伦理反思等意识习惯，并且使技术主体明白，他们的技术行为并不是价值无涉或价值中立的，而是负载着特定的道德价值，体现他们的价值观并产生特定的伦理影响。这样，当技术主体面临技术伦理问题或在技术行为中伦理价值与其他价值发生冲突时，能够用适当的伦理意识来规范自己的

① 芦文龙：《技术主体的伦理行为——规范、失范及其应对》，人民出版社，2019年，第194~201页。

行为。培养技术伦理意识的最终目标,就是技术主体能够自觉自发地运用技术伦理意识去考量技术行为,去遵守伦理规范,从而实现伦理意识、价值理性和技术行为的统一。

(3)构建技术伦理规范

技术主体的伦理行为的有效实施和发展离不开技术伦理规范的指导和制约。构建技术伦理规范,可以为技术进步主体提供行为准则,是防治技术主体伦理行为失范的首要步骤。首先,培养技术主体的伦理意识,加强技术主体道德选择的自觉性,对防范"人造风险",保证技术进步具有重要意义。其次,如果缺失必要的技术伦理规范,由于单个技术主体自身的局限性,与技术有关的不同道德理解,理解程度的深浅差异,都会使技术主体在技术活动中的伦理遵循受到影响。最后,即便技术主体有较强的技术伦理意识,技术伦理规范的缺失,也可能会使他的技术行为选择受到其所在组织的管理者的抑制的影响,最终导致伦理行为失范或技术伦理问题的产生。

技术伦理的规范制定并不是一件简单的事情,而是涉及人类已有的伦理意识、对每一个具体技术领域的特点的认知。比如,人类基因技术领域的技术伦理规范涉及基因技术的特点及基因生命伦理学的内容,虚拟现实技术领域的技术伦理规范涉及虚拟技术及虚拟道德,农业转基因技术伦理规范涉及转基因技术及转基因伦理学,网络信息技术的伦理规范涉及网络信息技术及网络信息技术伦理,核技术伦理规范涉及核技术及核技术伦理,人工智能技术伦理规范涉及人工智能技术及人工智能伦理……技术伦理规范的制定,必须建立在对新技术领域将产生何种影响和后果的预测上,这个问题关系技术的未来和人类的未来,也考验着整个人类的理性。这也注定了技术伦理规范的制定是一个要超前谋划,并在保持相对稳定的基础上,时常随着对技术影响的认知进行技术伦理规范调整的过程。

（二）贯彻落实习近平关于科技创新的重要思想是推进新时代技术进步事业的保证

科学技术是第一生产力，作为决定性的因素影响着国家的综合国力、国际竞争力与可持续发展能力，同时作为重要因素影响着生产关系、经济基础、上层建筑的变革，是建设现代化强国的战略支撑。科技创新是技术进步的关键。党的十八大以来，在习近平关于科技创新的重要思想的指引下，我国科技实力实现历史性跃升，稳步迈入创新型国家行列，正奋力向创新型国家前列的目标迈进。技术进步是永无止境的事业，以习近平同志为核心的党中央，坚持系统观念，为前瞻性思考、全局性谋划、整体性推进我国技术进步事业提供科学思想方法，作出科学规划，绘制宏伟蓝图，是推进我国新时代技术进步事业的保证。

1. 习近平关于科技创新的重要思想是中国化马克思主义技术进步思想的最新成果

在当今社会，中国共产党领导科技事业不断前进的宝贵经验是与时俱进地形成正确的科学认知，审时度势地制定符合中国实际的科技进步的战略规划。习近平根据我国国情，抓住科技创新发展的机遇期，以马克思主义为基础，以唯物主义认识论为前提，针对全世界的科技发展的趋势，以及中国正在以科技创新作为发展重点的情况，对中国新技术革命战略的实施框架和实际措施进行了科学规划。习近平的关于科技创新的思想是我们在新时代推进技术进步，迈向与建设世界科技强国的重要行动举措。

党的十八大指出，要注重科技的创新，把科技创新发展的战略放在国家经济发展的首要地位，以此来促进经济发展，提高我国的综合实力。习近平关于科技创新发展的思想，对我国的科技发展与实现中华民族的伟大复兴有很重要的作用，能够使我国更好地实现中国梦。习近平提出，如果没有强大的科学技术中国梦就不容易实现,我国就难以实现向科技强国转变。在中国梦的实现过程中需要伟大的思想来指导,习近平曾经提出的治国思想,如科技创新的思想,建设科技强国的思想,这些思想都是科学的、具有战略意义的思想。这些思想对于实现科技强国战略,促进中国社会发展、经济增长,都有非常重要的意义。

国家力量的核心支撑是科技创新能力。中国在 20 世纪远远落后于西方,其最主要的原因是没有紧跟世界科技发展的潮流,错过了前几次的科技革命机遇期, 最后导致我国经济发展缓慢。只有真正地注重科学技术的创新,才能够促进综合国力的增长,才能使我国更快地实现中国梦。目前,全球新一轮科技革命、产业变革和军事变革加速演进,世界许多国家都注重科学技术的创新,把科技创新发展的战略放在经济竞争的首要位置。现如今我国既面临各种挑战,又面临很多机会,只有不断进行科技创新,步入科技强国的行列中,才能够更有力地促进经济的增长,增强竞争力,为国家和世界的经济发展作出贡献。正如学者郑友敬(1996)提出,20 世纪 90 年代中后期就应开始执行符合中国国情的三大战略: ①推进信息化战略, 这是战略的核心;②高新技术化战略,是产业发展、产业改造的龙头;③发展持续化战略,是我国国情决定了的唯一正确的发展抉择。[①]

我国在加速发展经济方面已经有了很多的准备。通过几十年的发展、创新,我国的科技正在以迅猛的速度不断发展。科技人才不断增多,科研的体系不断完善,各个行业的自主研发能力也在不断增强。经济的改革发展,还有民生保障的不断完善等都需要进行更多的创新。市场不断扩大,产业不断增多,人民的需求不断增多,以及互联网在各个行业和领域的融合,为创新提供了大量的机遇和可能。而且,中国特色社会主义道路本身所具有的优势可以集中民意,团结力量,促进资源的合理配置,使科技的创新发展有了更

① 郑友敬:《中国跨世纪的技术进步战略》,《数量经济技术经济研究》,1996 年第 5 期。

好的保障。科技创新已经成为推进技术进步的最重要途径。必须把科技优势进一步转化为产业优势、经济优势，打通从科技强到产业强、经济强的通道，实现由科技大国向创新强国的根本性转变。

从创新型国家到世界科技强国，我们仍然面临很多挑战。首先，技术进步对经济增长的贡献不高，产业技术升级缓慢。其次，我国的科学技术水平还不高，科技创新的能力还很低，而且在很多领域并没有掌握真正核心的科学技术。再次，制约创新发展的思想观念和深层次体制机制障碍依然存在，创新体系整体效能不高。掌握核心技术的人才和高技术的人才比较少，需要激励企业进行创新，需要大量培养具有创新意识的企业家，政策措施落实力度需要进一步加强，创新资源开放共享水平有待提高，科学精神和创新文化需要进一步弘扬。我国创新能力相关指标方面与世界最主要创新型国家还存在明显差距，研究显示，2016 年我国的综合创新能力排名世界第 18 位。[①] 科技进步贡献率较低，对外技术依存度较高，自主创新能力难以支撑经济高速发展。当前，我国在取得经济发展成就的同时，还存在很多问题，比如经济发展不平衡、地域发展不协调，我国的人口数量多，资源有限，这些问题都制约着我国的经济发展，为了能够促进经济的发展，提高生产力，要在经济的发展过程中改变经济发展的方式，推动现代化的发展。

习近平指出，要释放新生产力就必须要进行科技创新。经济发展的首要任务就是科技创新，科技创新能够促进经济的发展，也能够缩小地域之间经济发展的差距，对于经济发展不平衡、不协调的问题也有一定的帮助，而且还可以充分发挥科技创新的作用，促进经济的转型升级，提高综合国力，使经济迅猛发展。

习近平关于科技创新的一系列论述，立足全面建成小康社会、全面建成

---

① 科技部:《国家创新指数报告》，中华人民共和国科学技术部网，http://www.most.gov.cn/kjbjz/201607/t20160725_126747.htm。

社会主义现代化国家、实现中华民族伟大复兴、建设世界科技强国等国家发展目标的实现，为中华民族更快更好地实现中国梦提供了思想依据。促进科学技术的创新，推动科技强国的实现，都需要科学思想的指导。习近平提出的关于科学技术创新的思想一直指导着我国的科技进步，是实现科技强国目标的指导思想。习近平还指出，为了使中国更快地进入科技强国的行列，为了更快实现中华民族伟大复兴，必须加快科技的发展，不断进行科技创新。在党的十八大以后，习近平就把科技创新放在特别重要的位置，把科技创新的目标定为“创新，创新，再创新”，而且指出我国科学技术的发展必须向世界看齐，立足我国经济发展的实际情况，满足国家经济发展的需要。习近平曾表示，在世界经济的发展过程中，只有不断进行创新才能取得好成绩，才能站在世界经济发展的前沿位置。而且创新是促进经济发展，实现科技强国目标的源泉和动力。习近平紧紧掌控经济发展的趋势，强调要注重科技的创新，以此解决我国经济发展中存在的许多问题。不仅如此，他还对科学技术创新发展提出了一些重要的讲话，比如，要注重培养高科技的人员，坚持走科技创新发展的道路。习近平的这些重要思想促进了社会各个阶层对科学技术创新的重视，促进了我国科学技术的发展，推动了科技强国战略的实施。

实现中华民族伟大复兴，实现中国梦需要科学技术创新思想的指导。我们的目标是 2050 年要步入发达国家的行列，目前这个时候是我国社会、经济发展最关键的时候，只有不断创新，拥有原创的科学技术，才能够站在世界科学技术发展的前沿。科学技术的创新是实现我国科技强国目标的关键，也是实现两个百年奋斗目标的关键。必须要坚持贯彻习近平提出的关于科学技术创新的思想，这样才可以促进经济的增长，更好地实施科技强国的战略，发挥科技创新的作用，促进中国科技的发展，以此实现中国梦。

在经济的发展过程中，要牢牢地坚持习近平关于科技创新的思想指导，坚持推动科技创新，坚持用中国化马克思主义技术进步思想的最新成果来指导实践，武装头脑，推动经济发展的工作，坚持科技创新发展的战略，令我国尽快发展成为科技强国，不断进行创新，努力实现百年计划，向创新型国家进行转变，促进现代化的发展，加快实现中华民族伟大复兴任务，实现中国梦，为我国的经济增长提供源泉和动力。

2.习近平关于科技创新的重要思想为我国技术进步事业的发展作出科学指引

党的十八大以来，在习近平关于科技创新的重要思想的指引下，我国技术进步事业发生历史性、整体性、格局性重大变化。党的二十大报告指出，当前我国研发经费支出居世界第二位，研发人员总量居世界首位。基础研究和原始创新不断加强，一些关键核心技术实现突破，战略性新兴产业发展壮大，在载人航天、探月探火、深海深地探测、超级计算机、卫星导航、量子信息、核电技术、新能源技术、大飞机制造、生物医药等世界科技前沿领域取得重大成果，科技实力实现历史性跃升。[①]仅 2022 年一年，我国科技创新在科技冬奥、中国空间站建设、深渊深潜科考、国产大飞机交付、新冠疫苗研发、多年生水稻等方面就取得了丰硕成果。创新能力得到整体提升，高水平科技自立自强，捷报频传，教育、科技、人才工作三位一体协同发展。在习近平关于科技创新重要思想的指引下，我国用十年的时间，实现了从自主创新到自立自强、从跟跑参与到领跑开拓、从重点领域突破到系统能力提升，实现了科技事业的跨越式发展。在这十年中，我国科技创新能力提升速度历史最快，科学技术作为第一生产力的作用得到充分彰显。通过这些年的努力奋斗，我国全球创新指数排名上升至第 11 位，成功进入创新型国家行列，开启了实现高水平科技自立自强、建设世界科技强国的新阶段。

习近平关于科技创新的重要思想为我国技术进步事业的未来发展作出

① 《习近平著作选读》(第一卷)，人民出版社，2023 年，第 7 页。

了清晰规划,绘制了宏伟蓝图。党的二十大围绕以中国式现代化全面推进中华民族伟大复兴的奋斗目标,从科技创新的角度,提出到2035年,我国的科技实力实现大幅跃升,实现高水平科技自立自强,进入创新型国家前列,基本实现新型工业化、信息化,建成科技强国的目标。同时,对未来五年的技术进步事业作出明确规划，指出未来五年是全面建设社会主义现代化国家开局起步的关键时期，这一时期的阶段性目标任务是经济高质量发展取得新突破,科技自立自强能力显著提升。[①]在习近平关于科技创新的重要思想引领下,科技创新在党和国家事业全局中的地位提升前所未有,作用发挥前所未有,科技赋能成为高质量发展的显著标志,科技创新成为引领现代化建设的重要动力。

习近平关于科技创新的重要思想为我国技术进步事业的发展提供了前瞻性思考、全局性谋划、整体性科学思想方法,对完善科技创新体系,健全新型举国体制,形成科技创新合力,加强科技基础能力建设等举措,提升国家创新体系整体效能,形成支持全面创新的基础制度,营造创新环境,建设具有全球竞争力的开放创新生态提出了明确指示。并指出加快实施创新驱动发展战略,深入实施人才强国战略。对如何发挥社会主义制度集中办大事的政治优势,实现我国科学技术进步事业的新发展提供了科学指引。

总之,迎接第四次科技革命的挑战,建设世界科技强国,必须要坚持习近平关于科技创新的重要思想的引领，紧紧把握住科技创新发展战略的目标与要求,坚持自主创新、解放思想、走中国特色的创新发展道路,把科技创新发展看作是促进国家经济增长的关键，通过科技创新来促进经济的全面发展,通过体制和机制的创新以及改革来促进创新的活力。努力实现向科技强国的转变,提高我国的综合国力,促进我国经济快速发展,实现中华民族伟大复兴的中国梦。

---

① 《习近平著作选读》(第一卷),人民出版社,2023年,第20~21页。

结 语

技术的进步离不开正确的思想指引，只有指导思想正确，科技才能进步。技术进步思想不仅可以调节科技发展的速度、规模，还可以调整其方向，引导人们的思维，让国家科技事业朝正确的方向发展。此外，技术进步思想作为理论基础，指导科技进步政策、措施、规划的制定，影响并支配国家技术进步事业的进程。

中国技术进步最为关键的影响因素是中国化马克思主义技术进步思想。这一思想是在中国共产党领导国家技术进步事业和建设社会主义现代化新中国过程中逐步形成的，是充分概括、总结了毛泽东、邓小平、江泽民、胡锦涛及习近平民生科技思想的成果，这既是理论的升华，又是思想的飞跃，更是中国共产党集体智慧的结晶。中国化马克思主义技术进步思想以马克思、恩格斯先进的技术进步思想为依托，充分概括、总结了我国当代技术进步事业的实践经验，成为马克思技术进步思想的有机组成部分，凭借其丰富的思想内涵，影响着我国技术进步的战略、人才、方针、功能，称得上较为科学、完整的思想理论体系。

中国化马克思主义技术进步思想遵循马克思主义关于技术进步问题的基本原理、基本原则和基本精神，根植于解决中国技术进步过程中的实际问题，建立在中国技术进步的历史传统、现实情况和面临的问题之上。毛泽东在他所在的时代背景下，号召人民群众进军科学，其革命运动和技术都以群众为中心，希望在自力更生的基础上，充分学习西方先进技术，“洋为中用”，建立起中国的科技队伍，马克思主义技术进步思想中国化的理论先河由毛泽东开创。邓小平针对我国科技发展现状提出“科学技术是第一生产力”，强调充分尊重人才、知识，注重国外先进科学技术的引进，竭尽全力发展高科技，促进科技产业化，推动科技体制改革，中国化马克思主义技术进步思想的奠基者就是邓小平。江泽民认为，先进生产力需要通过科技进步、科技创新来体现，必须重视、关心人才，关注科技伦理问题，在中国化马克思主义技术进步思想发展过程中，江泽民作出的贡献不容忽视。胡锦涛指出，自主创新能力的提升，可以帮助我国建设创新型国家，提出加大科技队伍建设力度，贯彻落实人才强国战略，促进科技、环境协调发展，让重点领域实现跨越式发展，民生科技得到高度重视。习近平以无与伦比的决心和勇气，积极倡导自主创新，力争掌握关键核心技术，推进了中国化马克思主义技术进步思想在新时代的创新发展。

从最初的“一穷二白”起步，中国化马克思主义技术进步思想指导中国的技术进步事业逐步建立起较为完备的工业体系，并在极端落后的情况下向世界高科技看齐，成功研制“两弹一星”。在改革开放时期，遵循技术进步的规律和世界科技情势，采取大力开放引进先进技术的措施，中国化马克思主义技术进步思想促进了中国技术进步事业的持续快速发展，使我国逐渐缩短与世界先进技术水平的差距。当我国经济技术后发优势渐渐减弱，我国经济的增长迫切需要转变传统的粗放型增长方式，利用创新驱动促进经济发展，走资源节约型道路，党的十七大指出：国家科技进步及创新的目标是“提高自主创新能力、建设创新型国家”。党的十八大以来，面对新一轮科技革命的来临，和日趋激烈的国际竞争，进一步明确提出，“我国的发展战略应当是建设具有中国特色的社会主义自主创新道路，利用创新，促使科技进步,使我国成为世界级科技强国”。党的二十大报告提出,到2035年,要使我国的科技实力得到大幅跃升,实现高水平科技自立自强,进入创新型国家前列,基本实现新型工业化、信息化,建成科技强国。[①]中国化马克思主义技术进步思想为我国技术进步事业从跟跑向并跑、领跑转变提供了科学指南。

在继承和发展马克思主义技术进步思想的基础上,我国形成了中国化马克思主义技术进步思想,这一思想是我国经济社会发展融合技术进步的产物,充分整理、总结了新中国成立以来国内社会经济、科学技术发展的成功经验和失败教训,成为我国现代化建设的工作指南,可以指导新时期技术进步,也可以推动我国社会经济更好更快地发展。

我们要准确地把握中国化马克思主义技术进步思想的基本观点及其内在联系,在分析问题、解决问题时利用好这些观点,让我国科技事业发展更上层楼的同时,也要避免大的失误和挫折,不断取得新的成绩。

当前,一场新的科技革命和产业革命正日新月异地向前推进,信息技术正在加速突破、生命科学领域正在孕育新的变革、先进制造技术正在向智能化服务化绿色化转型、能源技术领域正在引发全球性变革、空间和海洋技术正在拓展人类生存发展新疆域,一系列新发现、新发明使科技成果的应用速度加快,并不断拓宽其应用范围。科学和技术发展呈现新的态势:科技发展走向交叉汇聚、多点突破,各种互联网技术日趋成熟,各个领域产生了海量的研究数据,大数据科学成为最新科研范式。各种与人类可持续发展相关的重大问题成为全球科技创新的焦点;世界主要发达国家更加重视利用科技创新培育新的经济增长点,不约而同地选择新能源、新材料、信息网络、生物医药等重要领域加强战略布局。

对中国这样一个发展中国家来说,要实现由发展中大国向发展中强国

---

① 《习近平著作选读》(第一卷),人民出版社,2023年,第20页。

的转变，科技实力是最重要的衡量指标。中国要在当前国际竞争中取得优势,就不能不加强自身的技术进步,并在技术进步中取得优势。党的十八大以来,中国的技术进步事业取得了巨大成就,中国的基础研究和原始创新不断加强,一些关键核心技术实现突破,战略性新兴产业发展壮大,载人航天、探月探火、深海深地探测、超级计算机、卫星导航、量子信息、核电技术、新能源技术、大飞机制造、生物医药都取得了重大突破和成就,我国稳步进入创新型国家行列。另外,中国的技术进步也面临重大的挑战和危机。中国在基础研究方面还需进一步加强,在创新和核心技术方面还十分不足,例如,近年来美国开始对中国企业中兴通讯进行出口限制和制裁，导致中兴缴纳十几亿美元的巨额罚款并遭受重创;2019 年 5 月中旬美国商务部工业和安全局(BIS)宣布将中国最强通信公司华为加入该部门实体名单(entity list),并开始对华为进行全方位封锁和制裁，使得长期依赖美国芯片和高技术的华为公司一度面临巨大的生存危机和挑战。

习近平关于科技创新的重要思想是中国化马克思主义技术进步思想的最新成果。建设世界科技强国,实现中华民族伟大复兴的目标,必须贯彻落实习近平关于科技创新的思想。只有在新时代中国化马克思主义技术进步思想的正确指引下,加强自主创新能力建设,加强对创新型人才的培养,注重基础研究,深化科技体制改革,深化国际科技合作,才能使我国技术进步事业真正走上中国特色自主创新道路。只有这样,才能有望实现我国技术进步事业从跟跑向并跑、领跑转变,实现建设世界科技强国和民族伟大复兴的宏伟目标。在世界科技发展的新形势下,越来越强大的科技在便利人类的同时,也给人类带来了越来越大的风险和挑战,习近平关于科技创新的重要思想为我们前瞻性思考、全局性谋划、整体性推进我国科技事业提供了科学指导,我们必须要深入学习、贯彻落实,坚持系统观念,坚持创新在我国现代化建设全局中的核心地位,健全新型举国体制,强化国家战略科技力量,完善科技创新体系,实现我国高水平科技自立自强,进入创新型国家前列,建成科技强国的宏伟目标。

参考文献

一、中文文献

(一)经典著作

1.《马克思恩格斯全集》(第1—3、13、30、31—32、44、45—46卷),人民出版社,1995年、1998年、1995年、1998年、2001年、2003年。

2.《马克思恩格斯文集》(第五卷),人民出版社,2009年。

3.马克思:《机器,自然力和科学的应用》,人民出版社,1978年。

4.马克思:《摩尔根〈古代社会〉一书摘要》,人民出版社,1965年。

5.马克思:《政治经济学批判大纲(草稿)》(第三分册),人民出版社,1963年。

6.恩格斯:《自然辩证法》,人民出版社,1971年。

7.《列宁全集》(第1—3、17、23、31、43、49卷),人民出版社,1984年、1986年、1990年、1984年、1987年、1988年。

8.《列宁选集》(第四卷),人民出版社,1995年。

9.《斯大林全集》(第7卷),人民出版社,1958年。

10.斯大林:《苏联社会主义经济问题》,人民出版社,1952 年。

11.《毛泽东文集》(第六—八卷),人民出版社,1999 年。

12.《毛泽东选集》(第三卷),人民出版社,1991 年。

13.《毛泽东著作选读》(下册),人民出版社,1986 年。

14.《毛泽东年谱》(1893—1949)(中卷),人民出版社、中央文献出版社,2002 年。

15.《周恩来文化文选》,中央文献出版社,1998 年。

16.《周恩来选集(下卷)》,人民出版社,1984 年。

17.《邓小平文选》(第二、三卷),人民出版社,1983 年、1993 年。

18.邓小平:《建设有中国特色的社会主义》(增订本),人民出版社,1987 年。

19.江泽民:《论科学技术》,中央文献出版社,2001 年。

20.《江泽民文选》(第三卷),人民出版,2006 年。

21.江泽民:《论"三个代表"》,中央文献出版社,2001 年。

22.江泽民:《全面建设小康社会,开创中国特色社会主义事业新局面》,人民出版社,2002 年。

23.《胡锦涛文选》(第二、三卷),人民出版社,2006 年。

24.《习近平谈治国理政》,外文出版社,2014 年。

25.习近平:《在中国科学院第十七次院士大会、中国工程院第十二次院士大会上的讲话》,人民出版社,2014 年。

26.《习近平关于科技创新论述摘编》,中共中央文献研究室,2016 年。

27. 习近平:《为建设世界科技强国而奋斗——在全国科技创新大会、两院院士大会、中国科协第九次全国代表大会上的讲话》,人民出版社,2016年。

28.习近平:《在省部级主要领导干部学习贯彻党的十八届五中全会精神专题研讨班上的讲话》,人民出版社,2016 年。

29.习近平:《在网络安全和信息化工作座谈会上的讲话》,人民出版社,2016 年。

30.习近平:《在中国科学院第十九次院士大会、中国工程院第十四次院士大会上的讲话》,人民出版社,2018 年。

31.《马克思恩格斯列宁毛泽东周恩来邓小平论科学技术》,科学技术文献出版社,1990 年。

32.习近平:《习近平著作选读》(第一卷),人民出版社,2023 年。

33.习近平:《习近平著作选读》(第二卷),人民出版社,2023 年。

34.中共中央文献研究室:《江泽民论有中国特色社会主义》,中央文献出版社,2002 年。

35.中共中央文献研究室:《十五大以来重要文献选编》(中),人民出版社,2001 年。

36.中国科学院:《邓小平科技思想学习纲要》,科学出版社,1997 年。

37.中国科学院:《邓小平科技思想学习纲要讲解》,中共中央党校出版社,1998 年。

(二)中文专著

1.白春礼:《中国科技的创造与进步》,外文出版社,2018 年。

2.曾敏:《毛泽东科技思想研究》,中央文献出版社,2011 年。

3.陈昌曙:《技术哲学引论》,科学出版社,1999 年。

4.陈摛泉、殷凳祥:《新科技革命与社会发展》,科学出版社,2000 年。

5.董立仁:《江泽民人才思想研究》,华中科技大学出版社,2005 年。

6.冯友兰:《中国哲学史(上)》,华东师范大学出版社,2015 年。

7.冯昭奎:《科技革命与世界》,社会科学文献出版社,2018 年。

8.高惠珠:《科技革命与社会变迁》,学林出版社,1999 年。

9.龚育之:《中国特色社会主义论——二十题》,中共中央党校出版社,1995年。

10.管锦绣:《马克思技术哲学研究》,湖北人民出版社,2014年。

11.国家教育委员会政策研究室编:《教育体制改革文献选编》,教育科学出版社,1985年。

12.国家经济体制改革委员会编:《中国经济体制改革十年》,经济管理出版社,1988年。

13.国家经委调研室:《技术进步手册》,工人出版社,1986年。

14.何保山、顾纪瑞、闫英龙:《中国技术转移和技术进步》,经济管理出版社,1996年。

15.何亚平:《现代科学技术革命与邓小平理论》,浙江人民出版社,1998年。

16.何志平:《中国科学技术团体》,科学普及出版社,1990年。

17.河北省社会科学院历史研究所编:《晋察冀抗日根据地史料选编(上册)》,河北人民出版社,1983年。

18.侯为民:《技术进步、制度变革与经济增长》,经济科学出版社,2015年。

19.贾敬敦、袁学国:《中国农村科技进步评价研究》,中国农业出版社,2013年。

20.蒋一苇:《技术进步和我国社会主义建设》,人民出版社,1958年。

21.金羽、王充闾:《邓小平科技思想研究》,辽宁人民出版社,1992年。

22.科学技术部、中共中央文献研究室:《邓小平科技思想年谱》,中央文献出版社,2004年。

23.李京文:《科技进步与中国现代化》,中国物资出版社,1998年。

24.李声禄、曾敏、李江:《毛泽东科学技术思想简论》,四川人民出版社,

1993 年。

25.李万忍:《邓小平科技思想研究》,人民出版社,1997 年。

26.李学勇:《自主创新》,人民出版社,2011 年。

27.李志红、马俊峰:《毛泽东科技思想》,湖南大学出版社,2004 年。

28.刘戟锋等:《两弹一星工程与大科学》,山东教育出版社,2004 年。

29.牟焕森:《马克思技术哲学思想的国际反响》,东北大学出版社,2003 年。

30.《聂荣臻回忆录》(下册),解放军出版社,1984 年。

31.潘琦:《邓小平科学技术思想研究》,广西科学技术出版社,1992 年。

32.乔瑞金:《马克思技术哲学纲要》,人民出版社,2004 年。

33.秦书生:《马克思恩格斯科学技术思想及其中国化研究》,东北大学出版社,2016 年。

34.《教育改革重要文献选编》,人民出版社,1988 年。

35.史清琪、秦宝庭、陈警:《技术进步与经济增长》,科学技术与文献出版社,1985 年。

36.田禾:《毛泽东思想与科技兴国》,重庆出版社,1993 年。

37.童天湘:《高科技的社会意义》,社会科学文献出版社,1998 年。

38.王伯鲁:《马克思技术思想纲要》,科学出版社,2009 年。

39.王雄:《中国速度——中国高速铁路发展纪实》,外文出版社,2016年。

40.王永生:《技术进步及其组织——日本的经验与中国的实践》,中国发展出版社,1999 年。

41.文兴吾:《第一生产力与科教兴国战略》,四川人民出版社,2001 年。

42.吴智棠:《从邓小平到江泽民领导的中国》,中国青年出版社,1998年。

43.武文风:《马克思技术进步理论研究》,经济管理出版社,2016 年。

44.西北五省区编撰领导小组中央档案馆:《陕甘宁边区抗日民主根据地》(回忆录),中央党史资料出版社,1990 年。

45.肖文:《科技进步与中国经济发展方式转变》,人民出版社,2017 年。

46.肖显静:《从科技进步到社会发展》,科学出版社,2013 年。

47.谢富纪:《技术进步及其评价》,上海科技教育出版社,2004 年。

48.许先春、林振义:《江泽民科技思想研究》,浙江科学技术出版社,2002年。

49.许晓峰:《技术经济学》,中国发展出版社,1996 年。

50.尹翔硕:《技术进步与新经济》,人民出版社,2002 年。

51.于维栋、郭曰方:《邓小平科技思想学习纲要讲解》,中共中央党校出版社,1998 年。

52.余泳泽:《创新驱动战略下中国技术进步的路径选择研究》,经济管理出版社,2016 年。

53.张柏春、姚芳、张九辰、蒋龙:《苏联技术向中国的转移》(1949—1966),山东教育出版社,2004 年。

54.张伯春等:《苏联技术向中国的转移》,山东教育出版社,2006 年。

55.张华夏、张志林:《技术解释研究》,科学出版社,2005 年。

56.张锡龄、孙学深:《邓小平科技思想研究》,辽宁人民出版社,1992 年。

57.张晓红:《马克思技术实践思想研究》,东北大学出版社,2013 年。

58.钟学义、陈平主:《技术进步规律性研究》,方志出版社,2008 年。

59.周绍森、陈东有:《科教兴国论》,山东人民出版社,1999 年。

60.朱凤青:《技术的进化与进步》,中国环境出版社,2014 年。

(三)外文译著

1.[德]李卜克内西:《忆马克思·回忆马克思恩格斯》,人民出版社,1973 年。

2.[法]保尔·芒图:《十八世纪产业革命:英国近代大工业初期的概况》,杨人楩等译,商务印书馆,1997 年。

3.[联邦德国]拉普:《技术哲学导论》,刘武等译,辽宁科学技术出版社,1986年。

4.[美] D. 梅多斯:《增长的极限——罗马俱乐部关于人类困境的研究报告》,于树生译. 商务印书馆,1984年。

5.[美] D. E. 斯托克斯:《基础科学与技术创新——巴斯德象限》,周春彦,谷春立译,科学出版社,1999年。

6.[美] H.马尔库塞:《单向度的人——发达工业社会意识形态研究》,刘继译,译文出版社,2008年。

7.[美] M. 梅萨罗维克:《人类处于转折点》,梅艳译,生活·读书·新知三联书店,1987年。

8.[美] 路易斯·芒福德:《技术与文明》,陈允明等译,中国建筑工业出版社,2009年。

9.[美]卡尔·米切姆:《通过技术思考——工程与哲学之间的道路》,陈凡等译,辽宁出版社,2008年。

10.[美]马文·佩里:《西方文明史》(上卷),商务印书馆,1993年。

11.[美] 乔治·巴萨拉:《技术发展简史》,周光发译,复旦大学出版社,2000年。

12.[美]V.布什:《科学:没有止境的前沿》,范岱年、解道华译,商务印书馆,2004年。

13.[苏联]尼·阿·洛赫马涅柯:《技术进步与社会主义生产关系》,王茂根译,辽宁人民出版社,1988年。

14.[苏联]沃兹雷金:《技术进步在社会主义发展中的作用》,清河译,时代出版社,1954年。

15.[英] 查尔斯·辛格:《技术史》(第 I–V 卷),上海科技教育出版社,2004年。

（四）期刊论文

1.［南联盟］B.博什科维奇：《技术进步的局限性》，《国外社会科学》，1999年第5期。

2.安然：《技术机会研究综述》，《现代管理科学》，2017年第12期。

3.陈志刚：《金融发展、技术进步与经济增长》，《科技管理研究》，2017年第24期。

4.方敏、李梁：《推动中国特色社会主义新时代的技术进步》，《改革与战略》，2018年第1期。

5.方敏：《推动中国特色社会主义新时代的技术进步》，《改革与战略》，2018年第1期。

6.何娟：《马克思恩格斯的科学技术思想及其启示》，《中共乐山市委党校学报（新论）》，2015年第4期。

7.侯强：《当代中国科技法制建设的历史考察》，《当代中国史研究》，2009年第5期。

8.侯强：《论20世纪90年代以来我国科技法制建设的深化发展及其对策》，《科技管理研究》，2014年第22期。

9 侯强：《中国共产党科技法制建设的基本经验》，《石家庄铁道大学学报》（社会科学版），2015年第1期。

10.胡东原：《论20世纪科学技术革命与现代西方科技伦理思想》，《中国青年政治学院学报，1996年第4期。

11.黄琪轩：《大国政治与技术进步》，《国际论坛》，2009年第5期。

12.黄涛：《技术进步与共享》，《中国统计》，2017年第3期。

13.李光泗、沈坤荣：《技术能力、技术进步路径与创新绩效研究》，《科研管理》，2013年第3期。

14.李国秋、龙怡:《近十年(2004~2013)国际技术预见研究的热点及动向分析》,《图书情报知识》,2014 年第 3 期。

15.李后卿:《邓小平科学技术是第一生产力思想的实践价值》,《中共云南省委党校学报》,2006 年第 5 期。

16.李文胜、景枫:《深化科技体制改革 助推科研协同创新》,《河北经贸大学学报》,2013 年第 3 期。

17.林苞、雷家骕:《基于科学的创新: 对青霉素与晶体管的案例的重新分析》,《科学学研究》,2013 年第 10 期。

18. 刘波:《西方军事思想中的科技观分析》,《南京政治学院学报》,2006 年第 4 期。

19.刘皓:《邓小平科学技术思想的特点探析》,《东北师大学报》(哲学社会科学版),2014 年第 4 期。

20.刘满强:《试论技术进步系统》,《数量经济技术经济研究》,1994 年第 10 期。

21.刘瑞:《科技进步会产生什么样的新问题》,《人民论坛》,2018 年第 3 期。

22.张笑茹:《论〈资本论〉中的技术思想及其现实价值》,《科技经济导刊》,2017 年第 6 期。

23.聂锦宏:《浅析毛泽东科学技术思想及其当代启示——基于人文关怀视域下的探讨》,《改革与开放》,2017 年第 17 期。

24.潘冬晓:《习近平关于科技创新的重要思想探析》,《学术论坛》,2016年第 10 期。

25.潘教峰:《突破创新路径依赖》,《瞭望新闻周刊》,2016 年第 9 期。

26.潘文卿:《中国技术进步方向的空间扩散效应》,《中国工业经济》,2017 年第 4 期。

27.邱崇明:《关于加快我国技术进步的思考》,《厦门大学学报》(哲社版),

1997年第1期。

28.芮明杰:《西方产业组织理论中技术创新思想的演进与发展》,《研究与发展管理》,2006年第4期。

29.沈龙祥:《科学技术进步思》,《科学学与科学技术管理》,1996年第2期。

30.宋海龙:《论哲学思想对技术创新的影响——以明代中后期以后中西方火药、火器理论及技术的发展为例》,《哈尔滨工业大学学报》(社会科学版),2005年第11期。

31.孙晓琳:《恩格斯科学技术哲学思想论纲》,《改革与开放》,2017年第12期。

32.汪堂家:《对"进步"概念的哲学重审——兼评建构主义的"进步"观念》,《复旦学报》(社会科学版),2010年第1期。

33.王飞:《技术与西方世界的命运——斯宾格勒技术思想简论》,《武汉理工大学学报》(社会科学版),2010年第6期。

34.吴国林、程文:《技术进步的哲学审视》,《科学技术哲学研究》,2018年第1期。

35.吴虹、刘则渊:《论技术进步的合目的性与合规律性的辩证统一》,《自然辩证法研究》,2004年第9期。

36.习近平:《实施创新驱动发展战略是立足全局、面向未来的重大战略》,《乡村科技》,2013年第3期。

37.习近平:《携手推进亚洲绿色发展和可持续发展:在博鳌亚洲论坛2010年年会开幕式上的演讲》,《青海科技》,2010年第2期。

38.邢楠:《后发国家的适宜性技术进步路径——基于近代中国丝织业发展史的分析》,《管理世界》,2017年第6期。

39.薛营、王林辉:《技术进步研究的发展趋势与前沿领域述评》,《社会科学辑刊》,2011年第6期。

40.杨冕:《中国技术进步实现路径及其时空分异规律》,《中国人口、资源与环境》,2017 年第 11 期。

41.阴和俊:《国家科技创新需要深化国际合作》,《河南科技》,2016 年第 18 期。

42.尹德翔:《初使泰西记——中的西方科技与中国思想》,《北方论丛》,2008 年第 1 期。

43.尹向飞、段文斌:《中国技术进步的源泉与演化——基于要素分解视角》,《科学学研究》,2017 年第 7 期。

44.尹向飞:《中国技术进步的源泉与演化——基于要素分解视角》,《科学学研究》,2017 年第 7 期。

45.张刚:《技术进步、产业升级与结构性失业》,《现代管理科学》,2018年第 5 期。

46.赵丕强:《江泽民关于经济法制和科技法制建设思想探析》,《经济与社会发展》,2008 年第 2 期。

47.郑友敬:《中国跨世纪的技术进步战略》,《数量经济技术经济研究》,1996 年第 5 期。

48.周光召:《973 计划十年》,《前沿科学》,2007 年第 3 期。

49.朱广学:《马克思技术思想的系统特征研究》,《经济研究导刊》,2015年第 4 期。

50.邹坦永:《激进式科技进步的内涵与过程》,《技术经济与管理研究》,2017 年第 9 期。

51.周才云、周丽萍:《我国高校科技创新能力的省际比较研究》,《技术经济与管理研究》,2019 年第 2 期。

52.张永伟等:《国内外技术预见研究——学术研究与政府实践的区别与联系》,《情报理论与实践》,2019 年第 2 期。

二、外文文献

1.A. A. Harms etc, *Engineering in time*, Imperial College Press, 2004.

2.A.C.Crombie, Styles of Scientific Thinking in the European Tradition, *Duckworth*, No. 3, 1994.

3.Arthur, *The Nature of Technology: What It is and How It Evolves*, Free Press, 2009.

4.Arthur, The structure of invention, *Research Policy*, No. 2, 2007.

5.B. R. Martin, Foresight in Science and Technology, *Technology Analysis and Strategic Management*, 1995.

6.C. D. Haney, Commander. U. S. Strategic Command, Statement Before the Senate Committee on Armed Services, February 27, 2014.

7.Dosi, Technological Paradigms and Technological Trajectories: A Sug-gested Interpretation of the Determinants and Directions of Technical Change, *Research Policy*, No. 3, 1982.

8.Eden G., Jirotka M. & Stahl B, Responsible Research and Innovation: Critical Reflection into the Potential Social Consequences of ICT, *In Research Challenges in Information Science* (*RCIS*), No. 7, 2013.

9.Fischer C., Parry I. W. & Pizer W. A., Instrument Choice for Environ-mental Protection When Technological Innovation is Endogenous, *Journal of Environmental Economics and Management*, No. 3, 2003.

10.Garavaglia C., F. Malerba, Technological Regimes and Demand Struc-ture in the Evolution of the Pharmaceutical Industry, *Journal of Evolutionary E-conomics*, No. 22, 2012.

11.Groueff S., Lapp R. E. *Manhatton Project: the Untold Story of the Making of the Atomic Bomb*, Little Brown, 1967.

12.Grove W. R., Macnaghten P. & Wynne B., Wising up: The Public and New Technologies, *Centre for the Study of Environmental Change*, Lancaster University, 2000.

13.Hajer M., Policy without polity? Policy Analysis and the Institutional Void, *Policy sciences*, No. 2, 2003.

14.Jonas H., *The Imperative of Responsibility: In Search of an Ethics for the Technological Age*, University of Chicago Press, 1984.

15.Kaiser D., Moreno J., Dual-use Research: Self-censorship is Not Enough, *Nature*, No. 492, 2012.

16.Layder D., *Understanding Social Theory*, Sage, 2005.

17.Multhauf, The Scientist and the "Improver" of Technology, *Technology and Culture*, Winter, 1959.

18.Nelson Winter, *An Evolutionary Theory of Economic Change*, Belknap Press of Harvard University Press, 1982.

19.Tsou C. L., *Science and Scientists in China*, Science, 1998.

